Bibliografische Information der Deutschen Nationalbibliothek:

Die Deutsche Nationalbibliothek verzeichnet diese Publikation in der Deutschen Nationalbibliografie; detaillierte bibliografische Daten sind im Internet über http://dnb.d-nb.de abrufbar.

Impressum:

Copyright © 2014 ScienceFactory

Ein Imprint der GRIN Verlags GmbH

Druck und Bindung: Books on Demand GmbH, Norderstedt, Germany

Coverbild: pixabay.com

Wie kam es zum Ersten Weltkrieg?

Die Ursachen der Ur-Katastrophe des 20. Jahrhunderts

Manfred Schopp: Wie es zum Ersten Weltkrieg kam: Ein Streifzug durch die Zeitgeschichte in sieben Kapiteln 7

    Vorbemerkung 8

    1. Das Spiel beginnt. Der russisch-japanische Krieg von 1904/05 9

    2. Der Vertrag von Björkö 1905 13

    3. Die Ängste des Sir Eyre Crowe 1907 18

    4. Die sogenannte Haldane-Mission von 1912 24

    5. Die militärische Einkreisung Deutschlands (1905-1914) 30

    6. Das Attentat in Sarajewo am 28. Juni 1914 35

    7. Bilanz 41

M.A. Jochen Lehnhardt: Gründe der serbischen Regierung für die Ablehnung des österreichischen Ultimatums am 25. Juli 1914: Ausbruch des Ersten Weltkriegs 49

    Einleitung 50

    1. Geschichte der Beziehungen zwischen Österreich-Ungarn und Serbien bis zum Ultimatum vom 23. Juli 1914 51

    2. Das österreichische Ultimatum an Serbien 56

    3. Innenpolitische Gründe Serbiens für die Ablehnung 60

    4. Einfluss des Auslandes auf die serbische Entscheidung 63

    Zusammenfassung / Ergebnis: 66

    Literaturverzeichnis 68

Matti Ostrowski: Julikrise und Kriegsausbruch 1914 71

    1. Einleitung 72

    2. Langfristige Ursachen des Ersten Weltkrieges 73

    3. Julikrise und Kriegsausbruch 1914 113

    4. August 1914 144

    5. Zusammenfassung 162

    Literaturverzeichnis 170

Jörn Fritsche: Wollte Deutschland den Ersten Weltkrieg? – Die Kontroverse zwischen Fritz Fischer und Egmont Zechlin zur Kriegsschuldfrage 175

    Vorbemerkung.. 176

    I. Zusammenfassung der zentralen Thesen 177

    II. Bewertung.. 179

    III. Eigene Bewertung.. 186

    Literaturverzeichnis 187

Einzelbände 188

Manfred Schopp: Wie es zum Ersten Weltkrieg kam: Ein Streifzug durch die Zeitgeschichte in sieben Kapiteln

Vorbemerkung

Noch hundert Jahre nach seinem ‚Ausbruch' sind sich die Historiker über die tiefer liegenden Ursachen, besser: die Verursacher, dieser ‚Urkatastrophe des 20. Jahrhunderts' nicht einig. Nur in einem Punkte besteht unter den ernstzunehmenden Fachleuten Einigkeit: Der berüchtigte ‚Kriegsschuldparagraph' 231 des Versailler Vertrags verzerrte die Vorgeschichte des Krieges gewaltig. Es wurde nämlich von der deutschen Regierung verlangt anzuerkennen, *„dass Deutschland und seine Verbündeten als Urheber für alle Verluste und Schäden verantwortlich sind, die die alliierten Regierungen...infolge des Krieges, der ihnen durch den Angriff Deutschlands und seiner Verbündeten aufgezwungen wurde, erlitten haben".*

Eine solche Vergewaltigung der geschichtlichen Tatsachen sprach jeder gerechten Wertung der vergangenen Jahre Hohn. Verständlicherweise regte sich zuerst Widerspruch gegen die ‚Kriegsschuldlüge' in Deutschland, aber auch in den Siegerstaaten selbst kamen allmählich unabhängige, kritische Geister bei ihren Studien zu Ergebnissen die das offizielle Geschichtsbild ihrer Regierungen als Propaganda und Zerrbild entlarvten.

Zu nennen sind hier vor allem zwei US-Historiker, die mit ihren 1926 und 1928 erschienen Werken erstmals der geschichtlichen Wahrheit auch in den Siegerstaaten die Ehre gegeben haben. Es sind dies Harry E. Barnes, mit *The Genesis of the World War,* New York 1926, und Sidney B. Fay mit dem zweibändigen Werk *Origins of the World War,* New York 1928. Auf Deutsch erschien Fays Abhandlung 1930 in Berlin.

Diese Werke sind so gründlich in der Auswertung der Quellen, der Klarheit der Analysen und Ausgewogenheit des Urteils, dass sie bis heute unübertroffen sind.

Beide Autoren kannten sich und schätzten einander. Barnes schreibt in seinem Vorwort sogar, er sei durch einen Artikel von Sidney Fay, der bereits 1920 erschien, aus seinem *„dogmatischen Schlummer aufgeweckt worden".* Die Lektüre dieses Aufsatzes von Fay sei für ihn *„ein Schock"* gewesen, *„fast gleichbedeutend mit dem Verlust des Glaubens an den Weihnachtsmann in seiner Kindheit".*

Nach diesem Schlüsselerlebnis habe er begonnen, die *„tapferen Traktate der ‚National Security League' und der ‚American Defense Society'"* kritischer zu lesen, und so sei sein Glaube an *„die konventionelle Mythologie"* der US-

Propaganda in sich zusammengebrochen. Dies war angesichts der allgegenwärtigen, in ihrer Infamie und Systematik unübertroffenen Verleumdungskampagne, der Deutschland (und jeder US-Bürger deutscher Abstammung) seit 1914 ausgesetzt war, eine intellektuelle Leistung, die von selten anzutreffender geistiger Unabhängigkeit und Urteilskraft zeugt.

Natürlich handelte auch Barnes sich den billigen Vorwurf ein, ein Revisionist und in seinen Ansichten „*zu extrem*" zu sein, aber er blieb sich treu, indem er konterte: *„Die Tatsachen selbst und die Schlußfolgerungen, die aus ihnen gerechterweise erwachsen, können nie ‚zu extrem' sein, und es tut nichts zur Sache, wie weit sie von den populären Ansichten der Provinzler entfernt sind."* Ein solcher Satz wäre es wert, jedem heutigen Geschichtswerk als Richtschnur vorangestellt zu werden. Barnes wollte nicht politisch sondern historisch korrekt sein, obwohl er wusste, dass er sich damit wenig Freunde machte.

Seither kam an Literatur über den Ersten Weltkrieg zwar manches Neue, aber kaum etwas Gleichwertiges oder gar Besseres hinzu. Unter den Neuerscheinungen ist nur Niall Ferguson mit seinem Buch *„Der falsche Krieg"*, (Stuttgart 1999) und Christopher Clark mit *„Die Schlafwandler"* (München 2013) hervorzuheben; in beiden Werken wird der Nachweis geführt, dass der Erste Weltkrieg weder ‚unvermeidlich' noch gar ‚notwendig' war, sondern aus hysterischen und wahnhaften Projektionen, vornehmlich des britischen Auswärtigen Amtes, und den daraus folgenden geheimen Absprachen mit Frankreich und Russland entstanden ist. Ähnlich wertet auch Patrick Buchanan, *„Churchill, Hitler und der unnötige Krieg"* (Selent 2008).

In sieben Kapiteln soll hier nun den verschlungenen Pfaden nachgegangen werden, die schließlich in den Ersten Weltkrieg einmündeten.

1. Das Spiel beginnt. Der russisch-japanische Krieg von 1904/05

Als man 1896 in Deutschland das ‚Friedensfest' zum Gedenken an die Reichsgründung vor 25 Jahren feierlich beging, da gab es wohl kaum einen Zeitgenossen, der ahnte, dass es mit dieser Friedensepoche bald ein Ende haben werde, allen ‚Friedenslinden' zum Trotz, die in Städten und Dörfern nach 1871 gepflanzt wurden.

Auch noch 1913, als Kaiser Wilhelm II. sein 25-jähriges Thronjubiläum feierte, war viel von Frieden die Rede, obwohl sich der Horizont mittlerweile sehr verfinstert hatte. Zwischen 1896 und 1913 stellte sich nämlich zum Nachteil des Deutschen Reiches die politische Großwetterlage gänzlich um.

Diese Veränderung begann 1898. In diesem Jahr trug der britische Kolonialminister Joseph Chamberlain der deutschen Regierung ein Bündnis an, was von 1898 bis 1901 zu den später so oft zitierten ‚deutsch-englischen Bündnisverhandlungen' führte. Da diese ergebnislos im Sande verliefen, bot sich später eine wohlfeile Gelegenheit, das Liedlein „Hätten man doch damals nur..." anzustimmen, wonach es keinen Weltkrieg und keine deutsche Niederlage gegeben hätte, wenn die deutsche Politik, genauer: der Kaiser und seine unfähigen Berater, nicht so blind oder machtgierig gewesen wären. Die Kritiker warfen der deutschen Politik vor, eine Position des ‚Alles oder Nichts' vertreten zu haben. Da ‚Alles' also der Beitritt Englands zum Dreibund (Deutschland, Österreich-Ungarn, Italien) nicht zu haben war, habe man aus Trotz das ‚Nichts' in Kauf genommen. Ein Schulbuchautor drückt diesen Tadel, bezogen auf 1901, so aus: Berlin *„glaubte, durch Flottenrüstung...England noch gefügiger zu machen und größere Vorteile...aus einem England aufgezwungenen festen Bündnis ziehen zu können"*[1]. Das englische Werben aus törichter Selbstüberschätzung schnöde zurückgewiesen! – darauf hat sich die Zunft der Besserwisser verständigt. Allein die Wortwahl ‚*gefügig machen, aufzwingen*' verrät, wer die Schuld an dem kommenden Desaster trug.

Schauen wir uns die ‚deutsch-englischen Bündnisgespräche' genauer an, so bleibt von der Schulbuchweisheit nichts übrig. Denn erstens war das Angebot nicht im Namen der englischen Regierung ergangen, sondern nur vom Kolonialminister Joseph Chamberlain gekommen, und zweitens hatte Premierminister Robert Salisbury (1895-1902) selbst von einem Abkommen mit Deutschland abgeraten mit dem Argument, es sei für England unvorteilhafter als für Deutschland. Denn Deutschland würde, eingekeilt zwischen der Allianz Frankreich und Russland, viel eher der britischen Hilfe bedürfen als das durch seine übermächtige Flotte geschützte Inselreich. Deutschland wäre daher ein ziemlich wertloser Bündnispartner, und überdies würden sich die ohnehin

---

[1] I. Geiss u.a., Epochen und Strukturen, Grundzüge einer Universalgeschichte für die Oberstufe, Frankfurt 1996

gespannten Beziehungen zu Frankreich und Russland noch verschlechtern, wenn sich England an Deutschland binde. So war Chamberlains Position von vornherein schwach, als er mit Deutschland ins Geschäft kommen wollte.

Salisbury bestätigte absichtslos die deutsche Einschätzung der Situation; nur die Folgerungen beider Regierungen waren entgegengesetzt. Hieß diese für England, (vorläufig?) kein Bündnis mit Deutschland wegen dessen prekärer Lage zu schließen, so legte die deutsche Regierung größten Wert darauf, dass England offiziell dem Dreibund beitrete; nur ein vom britischen Parlament ratifiziertes und somit öffentlich bekanntes und abschreckend wirkendes Bündnis könne die strategisch ungünstige Mittellage zwischen Frankreich und Russland aufwiegen. Ein solcher Beitritt stand für Großbritannien aus dem oben genannten Grunde jedoch außer Frage. Es war also die unterschiedliche Bedrohungslage, die ein deutsch-englisches Bündnis auf Augenhöhe verhinderte.

Aus deutscher Sicht kam ein Weiteres hinzu: die historische Erinnerung. Der Siebenjährige Krieg (1756-1763) war in Preußen unvergessen, als dieser Staat gegen drei Großmächte (Frankreich, Österreich und Russland) im Felde stand und nur von England mit Subsidien unterstützt wurde. Dies aus dem einfachen Grunde: Preußen beschäftigte die französische Armee auf dem Kontinent, während sich England die französischen Kolonien in Nordamerika einverleibte. Als dieses Ziel erreicht war, schied England aus dem Krieg aus und ließ Preußen fallen. Preußen fühlte sich damals düpiert und als ‚Festlandsdegen Englands' missbraucht.

Als Kolonialminister Chamberlain sein ominöses Bündnisangebot unterbreitete, dachte man in Berlin sofort an die Geschichte von 1762. Die englische Weigerung, dem Dreibund beizutreten, war nicht dazu angetan, die alten Ressentiments fahren zu lassen, sondern eher sie neu zu beleben. Sollte sich Preußen-Deutschland wieder in einen Krieg gegen Frankreich und Russland stürzen, nur um England leichter koloniale Erwerbungen in Afrika oder dem Mittleren Osten zu verschaffen?

Außerdem pflegte Kaiser Wilhelm II. freundschaftliche Beziehungen zum Zaren Nikolaus II. und dessen deutscher Gemahlin Alexandra Fjodorowna (Alix von Hessen). Mit beiden war Wilhelm verwandt. Warum sollte er sich gegen ein Land stellen, mit dem man seit den Befreiungskriegen 1813 eng verbunden war?

Dass die deutsche Beurteilung des englischen Angebots richtig war, erwies sich sofort. Denn nachdem Deutschland sich zu einem zweifelhaften Zweckbündnis nicht hatte überreden lassen, fand England in Japan den gewünschten Partner. 1902 kam es zu einem englisch-japanischen Pakt, der zwei Jahre später auf drastische Weise ‚mit Leben erfüllt' wurde. 1904 überfiel Japan, gedeckt von England, die russische Flotte im Hafen Port Arthur am Pazifik und eröffnete damit den russisch-japanischen Krieg von 1904/05.

Deutschland entzog sich dem britischen Werben; nichts beweist besser, dass weder Kaiser Wilhelm noch seine Regierung 1901 auf einen Krieg gegen Russland erpicht waren. Auch 1905, als Russland nach dem japanischen Sieg in ernsten Schwierigkeiten steckte, nutzte man die Gelegenheit zu einem Befreiungsschlag gegen die französisch-russische Umklammerung nicht. Hätte das Deutsche Reich jemals den „*Griff nach der Weltmacht*" – so der Titel einer Propagandaschrift von 1961[2] – im Sinn gehabt, dann hätte ein solcher ‚*Griff*' 1905 erfolgen müssen und wäre höchstwahrscheinlich erfolgreich gewesen. Er unterblieb aus schlecht gedankter Friedensliebe, wie das folgende Kapitel zeigen wird.

Eine letzte Frage: Warum war Japan zu etwas bereit, wozu man in Deutschland nicht bereit war? Waren die Japaner klüger, die Deutschen dümmer? Die Antwort ist einfach: Japan hatte, anders als Deutschland, keine revanchelüsterne Großmacht im Rücken, als es seine Armee gegen Russland aufmarschieren ließ. Es konnte also gefahrlos mit den Engländern ins Geschäft kommen. Und zweitens besaß es ein handfestes Kriegsziel: die Mandschurei und Korea den Russen wegzuschnappen. Deutschland dagegen hatte Russland gegenüber keine Expansionswünsche. Aus beiden Gründen blieb Deutschland zunächst unbeteiligter Dritter.

Dass und warum Deutschland 1905 doch noch Partei ergriff und was sich daraus ergab, wird im zweiten Kapitel erläutert.

---

[2] Fritz Fischer, Griff nach der Weltmacht, Düsseldorf 1961

2. Der Vertrag von Björkö 1905

Der russisch-japanische Krieg von 1904/5 war, was seine diplomatischen Verwicklungen und Begleiterscheinungen betrifft, der interessanteste Krieg des 20. Jahrhunderts. Direkt beteiligt waren nur Russland und Japan, indirekt jedoch auch England als Partner Japans und Frankreich als Partner Russlands. Soweit scheint alles klar zu sein.

Was die Sache so spannend machte, war der Umstand, dass im April 1904 Frankreich mit England die sogenannte ‚Entente cordiale' (herzliches Einvernehmen) vereinbart hatten, formal eine Interessenabgrenzung der beiderseitigen Einflusszonen in Afrika, informell jedoch ein Bündnis gegen Deutschland. Aus französischer Sicht entstand nun ein Dilemma: Unterstützte man Russland gegen Japan, was etwa von Französisch-Indochina aus leicht hätte geschehen können, so legte man sich auch gegen England fest, mit dem man gerade erst die Entente geschlossen hatte. Ließ man Russland aber im Stich, so zerbrach möglicherweise der Zweibund von 1894.

Was also war zu tun? In Paris kam man zu dem Schluss, die neue Freundschaft mit England sei höher einzuschätzen als das alte Bündnis mit Russland. Man vertraute darauf, dass die Ländergier der Panslawisten und ihr eingewurzelter Hass auf Österreich und Deutschland auf Dauer stärker seien als die zeitweilige Enttäuschung über das französische Desinteresse an Russlands Kriegsglück. Man kannte wohl in Paris das panslawistische Credo, die *„Russische Geographie",* wonach sieben Ströme zu Mütterchen Russland gehörten, nämlich Elbe, Newa, Euphrat, Nil, Wolga, Donau und Ganges. Da war für die panslawistische Agitation noch viel zu tun, und so glaubte man in Paris nicht zu Unrecht, Russland werde trotz allem am Bündnis mit Frankreich festhalten.

Auch in Berlin verfolgte man aufmerksam den Kriegsverlauf und seine diplomatischen Verwerfungen. Die deutsche Regierung und der Kaiser glaubten die Chance zu erkennen, durch nichtmilitärische Hilfe den Russen beizuspringen und sich als der bessere Bündnispartner zu empfehlen. Denn nachdem die russische Pazifikflotte vor Port Arthur gesunken war, dem Hafen, den Russland erst 1898 von China ‚gepachtet' hatte, musste die ‚Baltische Flotte' von der Ostsee an den Kriegsschauplatz geschickt werden. Auf dem Wege dorthin versenkten im Oktober 1904 russische Kriegsschiffe in der Nordsee englische Fischerboote, die sie irrtümlich für japanische Torpedoboote gehalten hatten

(‚Doggerbank-Zwischenfall'). Es gab zwei Tote und mehrere Verletzte. Die englisch-russischen Beziehungen wurden dadurch noch frostiger. Kaiser Wilhelm nutzte diese Gelegenheit, um Ende Oktober 1904 dem bedrängten Zaren ein Bündnis Russland-Deutschland-Frankreich vorzuschlagen, den sogenannten ‚Kontinentalblock'. Er hoffte, die antibritische Stimmung in Russland wäre diesem Vorhaben günstig. Zar Nikolaus II. bat den Kaiser, ihm einen Entwurf für ein deutsch-russisches Bündnis vorzulegen. Das geschah. Der Beitritt Frankreichs blieb noch offen, aber Russland sollte in Paris dafür werben. Dort aber hielt man vom ‚Kontinentalblock' gar nichts, und so verlief das Projekt fürs erste im Sande und der Krieg ging in sein zweites Jahr.

England hatte den Suezkanal für Kriegsschiffe gesperrt, so dass die russische Baltikum-Flotte um ganz Afrika herum in Richtung Japan dampfen musste. Acht Monate brauchte sie dazu. Unmengen von Kohle mussten verfeuert werden, aber weder England noch der Bündnispartner Frankreich waren bereit, von ihren zahlreichen Stützpunkten aus den Russen diese Kohle zu liefern. Hier witterte der Kaiser seine zweite Chance. Deutschland würde die dringend benötigte Kohle liefern! HAPAG-Lloyd wurde angewiesen, die erforderliche Infrastruktur bereitzustellen. Auch politisch stellte er sich offen als Parteigänger Russlands dar, prägte das Schlagwort von der *„Gelben Gefahr"*, die ganz Europa bedrohe, und fertigte selbst eine Skizze an, welche die europäischen Völker, brüderlich vereint gegen diese tödliche Gefahr, darstellte.

In der Tat war es das erste Mal, dass eine europäische Großmacht von einer nichteuropäischen zu Lande und zu Wasser vernichtend geschlagen wurde. 1905 stand das Zarenreich ohne Flotte da, denn auch die Baltische Flotte war bei Tsushima versenkt worden. Die englische Rechnung, die Japaner die Drecksarbeit machen zu lassen, war also glatt aufgegangen!

Für den Augenblick schien es daher so, als habe Russland in Deutschland einen neuen Partner anstelle Frankreichs gefunden. Wilhelm II. verabredete mit seinem Vetter Nikolaus II. die enge politische Zusammenarbeit, die im Oktober 1904 noch nicht möglich gewesen war. Bei nächster Gelegenheit sollte diese mit einem förmlichen Vertrag besiegelt werden. Man begegnete sich in Björkö.

Björkö ist ein finnisches, früher russisches Hafenstädtchen, wo Kaiser Wilhelm auf seiner alljährlich stattfindenden Nordlandfahrt mit seinem Vetter im Juni 1905 zusammentraf. Hier wurde nun jener deutsch-russischer Beistandspakt unterschrieben, der nach den Worten Kaiser Wilhelms *„ein Wendepunkt in der*

Geschichte Europas geworden ist, dank der Gnade Gottes, und eine große Erleichterung der Lage für mein theures Vaterland, das endlich aus der scheußlichen Greifzange Gallien-Russland befreit werden wird... Der 24. Juli 1095 ist ein Eckstein in der europäischen Politik und schlägt ein neues Blatt der Weltgeschichte um; es wird ein Kapitel des Friedens und Wohlwollens unter den Großmächten des europäischen Kontinents sein, die einander respektieren werden in Freundschaft, Vertrauen und in Verfolgen einer allgemeinen Politik in der Richtung einer Interessengemeinschaft".[3]

Wäre dieser letzte Satz aus dem Munde eines hochrangigen EU-Politikers, etwa des Kommissionspräsidenten Barroso oder des EZB-Chefs Draghi gekommen, dann würde man ihn aus Ausweis wahrhaft europäischer Gesinnung und Verantwortung gepriesen haben; nun aber, da ihn der deutsche Kaiser, jener säbelrasselnde Pickelhauben-Militarist und Watschenmann des linken Spießers, gesprochen hat, kann man ihn nur mit betretenem Stillschweigen übergehen. Wie dem auch sei: Nach menschlichem Ermessen stand mit dem Vertrag von Björkö dem europäischen Kontinent also eine langdauernde Friedensepoche bevor.

Deprimiert durch die russischen Niederlagen hatte der Zar den ‚Vertrag von Björkö' unterzeichnet. Nun besaß Russland zwei Verträge, einen mit Deutschland, der den Frieden in Europa sichern sollte und einen älteren mit Frankreich, der einen Krieg mit Deutschland zum Ziel hatte. Welcher Vertrag würde nun gelten? Die russische Regierung vermied nach außen hin eine klare Entscheidung, indem sie erklärte, der Vertrag von Björkö könne ihrer Ansicht nach nur Geltung erlangen, sofern Frankreich zustimme. Man wusste natürlich vom ersten Versuch her, dass Frankreich diese Zustimmung verweigern würde, da es mit Russland nur paktiert hatte, um Deutschland in einen Zweifrontenkrieg zu verwickeln. Da dieser Krieg aber durch den Vertrag von Björkö vereitelt würde, musste dieser ungeschehen gemacht werden. Und so kam es denn auch. Die russische Regierung teilte der deutschen mit, dass da Frankreichs Zustimmung fehle, der Vertrag von Björkö leider nicht in Kraft treten könne.

Der Vertrag verschwand sang- und klanglos in der Schublade. Dem schwachen Zaren war das Ganze höchst peinlich, aber gegen die einflussreiche Kriegspartei in seinem Lande war er schon 1905 machtlos und blieb es bis zu seinem Sturz

---

[3] zitiert nach J. Röhl, Wilhelm II., Bd. III, Der Weg in den Abgrund, München, 2008, S. 410

1917. Kaiser Wilhelm II. war um eine bittere Erfahrung reicher: Seine Parteinahme für Russland hatte ihm keinen neuen Freund, sondern nur einen neuen Gegner eingebracht, nämlich Japan.

Hätte Deutschland tatsächlich den *„Griff nach der Weltmacht"* gewagt, wie ein bekanntes Buch von 1961 seinen Lesern weismachen wollte, hätte der Kaiser dann eine solche Politik betrieben? Einem strauchelnden Russland wieder auf die Beine zu helfen, anstatt das Zarenreich oder seinen Bundesgenossen Frankreich in einem entschlossenen Schlag niederzuwerfen? Schon diese Frage beweist, wie absurd die These dieses kläglichen Buches ist.

Der russisch-japanische Krieg hat aber noch eine letzte, für deutsche Beobachter immer noch schwer begreifliche Pointe: Der Weltgegensatz, dessentwegen man gerade noch einen Krieg mit weit mehr als Hunderttausend Toten geführt hatte, war kaum zwei Jahre später wie von Geisterhand weggezaubert. 1907 waren alle Kriegsgegner von 1904/05 ein Herz und eine Seele, England hatte seine Entente mit Frankreich geschlossen, Frankreich belebte seine Entente mit Russland wieder, 1907 folgte die Entente England-Russland und selbst Japan entdeckte im gleichen Jahr Russland als neuen Verbündeten. Anders gesagt: Die vier Mächte begruben ihre Streitigkeiten, um für den großen Kampf gegen Deutschland die Hände frei zu haben. Die Einkreisung war perfekt.

Der Vertrag von Björkö macht mit aller Deutlichkeit klar: Paris und St. Petersburg hatten 1905 die Wahl, zusammen mit dem Deutschen Reich den Frieden in Europa zu sichern oder aber ihre politischen Ziele weiter zu verfolgen, die ohne Krieg nicht zu verwirklichen waren: nämlich auf Seiten Frankreichs den Revanchekrieg gegen Deutschland zu führen, und auf Seiten Russlands die panslawistischen Träume auf Kosten Österreich-Ungarns und Deutschlands wahr zu machen. Beide Staaten entschieden sich in diesem welthistorischen Augenblick für Krieg. ‚Björkö' durfte also nicht Wirklichkeit werden.

Die Schulbücher haben für diesen dramatischen Augenblick natürlich keinen Sinn und keinen Platz. Denn hätte man ihn erwähnt, dann wäre die simple Selbstbezichtigung, zu der sich die deutschen Autoren in vorauseilendem Gehorsam gegenüber den Besatzungsdirektiven von 1945 offenbar immer noch genötigt fühlen, schwierig geworden. So verfiel der Vertrag von Björkö der Einfachheit halber der schon aus der römischen Kaiserzeit geläufigen *‚Damnatio Memoriae'* (Tilgung unliebsamer Tatsachen oder Personen aus dem

Gedächtnis). Wenn er überhaupt genannt wird, dann nur wegen seiner Nicht-Geltung.

Und auch ein weiterer Ausspruch des Kaisers vom März 1905 stört das Bild: *„Das Weltreich, das ich mir erträumt habe, soll darin bestehen, daß...das Deutsche Reich von allen Seiten das absolute Vertrauen eines ruhigen, ehrlichen, friedlichen Nachbarn genießt".* Ausgerechnet Kaiser Wilhelm soll das gesagt haben? Unerhört!

Aber auch das dreibändige, über 4000 Seiten umfassende Werk des deutsch-britischen Historikers John Röhl[4] kommt über hämische und grob verzerrende Bemerkungen zu Björkö nicht hinaus. Der Vertrag von Björkö, der objektiv gesehen dem Kontinent zwei Weltkriege erspart hätte, ist bei ihm nur *„der unrühmliche Höhepunkt der persönlichen Diplomatie Kaiser Wilhelms"*, welche – fast möchte man sagen: verdientermaßen – im *„Fiasko"* endet oder auch *„im Sande verläuft".* Was auch immer Kaiser Wilhelm anpackt, es muss natürlich mindestens *„unrühmlich"* sein. Röhls Darstellung liegt nämlich folgende Denkfigur zugrunde:

Vertrag von Björkö = Sicherung des Friedens = weitere Stärkung der deutschen Hegemonie über Europa = Abhängigkeit der europäischen Staaten von Deutschland = Unheil und Verderben.

Im Umkehrschluss heißt das:

Ablehnung des Vertrags von Björkö = Weltkrieg = Zertrümmerung der deutschen Hegemonie = Freiheit für Europa.

So gesehen ist die Herbeiführung eines Koalitionskrieges das Ziel jeder vernünftigen englischen Politik, die sich gegen Deutschland behaupten will, und so darf sich auch Röhl über das *„Fiasko von Björkö"* nur freuen! Und auch darüber, dass die russische Regierung den Vertrag von Björkö für eine *„große Dummheit"* hielt und für einen *„Verrat an Russlands Bündnispartner Frankreich bzw. als Hinnahme der deutschen Hegemonie in Europa".*[5]Von *‚Verrat'* kann Röhl aber nur sprechen, weil er stillschweigend (und übrigens zu Recht) annimmt, dass der Krieg gegen Deutschland das Ziel der französischen Politik war. Röhl propagiert hier nichts weiter als die damalige britische Politik

---

[4] Röhl, S. 393
[5] ebd. S. 418

in der Tarnkappe der Geschichtswissenschaft: Wer den Krieg gegen Deutschland ablehnt, der ist für *‚Hinnahme der deutschen Hegemonie'*; das ist eine von Röhls unfreiwillig demaskierenden Aussagen, denn sie straft seine Kernthese Lügen, wonach Kaiser Wilhelm selbst der Hauptverursacher des Weltkriegs gewesen sei.

Die Franzosen würden dem Zaren auch nie den Kredit von 2 ¼ Mrd. Francs bewilligen, wenn Russland sich mit Deutschland auf einen Freundschaftspakt einließe. Wozu diese Milliarden dienen sollten, sagt Röhl nicht; es sei hier daher nachgetragen: zur Aufrüstung Russlands und insbesondere zum Ausbau des Bahnnetzes an der russischen Westgrenze, um den Aufmarsch des russischen Millionenheeres schneller bewerkstelligen zu können. Wie gut diese Milliarden angelegt waren, zeigte sich dann im August 1914, als die Russen bereits zwölf Tage nach Kriegsbeginn sengend und brennend in Ostpreußen einfielen. Wollte man den Krieg gegen Deutschland, dann war es in der Tat *„eine große Dummheit"*, sich diese Milliarden entgehen zu lassen.

Dass dann aber ausgerechnet Wilhelm II. diesen Krieg verschuldet haben soll, wo doch laut Röhl der Vertrag von Björkö deswegen abzulehnen war, weil er den Deutschen eine gefährlich lange Friedenszeit zum weiteren Ausbau ihrer dominierenden Stellung in Europa beschert hätte, das ist der große Widerspruch, den bisher keiner der politisch korrekten Geschichtsdeuter erkannt hat oder gar aus der Welt schaffen konnte.

3. Die Ängste des Sir Eyre Crowe 1907

Eine der merkwürdigsten Persönlichkeiten im britischen Außenministerium während der Amtszeit von Sir Edward Grey (1905-1916) war Sir Eyre Crowe (*1864 in Leipzig +1925). Obwohl (oder: weil?) er in Deutschland geboren war, eine deutsche Mutter und eine deutsche Ehefrau hatte, machte er sich bald einen Namen als *„wütender Deutschenhasser"*.[6] Im *„Britischen Pantheon der Deutschenhasser nahm er den ersten oder einen der ersten Ränge ein"*, so urteilt heute ein holländischer, in den USA lebender Historiker. Aber bereits 1928 fällte der US-Historiker S. B. Fay über Crowes diplomatische Fähigkeiten ein vernichtendes Urteil. Crowe, der wegen seiner Herkunft als untrüglicher

---

[6] Virginia Cowles, Wilhelm II, München 1981, S. 305

Deutschlandexperte galt, *„war stets geneigt, haltloses Geschwätz für die Wahrheit des Evangeliums zu nehmen"*, wenn es darum ging, die deutsche Politik anzuschwärzen und deutsche Politiker zu verleumden. Crowe habe, anstatt *„intelligente und überzeugende Analysen"* der internationalen Lage zu erstellen, nur *„unpassende Schuljungen-Ergüsse von Galle, Wut und Gift produziert"*.[7] Das mag sein, aber gerade wegen der perfiden Art seiner ‚Analysen' war Crowe damals der einflussreichste Beamte im britischen Außenministerium.

Die negativen Einschätzungen Crowes aus heutiger anglo-amerikanischer Sicht lassen an Deutlichkeit nichts zu wünschen übrig, aber man fragt sich: Wie konnte ein solcher Mann an die Schalthebel der Macht gelangen? Er wurde zwar nie selbst Außenminister, was er beharrlich anstrebte, aber als Unter-Staatssekretär des Auswärtigen Amtes leitete er dessen Westeuropa-Abteilung und über seinen Schreibtisch liefen alle Botschafter-Papiere. Das gab ihm die Gelegenheit, die eingehenden Berichte mit gehässigen Anmerkungen (*„hostile dissection"*) zu versehen und so seinen Chef, den Außenminister Grey, im gewünschten Sinne zu beeinflussen.

Die Frage muss offen bleiben, ob Grey erst durch Crowes ständige Einflüsterungen auf seinen antideutschen Kurs gebracht wurde oder ob er Crowe gerade wegen seiner bekannten Einstellung zu seinem Unterstaatssekretär machte. Das letztere ist wahrscheinlicher.

Betrachten wir Crowes ‚Analysen' einmal genauer, so werden wir feststellen, dass Fays Urteil völlig zutrifft: *„Verglichen mit Crowe war Herr von Holstein* (die ‚graue Eminenz' im deutschen Auswärtigen Amt, in gewisser Weise ein Gegenspieler von Crowe) *ein Sonntagsschullehrer"*. Wie infam Crowe zu Werke ging, um die deutsch-englischen Beziehungen nachhaltig zu vergiften, zeigt ein gründlicher Blick in seine berüchtigten ‚Memoranden'.

Zu nennen sind hier vor allem drei Memoranden: eines vom 1.1.1907, ein weiteres vom 20. 10. 1910 und ein drittes vom 14.5.1911.[8] In ihnen stellt Crowe seine Sicht der Weltlage in aller Deutlichkeit vor.

---

[7] Sidney B. Fay, The Origins of the World War, 2 Bände, New York 1928

[8] abgedruckt bei: Erwin Hölzle, Quellen zur Entstehung des Ersten Weltkriegs, Darmstadt 1978, Nr. 15, Nr. 26 und Nr. 30.

Basis seiner Überlegungen ist das sogenannte ‚Gleichgewicht der Kräfte', ein Prinzip, das *„Englands hundertjährige Politik"* bestimmt habe und daher *„fast ein historischer Gemeinplatz"* geworden sei. Dieser Hinweis ist für Crowe insofern nützlich, als bei einem Gemeinplatz der Leser nicht nach den Implikationen dieses schillernden Begriffs fragen wird, insbesondere wird ihm nicht auffallen, dass Großbritannien für sich selbst dieses Gleichgewicht der Macht nicht gelten lässt. Denn Englands Stellung in der Welt ist *„untrennbar mit dem Besitz übermächtiger Seeherrschaft verbunden"*. Diese Dominanz sollte, wie die Admiralität 1908 verlauten ließ, bei Bedarf so eingesetzt werden, dass *„die Räder unserer Seemacht die deutsche Bevölkerung immer kleiner mahlen würden – früher oder später würde auf den Straßen Hamburgs Gras wachsen…"*.[9] Ein so famoses ‚Gleichgewicht' beizubehalten war natürlich aus englischer Sicht erstrebenswert.

Bei einem Gemeinplatz wird der Leser wird auch nicht danach fragen, wie oder von wem dieses ‚Gleichgewicht der Macht' ermittelt wird. Etwa, ob dieses ominöse ‚Gleichgewicht' nur die Anzahl der Kanonen, der Panzerkreuzer und Soldaten eines Landes in Rechnung stellt oder auch das wirtschaftliche Potential? Die Menge der geförderten Kohle, des erzeugten Stahls, die Anzahl der Patente und Erfindungen, die Geburtenrate, den Anteil am Welthandel, die Höhe der Exportüberschüsse, die Größe der Handelsflotte, die Länge des Eisenbahnnetzes usw.? Legte man dies alles auf die imaginäre Londoner Waagschale, dann störte in der Tat das Deutsche Reich das ‚Gleichgewicht' empfindlich, seit es 1871 geeint war und sich wirtschaftlich eindrucksvoll entwickelte, vor allem, wenn man diese Entwicklung mit britischen Augen betrachtete. Die deutsche Volkswirtschaft wuchs, und der Ausweg, deutsche Waren ab 1887 mit dem erzwungenen Etikett ‚Made in Germany' zu versehen und Deutschland so den Makel eines drittklassigen Ramschproduzenten anzuhängen, schlug ins Gegenteil um: ‚Made in Germany' wurde weltweit rasch zum Gütesiegel! Mit Diffamierung allein war dem deutschen Aufstieg also nichts anzuhaben.

Was also war zu tun? Sollte man die Deutschen dafür bestrafen, dass sie fleißiger, tüchtiger, einfallsreicher waren als andere? Mit anderen Worten: Dass sie ‚das Gleichgewicht' störten?

---

[9] Niall Ferguson, Der falsche Krieg, Stuttgart 1999, S. 125

Höchst bemerkenswert sind in diesem Zusammenhang Äußerungen des britischen Premierministers Arthur Balfour (1902-05) gegen über dem US-Botschafter in Paris Henry White, die dessen Tochter notierte: Sie schreibt: *„(Balfour:) Wir sind wahrscheinlich Deppen, weil wir es nicht fertig bringen, einen Grund für eine Kriegserklärung an Deutschland zu finden, bevor es zu viele Schiffe baut und uns den Handel wegnimmt. (White:) In Ihrem Privatleben sind Sie ein Mann mit hohen moralischen Prinzipien. Wie...können Sie etwas so Unmoralisches wie die Anzettelung eines Kriegs gegen ein harmlose Nation in Betracht ziehen...? Wenn Ihr mit dem deutschen Handel konkurrieren wollt, müsst Ihr eben härter arbeiten. (Balfour:) Dies liefe auf eine Senkung unseres Lebensstandards hinaus. Vielleicht wäre ein Krieg für uns einfacher. (White:) Ich bin schockiert, dass ausgerechnet Sie solche Grundsätze vertreten. (Balfour:) Ist das denn eine Frage von Recht oder Unrecht? Vielleicht geht es einfach darum, unsere Überlegenheit zu wahren".*[10]

Ja, nur durch einen Krieg ließe sich die Kraftmaschine in der Mitte Europas noch lahm legen, dies war auch Crowes feste Überzeugung. Aber so deutlich wollte er seinen Ratschlag nicht formulieren. Er musste erst einmal die deutschen Angebote einer vertrauensvollen Zusammenarbeit mit England dem bösen Verdacht arglistiger Täuschung aussetzen. Jede deutsche Geste in dieser Richtung beweise nur, dass Deutschland seine Gegner in Sicherheit wiegen wolle, bis es schließlich in der Lage sei, auch *„das britische Reich zu zerstückeln und zu verdrängen".*

Crowes Fazit, das er aber anderen in den Mund legt: *„Das ist die Ansicht derer, die in der ganzen Richtung der Politik Deutschlands den schlüssigen Beweis dafür erblicken, daß es bewußt die Errichtung einer deutschen Hegemonie, zuerst in Europa und schließlich in der Welt, anstrebt".* Er selbst konnte diesen ‚schlüssigen Beweis' natürlich nicht erbringen.

Dieses unersättliche Deutschland wird also, falls man es nicht mit Krieg überzieht, sich alles unterwerfen: *„...spanische Inseln, portugiesische Inseln, holländische Inseln, griechische oder türkische Inseln, marokkanische Häfen, ja geradezu jeden denkbaren Stützpunkt";* und Unterstaatssekretär Robertson sekundierte: *„Deutschlands Ambitionen, ein Reich zu errichten, das sich über*

---

[10] Patrick Buchanan, Churchill, Hitler und der unnötige Krieg, Selent 2008, S. 52

ganz Europa, die Nordsee, die Ostsee, das Schwarze Meer und die Ägäis hinweg sowie möglicherweise sogar bis zum Persischen Golf und zum Indischen Ozean erstreckt, sind seit mindestens 20 Jahren oder mehr bekannt".[11]

Somit ist geklärt: Frieden und gutes Einvernehmen mit Deutschland darf es nicht geben, sondern es muss zum Krieg kommen! Dieser Krieg muss aber vor der Welt sehr gut gerechtfertigt werden; es darf nicht danach aussehen, als wolle England nur einen lästigen (Wirtschafts-)Konkurrenten ausschalten, nein, man muss vorgeben, Deutschland bedrohe die höchsten Güter und Werte der Menschheit! Denn nur auf diese Weise ist es den eigenen Leuten und dem Rest der Welt zu vermitteln, dass eine friedliche Verständigung mit Deutschland zum Triumph der unerträglichsten Barbarei führen werde und somit völlig ausgeschlossen sei.

Bei Crowe liest sich das dann so: *„Eine Vereinbarung, die Enthusiasten ohne große politische Erfahrung sich vielleicht berechtigt fühlen würden als ein Übereinkommen zur Abschaffung des Krieges zwischen den drei Großmächten zu bezeichnen, könnte auf den ersten Blick als ein Triumph der internationalen Gerechtigkeit und des menschlichen Fortschritts erscheinen. Ich glaube, eine solche Schlussfolgerung wäre ein Trugschluß.*

Kein Staat hat das Bestreben oder den Wunsch, zum Krieg zu schreiten. Das Bestreben ist darauf gerichtet, gewisse politische Ziele zu erreichen, die unter bestimmten Verhältnissen mit oder ohne Anwendung von Gewalt erreichbar sein mögen. Wenn ohne Anwendung von Gewalt, dann um so besser für den Staat, der das besondere Ziel anstrebt. Jede Macht muß es offensichtlich vorziehen, die Ziele ihrer Politik ohne die übermäßigen Opfer an Gut und Blut und ohne das weitverzweigte übrige Elend zu erreichen, welche ein Krieg zur Folge hat. Wird dies vollbracht, so wird man ohne Zweifel Befriedigung darüber empfinden, daß ein Krieg vermieden wurde.

Wie aber, wenn das angestrebte und ohne Krieg erreichte Ziel eines ist, das an sich schon den Frieden der Welt, die Unabhängigkeit der freien Gemeinschaften, die Rechte und Freiheiten zivilisierter Völker gefährdet? In diesem Fall wirkt sich das Ausbleiben eines Krieges, da es das Ergebnis eines Verbotes kriegerischer Maßnahmen zur Verteidigung von Recht und Gerechtigkeit ist, nicht als Fortschritt der Zivilisation aus, sondern als

---

[11] Ferguson, S. 114

Aufmunterung zur Eroberung und Unterdrückung. Die Abschaffung des Krieges wäre zu teuer erkauft worden".

Im Klartext: Die Welt steht vor der Alternative: Entweder wird Deutschland durch Krieg unschädlich gemacht, oder das finstere teutonische Monster versklavt die zivilisierten Völker der Welt und ruiniert die abendländische Kultur! Ohne Krieg gegen Deutschland sind „*Recht und Gerechtigkeit*" nicht zu verteidigen.

Bei solch bedrückender Alternative kann es für einen Mann von Ehre kein Zaudern und Bedenken geben. Crowe kommt daher zu dem Schluss: „*Großbritannien würde das Gleichgewicht entscheidend an dem Tag umstoßen, an dem es durch Unterschrift das Recht preisgäbe, gegen irgend einen besonderen Staat in der Stellung, die Deutschland zur Zeit einnimmt, Gewalt zu gebrauchen*".[12] Unbeabsichtigt verrät Crowe durch seine Wortwahl nebenbei auch, wie er denkt. Welche höhere Instanz hatte England denn das ‚*Recht*' verliehen, gegen Deutschland ‚*Gewalt zu gebrauchen*', nur weil es ein imaginäres, von London definiertes Gleichgewicht störte? Crowe setzt ‚Recht' gleich mit ‚britische Interessen'. Damit fügt er sich gut in die Maximen der britischen Politik ein, die eigenen Interessen stets als Wahrung des Völkerrechts auszugeben.

Dass es in diesem Kriege um nichts Geringeres ginge als um die höchsten Werte der Menschheit, das betonte später die englische Weltkriegspropaganda unablässig und das bezeugen noch heute viele Ehrenmäler in England, auf denen zu lesen steht, die Gefallenen hätten „*ihr Leben für die Menschheit hingegeben*" oder sie seien „*für die heilige Sache der Gerechtigkeit und die Freiheit der Welt*" gestorben. Schließlich hatte England, wie 1919 die *Victory Medal* besagt, den Weltkrieg nicht für eigene Interessen, sondern „*für die Zivilisation*" geführt.[13]

Heute wissen wir: Die britischen Gefallenen waren die Opfer einer von Crowe und anderen geschürten Wahnvorstellung. Wir verlassen nämlich bei der Betrachtung der Croweschen Memoranden den festen Boden nüchterner Politik und müssen uns auf das schwankende Terrain der Psychologie bzw. Psychopathologie begeben. Crowe und seine Mitstreiter litten an

---

[12] Hölzle, S.79ff

[13] Ferguson, S. 8 und S. 30

Germanophobie, so wie andere an Platzangst oder Spinnenphobie leiden. Solchen Phobien ist, wie die Erfahrung lehrt, mit Gutzureden und Argumenten nicht beizukommen. Es war demnach auch vergebliche Liebesmüh', als der deutsche Kaiser höchst selbst den Engländern die Zwangsvorstellung nehmen wollte, die Deutschen planten für den künftigen Krieg bereits eine Invasion Englands. Subjektiv, also im Denken und Planen der deutschen Verantwortlichen in Marine und Politik, finden sich für eine solche Phobie keinerlei Anhaltspunkte, und auch objektiv, also von der materiellen Durchführbarkeit her, war ein solches Vorhaben ein Ding der schieren Unmöglichkeit. Nichtsdestoweniger geisterte die Mär einer tödlichen Bedrohung, die allgegenwärtige ‚*German menace*', durch die Londoner Redaktions- und Amtsstuben, und da durften auch die 40000 als Kellner, Gärtner oder Laufburschen getarnten deutschen Spione nicht fehlen, die im Stillen ihr teuflisches Unwesen zum Verderben Großbritanniens trieben.

All dies ist mit dem Instrumentarium der Geschichtswissenschaft nicht mehr zu handhaben. Ohne Crowes Namen zu nennen, brachte es der Historiker Golo Mann im Blick auf die Julikrise 1914 auf den Punkt: *„Dadurch, daß ein paar österreichische Divisionen ein paar Monate lang in Belgrad Unfug trieben, um es dann doch wieder zu räumen, konnte das Gleichgewicht nur in der Phantasie dürrer Diplomatenhirne bedroht sein. So weise kann man es nachträglich leicht sehen. Aber so sah man es nicht in der **vergifteten, verblödeten Atmosphäre** von Anno Domini 1914".*[14]

Zu dieser *vergifteten, verblödeten Atmosphäre* hat Sir Eyre Crowe, nicht das einzige jener *dürren Diplomatenhirne* im britischen Außenministerium, nach Kräften das Seine beigesteuert.

4. Die sogenannte Haldane-Mission von 1912

Im Januar 1912 besuchte der britische Kriegsminister Sir Richard Haldane (1905-1912) auf Einladung Kaiser Wilhelms Berlin. Über die Bedeutung dieses Besuchs war man sich schon damals klar, und in der Folgezeit wurde die ‚Haldane-Mission' geradezu zu einem schicksalhaften Kulminations- und Wendepunkt der deutschen Geschichte stilisiert. Stand man dem Kaiser und der

---

[14] Golo Mann, Deutsche Geschichte des 19. und 20. Jahrhunderts, Frankfurt 1958, S. 562

Tirpitzschen Flottenpolitik nahe, dann fand man in der Tatsache, dass sich der englische Kriegsminister nach Berlin bequemt hatte, den Beweis für die Richtigkeit der These der ‚Flottenpartei', nur eine starke deutsche Flotte werde England verhandlungsbereit machen. Zählte man zu den Kritikern des Kaisers, so war der Haldane-Besuch Englands letzte Warnung: Treibe Deutschland die Flottenrüstung weiter, so werde England sich dem Zweibund Frankreich-Russland anschließen müssen. 1914 schien sich die letztere Sicht bewahrheitet zu haben, und so lautete das bis heute kolportierte Verdikt: Wilhelm II. und Admiral Tirpitz, sein böser Geist, hätten durch ihre törichte Großmannssucht die Weltkriegsallianz gegen Deutschland zustande gebracht und seien daher für alle üblen Folgen verantwortlich.

Hier liegt einer der ganz seltenen Fälle vor, dass keine der Parteien Recht hat, die Wahrheit aber auch nicht in der Mitte liegt. Beide irrten darin, dass sie die Bedeutung der deutschen Flottenrüstung weit überschätzten. Auf diese Flotte kam es nämlich gar nicht an, weder im Positiven noch im Negativen. Weder wurde England durch sie gesprächsbereit gemacht, noch zwang sie England ins gegnerische Lager. Auch im Krieg selbst spielte die Flotte keine Rolle. Abgesehen von der – für den Kriegsverlauf belanglosen – Skagerrakschlacht 1916 trat sie bis zur Meuterei der Matrosen 1918 überhaupt nicht in Erscheinung und belegt allein dadurch, dass sie zwar des Kaisers liebstes Steckenpferd, ansonsten aber teurer Humbug war.

Dass die deutsche Flottenrüstung einen derartigen Stellenwert in der Nachkriegsdiskussion erhielt, lag daran, dass sie ein eingängiges Erklärungsmuster für schlichte Denker abgab. Man hatte eine Ursache gefunden und einen Schuldigen ausgemacht, das vereinfachte das Weltbild ungemein, vor allem für die volkspädagogisch tätigen Schulmeister.

Dieses Bild war grundfalsch. Dafür hat ausgerechnet Adolf Hitler, der ja nach eigenem Bekunden aus der Geschichte, d.h. aus den angeblichen Fehlern Wilhelms II., lernen wollte, den Nachweis geliefert. Denn bekanntlich hat Hitler die ihm 1935 von den Engländern zugebilligten 35% an Kriegsschiffen, bezogen auf die britische Flotte, nie gebaut, um England nicht zur See herauszufordern. Umso fassungsloser war er, als er im September 1939 dennoch die englische Kriegserklärung in Händen hielt; zu spät merkte er, dass auch ihn die Schulbuchweisheit in die Irre geführt hatte.

Worum aber ging es dann bei der Haldane-Mission, wenn nicht um die deutsche Flotte? Es ging um die strategische Grundsatzentscheidung zum Bau dieser Flotte. Admiral Tirpitz, ihr Schöpfer, hatte immer wieder die Flottenrüstung damit begründet, Deutschland bedürfe einer „*Risikoflotte*", einer Flotte also, die anzugreifen für England ein zu hohes Risiko bedeute; England werde durch sie aus einem Krieg, den Deutschland gegen Frankreich und/oder Russland führen müsse, herausgehalten, d.h. notfalls zur Neutralität gezwungen.

Die Frage war: Konnte man dasselbe Ziel, nämlich England aus einem Kontinentalkrieg herauszuhalten, auch anders erreichen, etwa durch Verhandlungen? Die Regierung des Reichskanzlers Bethmann-Hollweg wollte diesen Weg beschreiten, und so hatte man schon vor 1909 den Engländern wechselseitige Neutralität angeboten. Allerdings vergeblich! Der damalige Unterstaatssekretär im Auswärtigen Amt, Charles Hardinge, bezeichnete jedes deutsche Angebot als „*eine Falle*", in die England nicht hineintappen dürfe. Er warnte die englische Regierung vor einer Neutralitätspolitik mit folgenden Worten: „*Der gefährliche Charakter* (des deutschen Vorschlags) muss *enthüllt werden* und man muss *sich die verheerenden Folgen, die seine Annahme zeitigen würde, vollkommen klar machen*". Denn: „*Die Grundlage des vorgeschlagenen Abkommens war die, daß entweder eine politische ‚Entente' hergestellt werden sollte, oder daß eine Konvention geschlossen werden sollte, gemäß der die beiden Mächte sich...verpflichten sollten:*

1. keinen Krieg gegeneinander zu führen,

2. keiner Koalition gegen ein der beiden Mächte beizutreten und

3. eine wohlwollende Neutralität zu beobachten, falls eines der beiden Länder mit irgendeiner anderen Macht...in Feindseligkeiten verwickelt werden sollte".[15]

---

[15] Hölzle, S. 70

In Hardinges Augen waren das alles bestenfalls dreiste Zumutungen, nicht wert, in Erwägung gezogen zu werden. Hardinges Nachfolger im Außenministerium, Sir Eyre Crowe, sekundierte 1911 erwartungsgemäß: *„Die vorliegende Anregung ist hinterlistiger, aber doch so offenkundig absurd, dass es kaum glaublich erscheint, dass ein verantwortlicher Staatsmann ihn gemacht haben soll".*[16]

Solchermaßen vorgeprägt, begann Haldane seinen Meinungsaustausch mit Kaiser Wilhelm, Admiral Tirpitz und dem Reichskanzler. Heute weiß man, dass von englischer Seite diese Verhandlungen nur als Scheinveranstaltung gemeint waren. *„Einflussreiche Kreise der britischen Staatsführung hatten mit ihrer Politik längst die Neutralität aufgegeben und sich fest an die Seite Frankreichs gestellt. Bereits bevor Haldane London verließ, war die maritime Zusammenarbeit mit Frankreich beschlossene Sache. Und so war seine Reise nicht mehr als ein innenpolitischer Winkelzug. Man ließ ihn gehen, wohl wissend, dass er kaum mit nennenswerten Ergebnissen zurückkehren konnte. Damit wollte man der eigenen Partei* (gemeint sind die Liberalen, die mehrheitlich den Kriegskurs nicht unterstützten) *demonstrieren, daß man alles versucht habe, um die Beziehungen zu Deutschland zu verbessern".*[17] Es zeigte sich daher bald, dass die Verhandlungen am toten Punkt angelangt waren. Denn Haldane betonte offen, das Wort ‚Neutralität' dürfe in keiner Abmachung mit Deutschland vorkommen. Alles, was er versprechen könne, sei, dass England bei einem *„unprovozierten Angriff"* auf Deutschland nicht auf Seiten der Gegner Deutschlands eingreifen werde.

Die deutsche Seite entgegnete: Da *‚unprovozierte Angriffe'* zwischen zivilisierten Staaten ohnehin undenkbar seien, müsse diese Formulierung wohl so ausgelegt werden, dass England entscheiden wolle, ob ein Angriff auf Deutschland von diesem selbst provoziert war oder nicht. Diese überaus dehnbare und substanzlose Formel sei kein angemessenes Äquivalent für den Verzicht oder auch nur Verlangsamung der deutschen Flottenrüstung. In der Tat muss man bis ins 17. Jahrhundert, bis zu den Raubkriegen Ludwigs XIV., zurückgehen, um einen *‚unprovozierten Angriff'* zu finden. In der Regel gehen

---

[16] ebd. S. 71

[17] Sören Neitzel, Kriegsausbruch, Deutschlands Weg in die Katastrophe 1900-1914, München 2002, S. 118

jedem Krieg Spannungen voraus, in denen niemand eindeutig zu sagen wüsste, wer wen zuerst provoziert hat. Aus dem gleichen Grund ist es den Vereinten Nationen bis heute auch nicht gelungen zu definieren, was ein Angriffskrieg sei.

Die Kernfrage lautet daher nicht: Wie viele deutsche Panzerkreuzer waren für England gerade noch hinnehmbar? Ab dem wievielten Schlachtschiff fühlte England sich bedroht? Sondern die Frage ist: Warum war England nicht zur Neutralität in einem Kontinentalkrieg bereit? Die Antwort ist einfach: England wollte an den (geheimen) Abmachungen, die es seit 1904 mit Frankreich und Russland getroffen hatte, unbedingt festhalten. Es dachte an *„die verheerenden Folgen"*, vor denen Hardinge gewarnt hatte, nämlich die empörte Reaktion in Frankreich und Russland, wenn deren Regierungen aus ihren Wunschträumen aufgeschreckt worden wären. Hätte nämlich England seine Neutralität in einem künftigen europäischen Krieg erklärt, so wäre dieser Krieg ganz unterblieben. Frankreich und Russland hätten ohne englische Unterstützung niemals von sich aus eine aggressive Politik gegen Deutschland betrieben oder gar einen Angriff auf Deutschland unternommen, und von Deutschland wusste man, dass es – eingekeilt zwischen Frankreich und Russland – nicht von sich aus losschlagen würde.

Blieb also England neutral, blieb der Friede erhalten! Russland musste in diesem Falle jedoch seine panslawistischen Gelüste und den Erwerb der Dardanellen und Konstantinopels, Frankreich seine Revanche für 1871 und die Rückgewinnung Elsaß-Lothringens auf den St. Nimmerleinstag verschieben.

Kurz: In London fürchtete man, Frankreich und Russland würden sich von England verraten fühlen und ihm die Abkehr von der bisherigen Kriegspolitik nicht verzeihen. Es gab sogar Stimmen, die argwöhnten, Frankreich und Russland würden mit Deutschland ihren Frieden machen und dem von Wilhelm II. 1905 favorisierten ‚Kontinentalblock' doch noch zur späten Verwirklichung verhelfen. Dann wäre England, nicht Deutschland, isoliert gewesen. Das aber durfte nicht sein! Dieser tödlichen Gefahr müsse England begegnen, hieß es in London in gespielter Panik.

Da tat es auch nichts zur Sache, dass ein Bündnis Frankreich-Deutschland-Russland zu keinem Zeitpunkt eine auch nur halbwegs aussichtsreiche Kombination war. Kaiser Wilhelm wurde allgemein belächelt oder gar als tumber Tor verspottet, als er diesen ominösen ‚Kontinentalblock', gewissermaßen eine Ausgeburt seiner krankhaften Phantasie, 1905 in den diplomatischen Verkehr brachte (vgl. Kap. 2). Nun aber diente der Londoner Kriegspartei dieses wesenlose Hirngespinst dazu, jede friedliche Alternative zur aktuellen britischen Politik als Weg in den Untergang zu diffamieren.

Der britische Außenminister Grey verstieg sich im September 1912 zu der hirnrissigen Prognose: *„Wenn Frankreich nicht gegen Deutschland unterstützt wird, dann wird es sich mit ihm und dem Rest Europas zu einem Angriff gegen uns verbinden".*[18] Man fragt sich, ob Grey diesen hanebüchenen Mumpitz selbst glaubte oder nur nach außen hin vertrat, um seine Allianz mit dem revanchelüsternen Frankreich gegen jede Kritik abzuschirmen. Auf jeden Fall zeigt diese windschiefe Argumentation, wie wenig Mühe man sich noch geben musste, um antideutsche Stimmung im Lande zu erzeugen. Je dümmlicher die Parolen, desto wirksamer!

Haldanes Haltung wäre um keinen Deut anders gewesen, auch wenn der Kaiser und Tirpitz kein einziges Schiff gebaut hätten. Crowe selbst bestätigte dies in seinem Memorandum vom 20. 10. 1910, als er schrieb: *„Der Kanzler (Bethmann-Hollweg) hat daher recht, wenn er zu verstehen gibt, daß es nicht bloß oder auch nur hauptsächlich die Frage der Flottenrüstung ist, was der derzeitigen Entfremdung zugrunde liegt".*[19] Es war die Bindung Englands an Frankreich und Russland, die jede Friedenspolitik im Ansatz erstickte. England hielt – angeblich um des vielbeschworenen europäischen Gleichgewichts willen – am informellen Bündnis mit Frankreich und Russland fest, auch wenn dadurch der Frieden, den man durch diese Bündnisse angeblich sicherer machen wollte, sehr viel unsicherer und der Weltkrieg schließlich unabwendbar wurde. Niall Ferguson hat diese Politik ironisch so kommentiert: *„Großbritannien sollte auf einen zukünftigen Krieg mit Deutschland verpflichtet werden – denn anderenfalls könnte es einen Krieg mit Deutschland geben".*[20] Besser lässt sich die absurde Logik der britischen Außenpolitik nicht charakterisieren, und man muss schon sehr närrisch sein, wenn man diese Politik vernünftig finden und ihr friedliche und auf Ausgleich bedachte Absichten unterstellen will.

---

[18] Ferguson, S. 112
[19] Hölzle, S. 75
[20] Ferguson S. 113

5. Die militärische Einkreisung Deutschlands (1905-1914)

Die Haldane-Mission vom Februar 1912 war die letzte erwähnenswerte diplomatische Aktion vor dem Attentat von Sarajewo, an der Deutschland noch teilnahm. Danach gaben die Generalstäbe der Großmächte die Richtung vor.

Die englisch-französische Verständigung über die jeweiligen Einflusszonen und Kolonien in Afrika, die sogenannte ‚Entente Cordiale' von 1904, zeigt an ihren Folgewirkungen die Gültigkeit des Lehrsatzes: Jede Annäherung zweier bisher rivalisierender Mächte erklärt sich daraus, dass man gemeinsam gegen eine dritte Macht vorgehen will. Diese dritte Macht war das Deutsche Reich. Konsequenterweise wurde ab 1904 der Krieg gegen Deutschland geplant. Ein erster Schritt war 1905 die Verlegung der englischen Mittelmeerflotte in die Nordsee. 1912 ergänzte man dies durch die Vereinbarung, dass die englische

Flotte die französische Atlantikküste abschirmen werde, während alle französischen Kriegsschiffe im Mittelmeer gegen Österreich/Ungarn zusammengezogen werden sollten.

1906 untersuchte der englische Generalstab die Möglichkeit, wo und wie eine Expeditionsarmee in Stärke von 100.000 Mann nach Nordfrankreich gebracht werden könne.

1911 führten die intensiven Kontakte zwischen den Generalstäben Englands und Frankreichs zu dem Ergebnis, dass sechs englische Divisionen an Land gehen sollten.

Am 17.1.1912 konnte der russische Militärattaché in Frankreich seinem Generalstabschef Shilinski erfreut melden, England werde im Kriegsfalle mit 150.000 Mann den Franzosen beispringen. Daraus ergebe sich: *„Folglich werden Engländer und Franzosen 25 Korps haben... Die Deutschen aber werden gezwungen sein, drei bis fünf Korps gegen uns zu belassen... Auf diese Weise geht die Übermacht auf die Seite der Engländer und Franzosen über... Frankreich hat zwei mächtige Verbündete, während der Dreibund, wie man sagt, ‚in allen Fugen kracht'"*. Zwei Wochen später präzisierte er seine Angaben noch weiter: *„Außerdem sagte mir General Joffre* (franz. Generalstabschef ab 1911), *im Kriegsministerium werde jetzt verstärkt gearbeitet, um vollkommen gerüstet zu sein, falls im Frühjahr Krieg ausbrechen* *sollte; alles, was die englische Landung betreffe, sei bis auf die kleinsten Einzelheiten vorbereitet, so dass die englische Armee an der ersten großen Schlacht teilnehmen werde"*[21]

Im August 1911 konnte der französische Generalstabschef Dubail seinem russischen Kollegen versichern, *„dass die französische Armee so schnell aufmarschieren werde wie die deutsche und dass sie am zwölften Tage bereits die Offensive gegen Deutschland mit Hilfe einer englischen Armee auf dem linken Flügel, also an der belgischen Grenze, werde aufnehmen können".*[22]

1912 begannen dann die Verhandlungen über eine französisch-russische Marinekonvention. Gleichzeitig versprach der französische Ministerpräsident Poincaré (1912/13) in St. Petersburg einen französischen Kredit, mit dem der zweigleisige Ausbau der zur deutschen Grenze führenden russischen Bahnlinien finanziert werden sollte. 1913 erhielt Russland weitere 500 Mill. Francs, um dieses Bahnnetz binnen fünf Jahren zu vervollständigen.

Hier sind nur die bekannten Zusagen aufgeführt; was an bisher unveröffentlichten Absprachen vorhanden ist, darüber kann nur spekuliert werden.

Eines aber ist sicher: All diese Aufmarschpläne, Strategiepapiere und Generalstabsbesprechungen verleiteten die öffentliche Meinung Frankreichs und Russlands dazu, den Krieg gegen die Mittelmächte (Deutschland und Österreich/Ungarn) als ein ziemlich risikoloses Lotteriespiel anzusehen, das bei geringem Einsatz höchsten Gewinn versprach. Der englische Botschafter in Paris, Bertie, konnte am 19.2.1913 nach Hause melden: *„Theaterdirektoren nützen diesen Hang der öffentlichen Meinung aus und führen Schauspiele ultrapatriotischen Charakters auf. Ein Schauspiel im Theatre Réjane mit dem Titel „Alsace", das ganz von der Frage „La Revanche" handelt, ist gegenwärtig eins der beliebtesten Stücke in Paris, und die Tiraden darin gegen Deutschland werden von den Zuhörern mit stürmischen Beifall bedacht".* Ein Beamter im Außenministerium notierte am Rande des Botschaftsberichts:

---

[21] Hölzle, S. 87

[22] Fay, Der Ursprung des Weltkrieges, Berlin 1930, Bd. 1, S. 144

„*Der Jingo-Geist, auf den Sir F. Bertie hinweist, ist eine ausgesprochene Gefahr für den Frieden der Welt*".[23]

Das war in der Tat so, und die Frage stellt sich: Hat Außenminister Edward Grey diese Gefahr nicht erkannt? Oder war ihm der Krieg wichtiger als der Frieden?

Darauf eine Antwort zu geben, ist schwierig. Es gibt Aussagen von Grey, die von einer so unglaublichen Dummheit zeugen, dass man sie zu seinen Gunsten lieber für einen Ausdruck ebenso unglaublicher Verlogenheit halten möchte.

So äußerte er sich am 22. 11. 1912 gegenüber dem französischen Botschafter in London, Cambon, so: *„In den letzten Jahren haben sich die französischen und britischen Fachmänner der Marine und des Heeres von Zeit zu Zeit miteinander beraten... Wir sind übereingekommen, dass eine Beratung zwischen Fachmännern nicht als eine Verbindlichkeit anzusehen ist..., die die beiden Regierungen zum Vorgehen in einem Fall verpflichtet, der...vielleicht nie eintreten wird. So beruht z. B. die derzeitige Verteilung der französischen bzw. britischen Flotte nicht auf einer Verpflichtung, im Krieg zusammenzuwirken"*.[24]

Selbst noch am 1. August 1914, also am Vorabend des Weltkriegs, hielt er Cambon gegenüber an der Fiktion fest, England habe sich zu nichts verpflichtet. Frankreich müsse, so sagte er zu dem verblüfften Botschafter, jetzt eigene Entschlüsse fassen, *„ohne auf eine Hilfe zu zählen, die zu versprechen wir jetzt nicht in der Lage wären"*. Der konsternierte Cambon erwiderte, er könne auf keinen Fall eine solche Antwort seiner Regierung übermitteln. Grey musste ihn trösten mit dem Hinweis, es werde sich wohl bald ein passender Anlass finden, dass England in den bevorstehenden Krieg eingreife, noch sei ja nicht aller Tage Abend...

Nimmt man Grey beim Wort, so hätten die Absprachen über die Stärke der englischen Expeditionsarmee in Frankreich, die detaillierten Aufmarsch- und Zeitpläne oder die Flottenverteilung rein gar nichts zu bedeuten gehabt. So dumm kann er gar nicht gewesen sein, dass er das selbst glaubte. Alle seine Gesprächs- und Verhandlungspartner gingen vom Gegenteil aus, nämlich, dass Großbritannien unwiderruflich der französisch-russischen Allianz beigetreten sei.

---

[23] Hölzle, S. 146

[24] ebd. S. 105

Und auch ein Zweites ist sicher: Die oben genannten Abmachungen waren hinter dem Rücken des britischen Parlaments und selbst eines Teils des Kabinetts von einigen wenigen Brandstiftern im Außenministerium und der Militärführung vereinbart worden, waren also nicht Bestandteil der offiziellen Außenpolitik. Daher rührte die Angst britischer Diplomaten, Frankreich und Russland könnten diese Abmachungen für widerrufbar oder unsicher ansehen. Damit dieser Eindruck nicht entstünde, unterließ man alles, was als mögliche Distanzierung Englands von dem in diesen Abmachungen anvisierten Kriegskurs ausgelegt werden könne. In der Krise, die dem Attentat von Sarajewo folgte, machte diese Einstellung dann jede Entschärfung der Spannungen zunichte und führte geradewegs in den Krieg.

Erschrak Grey vielleicht, als ihm endlich dämmerte, welche Erwartungen seine Politik in Frankreich und Russland ausgelöst hatte? Belog er sich also selbst, als er immer wieder die Entschlussfreiheit seines Landes betonte? Dass es kein Bündnis, keinen Vertrag, keinen Parlamentsbeschluss gebe, der England auf einen Kriegskurs festlege? Wir lassen diese Frage vorläufig offen, weil sie sich mit letzter Sicherheit erst im Zusammenhang mit der ab 1914 verhandelten englisch-russischen Marinekonvention beantworten lässt.

Diese Konvention sollte gewissermaßen die letzte offene Lücke in dem Netz schließen, in dem sich Deutschland verfangen sollte. Mit französischer Vermittlung begann man im April 1914, Grundzüge eines entsprechenden Abkommens zu entwerfen. Leitender Gesichtspunkt war dabei, von der Ostsee aus eine dritte Front gegen Deutschland aufzubauen. Mit englischen Schiffen sollte russische Marineinfanterie in Pommern, etwa bei Stettin, an Land gehen. Damit diese Truppen schon bei Kriegsbeginn eingreifen könnten, sollten nach dem Wunsch der russischen Admiralität britische Transportschiffe schon vor Kriegsbeginn in großer Zahl in die Ostsee einfahren und russische Häfen anlaufen.

Die Beratungen hatten noch kein Ergebnis gebracht, als erste Indiskretionen, deren Ursprung die Russen in Paris, die Engländer in St. Petersburg vermuteten, in die Öffentlichkeit drangen. Grey geriet schwer in Bedrängnis, weil er einerseits die Verhandlungen über diese Marinekonvention in der britischen Öffentlichkeit ableugnen musste, andererseits den beunruhigten Russen signalisieren musste, England halte an dieser Konvention fest und wolle sie zum Abschluss bringen. Es war also ein schwieriger Balanceakt, den er zu meistern hatte.

In Berlin war man aufs höchste alarmiert und zog in London Erkundigungen ein. Ob der dortige deutsche Botschafter Lichnowsky, der im Ruf stand, besonders vertrauensselig zu sein und jede höfliche Floskel Greys für die reine Wahrheit zu nehmen, der richtige Mann für diese Aufgabe sei, war sehr fraglich. Wie begründet diese Zweifel waren, zeigte sich nur zu bald. Der Unterstaatssekretär im Berliner Auswärtigen Amt Arthur Zimmermann schrieb am 27. Juni an den Kanzler: *„Bei den Unterredung ist, wie zu erwarten stand, Lichnowsky ... völlig von Grey eingewickelt worden und hat sich von neuem in der Auffassung bestärken lassen, daß er es mit einem ehrlichen, wahrheitsliebenden Staatsmann zu tun hat".*[25]

Dass Sir Edward Grey alles andere als ein wahrheitsliebender Ehrenmann war, bestätigte am 29. Juni 1914 Benckendorff, der russische Botschafter in London, in einem Schreiben an seinen Außenminister. Darin heißt es: *„Es könnte sein, daß Sir Edward Grey wünscht, daß diese Erregung* (in Berlin) *sich etwas legt, bevor er weiterschreitet. Es ist in der Tat für ihn nicht leicht, gleichzeitig zu dementieren und zu verhandeln, eine Rolle, die er sowohl Deutschland, wie auch einem beträchtlichen Teile seiner eigenen Partei und der englischen Presse gegenüber spielen müsste".*[26] Es war also ein übles Doppelspiel, das Grey aufführte, aber Lichnowsky ließ sich natürlich wieder von Grey ‚einwickeln'. Dieser konnte dem britischen Botschafter in Berlin mitteilen, Lichnowsky *„habe seiner Regierung versichert, dass sie sich auf jedes Wort verlassen könne und dass auf unserer* (der englischen) *Seite keine geheimen Vereinbarung bestünde."* Auch der russische Botschafter in London war mit dem Lügenbaron Grey und dem einfältigen Lichnowsky hochzufrieden. Grey schrieb am 25. Juni an seinen Botschafter in St. Petersburg: *„Graf Benckendorff* (der russische Botschafter) *war mit meinen ihm von mir mitgeteilten Bemerkungen zu Fürst Lichnowsky durchaus einverstanden und äußerte seine lebhafte Freude darüber, da Fürst Lichnowsky einen ausgezeichneten Gebrauch davon machen werde."*[27] Man kann sich das dröhnende Gelächter der beiden Gentlemen gut vorstellen, wenn sie daran dachten, wie sie den gutgläubigen Lichnowsky hinters Licht führten. Der Reichskanzler Bethmann-Hollweg wusste es jedoch aus anderen Quellen

---

[25] ebd. S. 282

[26] ebd. S. 291

[27] ebd. S. 282

besser als der einfältige Lichnowsky und durchschaute das schmutzige Spiel. „*Er* (der Reichskanzler) *sieht die englisch-russischen Verhandlungen über eine Marinekonvention, Landung in Pommern, sehr ernst an, letztes Glied in der Kette. Lichnowsky viel zu vertrauensselig. Der ließe sich von den Engländern hereinlegen*", schrieb ein naher Beobachter in der Reichskanzlei am 7. Juli.[28]

So wurde das Gespinst aus Lügen, Intrigen und Dummheit weitergesponnen, bis das Attentat von Sarajewo schließlich den Brandsatz abgab, der zur Explosion führte und das Europa der ‚guten alten Zeit' zugrunde richtete. Davon soll im nächsten Kapitel die Rede sein.

6. Das Attentat in Sarajewo am 28. Juni 1914

Am 28. Juni 1914 ermordeten zwei bosnische Terroristen den österreichischen Thronfolger Erzherzog Franz Ferdinand und dessen Gemahlin bei einem Besuch in Sarajewo, der Hauptstadt von Bosnien-Herzegowina. In diesem Attentat gipfelte eine Entwicklung, die spätestens 1908 ihren Anfang genommen hatte.

Mit dem Niedergang der Türkei als Großmacht stellte sich nämlich seit Jahren die Frage, wer den europäischen Teil des türkischen Vielvölkerreiches beerben sollte. Besonders interessiert an dieser Frage war Österreich-Ungarn, dem auf dem Berliner Kongress 1878 bereits das Besatzungsrecht in der formal noch türkischen Provinz Bosnien-Herzegowina eingeräumt worden war, damit sie dem Zugriff einer anderen Macht, gemeint war Serbien, entzogen wäre. Um der panslawistischen Propaganda, die vor allem von Serbien ausging, einen Riegel vorzuschieben, annektierte Österreich 1908 diese Provinz ganz. Dies erbitterte die Radikalen in Serbien maßlos, hatten sie doch gehofft, dass nach der Türkei bald auch die Doppelmonarchie zerfallen und aus ihren Trümmern ein großserbisches Reich hervorgehen werde.

Den Anfang mit der Zerstückelung der Türkei machte Italien, die Hyäne der europäischen Politik. 1911 griff Italien nach dem türkischen Tripolitanien (Nordafrika) und der sogenannten Dodekanes, einer ägäischen Inselgruppe mit Rhodos, und verleibte sich diese Gebiete ein. Nun gab es auch für die kleinen Balkanstaaten Serbien, Bulgarien, Montenegro und Griechenland kein Halten mehr und sie begannen den 1. Balkankrieg 1912/13. Der Krieg wurde im Mai

---

[28] ebd. S. 320

1913 auf einer Konferenz in London beigelegt. Im Sommer 1913 kam es unter den Siegern zum Streit um die Beute (2. Balkankrieg). In seinem Ergebnis dehnte sich auf Kosten der ehemals türkischen Provinz Makedonien Griechenland erheblich nach Norden aus, Serbien und Bulgarien nach Süden, neu entstand auf österreichischen Druck hin das unabhängige Fürstentum Albanien. Am wenigsten zufrieden mit der neuen Landkarte war Serbien. In Belgrad hatte man sich einen Zugang zur Adria mit dem Hafen Skutari erhofft, nun aber war durch Albanien der Weg ans Mittelmeer auf breiter Front verlegt. In Serbien schäumte man vor Wut und verstärkte die panslawistische Wühlarbeit noch mehr. Man setzte nun ganz auf den inneren Zerfall der Doppelmonarchie. Russlands Außenminister verfuhr nach der Richtschnur: *„Die Verwirklichung der hohen Ideale der slawischen Völker auf der Balkanhalbinsel, die Russlands Herz so nahe stehen, ist nur möglich nach glücklichem Ausgang von Russlands Kampf mit Deutschland und Österreich-Ungarn".*[29] Nach Meinung des serbischen Gesandten in St. Petersburg waren *„die südslawischen Provinzen innerhalb drei Jahren bereit, sich gegen Österreich-Ungarn zu erheben, ohne daß Serbien auch nur den kleinen Finger zu rühren brauche".*[30] Diese ‚südslawischen Provinzen', die Belgrad zu annektieren wünschte, waren neben Bosnien-Herzegowina Kroatien, Slowenien, Dalmatien, Triest mit Istrien und Teile der Südsteiermark und Kärnten mit Villach und Klagenfurt, kurz: die Gebiete, die nach 1919 Jugoslawien bildeten. Der russische Außenminister Sasonow sprach den serbischen Radikalen aus der Seele, als er am 6. Mai 1913 äußerte: *„Serbiens verheißenes Land liegt im Gebiet des heutigen Österreich-Ungarn... Die Zeit arbeitet für Serbien und zum Verderben seiner Feinde, die schon deutliche Zeichen der Zersetzung aufweisen".*[31] Solch frohe Botschaft meldete der serbische Gesandte gerne nach Hause: *„Wiederum sagte mir Sasonow, daß wir für künftige Zeiten arbeiten müssen, da wir viel Land von Österreich bekommen werden".*[32] Seither gehörten – unter russischem Patronat – Handgranaten und Revolver zu den Requisiten der serbischen Politik.

---

[29] Fay, Bd. 1, S. 284

[30] Hölzle, S. 438

[31] Fay, Bd. 1, S. 309

[32] ebd. S. 277f.

Unter diesen Umständen lag der Ausbruch eines dritten Balkankrieges in der Luft, sei es, dass Serbien sich selbst zum Angriff auf die für morsch gehaltene Doppelmonarchie entschloss, oder dass diese, um dem drohenden Zerfall vorzubeugen, zum Präventivschlag gegen das ewig stänkernde Serbien ausholte.

Die Frage war nur noch: Ließe sich ein solcher Krieg ebenso lokalisieren wie die beiden ersten von 1912/13? Dies aber war eher unwahrscheinlich, da diesmal eine europäische Großmacht, nämlich Österreich-Ungarn, direkt Kriegspartei sein würde. Und außerdem hatte sich Russland auf Seiten Serbiens so stark engagiert, dass es im Konfliktfalle kaum beiseite stehen konnte, ohne sein Gesicht zu verlieren. Alle derartigen Erwägungen wurden mit einem Male durch die Schüsse von Sarajewo brennend aktuell.

In Österreich-Ungarn war man überzeugt, dass serbische Kreise – etwa die ‚Narodna Odbrana' (Nationale Verteidigung) oder ihre Untergliederung ‚Schwarze Hand' – die bosnischen Mörder mit Waffen, Pässen und weiteren Instruktionen versorgt hätten, und dass selbst die serbische Regierung von den Attentatsplänen Kenntnis hatte. Dem war, wie sich später herausstellte, in der Tat so, und daher erwartete man, dass Österreich-Ungarn den Serben eine – wie man heute sagen würde – ‚robuste Antwort' erteilen werde. Hätte man damals sozusagen im Affekt gehandelt und etwa gleich am 29. Juni, handstreichartig Belgrad besetzt, dann hätte sich die entstandene Krise möglicherweise glimpflich beilegen lassen. So aber brauchte man in Wien den ganzen Juli, um ein Ultimatum an Serbien zustande zu bringen. Diese vier Wochen, bekannt als ‚die Julikrise', gaben allen Regierungen Zeit zu überlegen, wie sie sich in einem etwaigen dritten Balkankrieg positionieren wollten.

Für das Deutsche Reich war klar, dass es seinem letzten Bundesgenossen beistehen müsste, um dessen Existenz zu retten.

Die Frage aller Fragen war, wie sich Russland verhalten würde. Würde es sein Desinteresse an Serbien signalisieren, um nicht in einen Krieg hineingezogen zu werden, oder als Schutzmacht aller Slawen auftreten? Für die letztere Möglichkeit sprach fast alles, nämlich:

- erstens die seitherige Politik gegenüber Serbien, ohne die das kleine Königreich niemals Österreich-Ungarn so frech herausgefordert hätte,
- zweitens die seit der Niederlage im russisch-japanischen Krieg reorganisierte und stark aufgerüstete Armee und
- drittens die bedingungslose Rückendeckung durch den Bundesgenossen Frankreich.

Diese drei Gründe machten es der Friedenspartei in St. Petersburg, zu der auch Zar Nikolaus gerechnet werden muss, unmöglich, sich gegen die Kriegstreiber durchzusetzen.

Wie die Stimmung während des Krisenmonats Juli 1914 in Russland war, davon berichtet beispielsweise der französische Botschafter Paleologue in seinen Memoiren. Er beschreibt zunächst den Verlauf des Staatsbesuchs des französischen Staatspräsidenten Poincaré und des Ministerpräsidenten Viviani vom 20.-23. Juli in St. Petersburg, bei dem der Krieg gegen Deutschland verabredet wurde. Er kommt dann auf das abendliche Bankett am 22. Juli in Krasnoje Selo, der Sommerresidenz des Zaren, zu sprechen. *„Während des Essens saß ich neben der Großfürstin Anastasia* (Tochter des Königs Nikola von Montenegro und Gemahlin des Großfürsten Nikolaj, des künftigen Oberbefehlshabers der russischen Armee) *und die Prophezeiungen gingen weiter: ‚Der Krieg wird bald ausbrechen... Von Österreich wird nichts übrig bleiben... Sie bekommen Elsaß-Lothringen zurück... Unsere Heere werden sich in Berlin treffen. Deutschland wird vernichtet".*[33] Die französische Delegation war entzückt und konnte hochzufrieden die Heimreise antreten; die Revanche war gesichert, die Aussichten glänzend!

Die Siegeszuversicht der Großfürstin war nicht unbegründet. Marschierte die ‚Triple-Allianz' Russland-Frankreich-England gemeinsam auf, so besaß sie eine erdrückende Überlegenheit. Aber auch ohne England konnten die beiden Mächte erheblich mehr Soldaten ins Feld stellen als die Mittelmächte. Allein die Friedensstärke der russischen Armee war doppelt so hoch wie die deutsche. Russland war sich der französischen Unterstützung sicher, die Poincaré gerade wieder versprochen hatte. Oft genug war von den zwei Schwestern die Rede, die Frankreich und Russland als Bräute heimführen wollten, Frankreich Elsaß-Lothringen und Russland Konstantinopel. Die panslawistische Parole: *„Der*

---

[33] Fay, Bd. 2, S. 201

Weg nach Konstantinopel führt durchs Brandenburger Tor" zeigte die Richtung an. Denn nur wenn Deutschland fiel, brachen Österreich-Ungarn und die Türkei, beides Vielvölkerstaaten, zum Vorteil Russlands und seiner Trabanten auf dem Balkan zusammen. All dies war jedem Beobachter klar.

Unklar schien nur die Haltung Englands in der europäischen Krise des Juli 1914. Dies lag an der undurchsichtigen und verschlagenen Politik des britischen Außenministers Edward Grey. Alle militärischen Abmachungen hatte er, wie im 5. Kapitel ausgeführt, streng geheim getroffen; kein Parlamentsbeschluss, keine öffentliche Diskussion waren jemals darüber erfolgt, nicht einmal die Mehrheit der Kabinettskollegen Greys wusste von seinen Machenschaften, die England an Frankreich und Russland ketteten. Es wäre für Grey also politischer Selbstmord gewesen einzugestehen, dass die englische Nation an der Seite Frankreichs und Russlands gegen Deutschland in den Krieg ziehen müsste, weil er es so mit diesen Mächten insgeheim verabredet habe.

Andererseits fürchtete Grey, allein schon der bloße Anschein, als ob England neutral bleiben wolle, würde die Triple-Allianz spalten und England stünde isoliert Deutschland gegenüber. Also musste er nach innen und Deutschland gegenüber so tun, als ob England völlig frei in seinen Entschlüssen sei, insgeheim jedoch Frankreich und Russland der englischen Bündnistreue versichern.

Da konnte es nicht ausbleiben, dass beide Seiten misstrauisch wurden. Was die deutsche Seite betrifft, so verlegte sich Grey aufs Lügen und Leugnen, es gebe weder Verhandlungen über eine Marinekonvention mit Russland noch sonstige Abreden. Dem leichtgläubigen deutschen Botschafter Lichnowsky versicherte er, er *"sei dem Parlament gegenüber verpflichtet, keine derartigen Geheimabmachungen zu schließen, und würde eine solche Abmachung getroffen, dann wäre sie dem Parlament vorzulegen".*[34] Grey schlüpfte hier in die Rolle des armen Palmström: *"...weil, so schließt er messerscharf, nicht sein kann, was nicht sein darf".* Aber auch dem deutschen Sonderbeauftragten Albert Ballin, dem Generaldirektor der HAPAG, der anstelle des naiven Lichnowsky die Lage in London sondieren sollte, tischte er das gleiche Märchen auf: *"Das wolle er mir* (Ballin) *aber gerne erklären, dass keine solche Flottenkonvention*

---

[34] Hölzle, S. 341

bestehe, und dass es nicht in Englands Absicht läge, in eine derartige Konvention zu willigen".³⁵ Grey log also auch hier.

Gegenüber Frankreich und Russland klang Grey anders: England stehe zu seinen Verpflichtungen, aber er, Grey, könne dies nicht öffentlich versichern. Die beiden Botschafter hatten dafür Verständnis. Der russische Gesandte meldete am 26. Juli seinem Außenminister: *„Ich gebe noch nicht die Hoffnung auf es zu erreichen, daß ich Grey veranlasse, die Maske zu lüften in diesen Tagen. Ich kann es Ihnen nicht versprechen"*.³⁶ Und am 30. Juli: Der französische Botschafter habe Grey zu einer Erklärung gedrängt, aber er *„glaube nicht, dass Situation in den Augen des Parlaments klar genug sei, dass Grey sich ohne Gefahr noch heute erklären könne"*.³⁷

Für Grey war ‚die Gefahr' in der Tat groß. Denn die Mehrheit des Kabinetts wollte ihm immer noch nicht auf seinem Kriegskurs folgen, obwohl täglich die Anfragen von Frankreich und Russland eintrafen, wann denn das erlösende Wort ‚Krieg' gesprochen werde. Denn mittlerweile hatten mehrere Länder mobil gemacht, Serbien am 25.7., Russland am 30.7., Österreich und Deutschland am 31.7., Frankreich am 1.8., der große Krieg stand unmittelbar bevor, und Grey traute sich immer noch nicht, der englischen Nation und dem Rest der Welt reinen Wein einzuschenken. Er drohte mit Rücktritt, falls ihm das Kabinett nicht in den Krieg folge, und ließ durchblicken, die Franzosen oder Russen könnten belastende Dokumente veröffentlichen. Zu Recht befürchtete Grey eine Staatskrise allergrößten Ausmaßes, wenn herauskäme, dass England, das sich stets gerühmt hatte, die Wiege des Parlamentarismus und Mutterland der Demokratie zu sein, von einer Handvoll Dunkelmännern hinter dem Rücken der dazu befugten Verfassungsorgane und der Öffentlichkeit in einen Weltkrieg verwickelt worden sei.

Es war ein Stück aus dem Tollhaus: Verzweifelt suchte Grey nach einem öffentlichkeitstauglichen Grund, um die Katze aus dem Sack zu lassen. Endlich lieferten die Deutschen das Alibi, als sie am 3. August die Neutralität Belgiens missachteten, um – wie geplant – in sechs Wochen Frankreich schlagen zu können. Nun hatte Grey seinen *„gottgesandten Vorwand"*, wie Greys Sekretärin

---

[35] ebd. S. 384
[36] ebd. S. 413
[37] ebd. S. 448

und Geliebte erleichtert notierte, seinen ehrbaren Kriegsgrund: England wolle die Unabhängigkeit kleiner Nationen verteidigen und das schwache Belgien vor den deutschen Hunnen schützen, hieß es fortan, und die Schulbücher glauben es heute noch.

7. Bilanz

Heute, hundert Jahre nach den Ereignissen, die zum Ersten Weltkrieg führten, kann man genauer beurteilen, „wie alles gekommen ist".

Jede der beteiligten Mächte hatte ihren Anteil an der Katastrophe, aber der Preis, den jede Nation für die Erhaltung des Friedens hätte zahlen müssen, war unterschiedlich hoch bemessen.

Am höchsten war dieser Preis für die Doppelmonarchie **Österreich-Ungarn**. Sie hätte, ohne sich zu wehren, ihrer eigenen Auflösung zusehen müssen. Kann man es der Wiener Regierung verdenken, dass sie, der ständigen serbischen Agitation müde, nicht nur die Handlanger des Terrors, sondern auch deren Hintermänner und Stichwortgeber dingfest machen wollte? Das Attentat von Sarajewo war immerhin das fünfte in einer Reihe von Anschlägen, die auf Repräsentanten oder Einrichtungen des Habsburgerreiches verübt worden waren. Sollte man abwarten, bis mitten in Wien die nächste Bombe hochging? Nein, man wollte mit der großserbischen Propaganda ein für allemal aufräumen. Dass man einen Krieg mit Serbien in Kauf nahm, ohne sicher zu sein, dass dieser Krieg sich lokalisieren ließe, das war der österreichische Schuldanteil.

Auch **Deutschland** wollte den Frieden nicht um jeden Preis; nicht um den Preis, auch noch den letzten Bundesgenossen zu verlieren. Ganz alleine dastehen, eingekreist von Mächten, die bereits um die Beute würfelten und in ihrer Presse mit ihrer wachsenden militärischen Stärke prahlten? So erschien im Juli 1914 im Pariser ‚Temps' ein Bericht über die künftige Friedensstärke der russischen Armee. 1914 zähle sie noch 1,5 Millionen Mann, aber bereits 1918 werde sie 1,7 Millionen betragen, 1919 dann schon 2,3 Millionen.[38] Das war frohe Kunde für ein französisches Revanchistenherz, bot diese Entwicklung doch die beste Gewähr dafür, dass der Krieg gegen Deutschland siegreich geführt werden würde. Auch in Berlin las man solche Artikel und kam zu dem Schluss, wenn

---

[38] ebd. S. 353

die Franzosen und Russen ihren Krieg unbedingt haben wollten, dann sollten sie ihn besser jetzt haben als in vier Jahren, wenn die Lage für Deutschlands ganz und gar hoffnungslos wäre. Dass Deutschland nicht kampflos in die Knie ging, sondern den Ring der Einkreisung sprengen wollte, das war sein Anteil an der Kriegsschuld.

Auch das übrige Europa war überzeugt, dass Deutschlands Lage immer prekärer wurde. **Italien,** Deutschlands Dreibundpartner zusammen mit Österreich, ahnte schon lange, dass es auf der Verliererseite stehen werde, und hatte seit 1902 heimlich den Frontwechsel vorbereitet. Der Verrat an Deutschland und Österreich würde viel einbringen, das hoffte die Regierung in Rom nicht ohne Grund. Tirol bis zum Brennerpass, dazu noch das österreichische Triest, der Kriegshafen Pola mit Hinterland, dalmatinische Inseln und Stützpunkte in Albanien, all das würde das Verscherbeln der nationalen Ehre schon aufwiegen, meinten die Italiener und boten ihre Dienste schamlos der Triple-Allianz an. 1914 blieben sie zunächst neutral, 1915, als kein Risiko mehr bestand, nahmen sie all ihren Mut zusammen und erklärten ihrem früheren Verbündeten, der im härtesten Abwehrkampf gegen die Russen stand, den Krieg. Es hat sich 1918 ausgezahlt.

Ganz anders die Lage in **Russland.** Hier wusste man, dass man aufgrund der schieren Größe des Landes unbesiegbar war. Folglich ging es nicht um die staatliche Existenz wie bei Österreich und Deutschland, auch nicht um billigen Zugewinn wie bei Italien, sondern um Eitelkeiten. Der Preis des Friedens wäre gewesen, das Kostüm des Slawenbefreiers an den Nagel zu hängen. Dazu waren die panslawistischen Kräfte in Regierung und Armeeführung nicht bereit. Warum sollten sie auch? Sie verfügten doch über die stärkeren Bataillone, und im Verein mit Frankreich und England waren sie unüberwindlich. Warum sollten sie für den Frieden überhaupt etwas zahlen?

Ähnlich dachte man in **Frankreich**. Ohne Krieg war Elsaß-Lothringen nicht wiederzugewinnen, ohne Krieg die Schmach von 1871 nicht zu tilgen. Den Preis des Friedens, nämlich die Anerkennung des Status Quo, wollte man nicht entrichten.

Zum Nulltarif wäre der Frieden auch für **England** zu haben gewesen. Gestützt auf die mächtigste Flotte der Welt, unangreifbar durch die Insellage, ohne formales Bündnis mit einer der Konfliktparteien, nahm Großbritannien die Schiedsrichterstelle ein. Das sah auch der US-Oberst House so, der Freund und enge Berater des US-Präsidenten Woodrow Wilson, als er im Frühjahr 1914 im Auftrag Wilsons die europäischen Hauptstädte bereiste, um sich ein authentisches Bild über die Lage zu verschaffen. House berichtete am 29. Mai aus Berlin: „*Die Lage ist ungewöhnlich. Es herrscht der völlig toll gewordene Jingoismus. Wenn nicht jemand, der in Ihrem* (Wilsons) *Namen handelt, eine Verständigung auf ganz neuem Grunde zustande bringt, so wird es eines Tages zu einer fürchterlichen Katastrophe kommen. Niemand in Europa vermag es zu vollbringen. Es herrscht hier zu viel Haß, zu viel Eifersucht. Wenn England jemals damit einverstanden ist, werden Frankreich und Russland über Deutschland und Österreich herfallen*".[39] Klare Worte, die man in deutschen Geschichtsbüchern aber vergeblich sucht, da sie als störend empfunden werden.

Es war das Verhängnis von ganz Europa, dass England bereits nach vier Wochen mit den Plänen Frankreichs und Russlands ‚einverstanden' war. Aber warum? Es hätte beispielsweise Russland nur andeuten brauchen, dass man die Verhandlungen über die fatale Marinekonvention (vgl. Kap. 5) für die Dauer der Juli-Spannungen auszusetzen wünsche. Dieser Hinweis allein hätte wohl schon genügt, die Russen vorsichtiger werden zu lassen. Als aber die deutsche Regierung im Interesse des Friedens darum bat, in diesem Sinne in St. Petersburg vorstellig zu werden, lehnte Grey ab. Für ihn galt das unumstößliche Dogma, Russland dürfe um keinen Preis verärgert werden, auch nicht um den Preis des Friedens. Das galt schon vor dem 28. Juni, dem Tag des Attentats von Sarajewo, und erst recht danach.

So hat auch der unvermeidliche Geisterfahrer Sir Eyre Crowe (vgl. Kapitel 3) am 24.7.1914 empfohlen: „*Wenn die englische Regierung im Augenblick, wo entweder Österreich oder Russland zu mobilisieren beginnen, Befehl erteilt, unsere ganze Flotte unverzüglich auf Kriegsfuß zu setzen, so mag dies…Deutschland die Augen über den Ernst der Gefahr öffnen, der es ausgesetzt wäre, falls England am Krieg teilnähme. Angenommen, dieser Entschluß könnte jetzt gefasst werden, dann wäre es richtig, die französische und russische Regierung davon zu unterrichten, und das wäre wiederum das beste, was wir tun könnten, um das Entstehen einer sehr ernsten Lage zwischen England und Russland zu verhindern*".[40]

---

[39] ebd. S. 253

[40] ebd. S. 382

Britische Logik: Um eine ‚*ernste Lage zwischen England und Russland'*, also eine zeitweilige Verstimmung zwischen London und St. Petersburg, zu vermeiden, musste ein Weltkrieg entfacht werden. Den naheliegenden Gedanken, dass eine gegenteilige Maßnahme, nämlich die Flotte **nicht** zu mobilisieren, dämpfend auf die russischen Kriegstreiber wirken würde, ließ Crowe aus Angst vor Russland gar nicht erst aufkommen.

Nehmen wir als letztes Beispiel für schwarzen britischen Humor einige Sätze aus dem Bericht des englischen Botschafters in St. Petersburg vom 16. April 1914 an das Auswärtige Amt in London: *„Ich bin mir vollauf all der Schwierigkeiten bewußt, die einem derartigen Abkommen* (= Marinekonvention mit Russland) *entgegenstehen, aber ich kann mich des Gefühls nicht erwehren, dass wir große Gefahr laufen, wenn wir nichts zur Festigung unseres Einvernehmens tun. Russland wird rasch so mächtig, dass wir uns seine Freundschaft **fast um jeden Preis** erhalten müssen. Wenn es die Überzeugung gewinnt, dass wir als Freund unzuverlässig und nutzlos sind, könnte es eines Tages einen Handel mit Deutschland eingehen... Unsere Lage wäre dann recht übel"*.[41] Man scheut sich, dieses Geschwätz für ein Argument zu halten. Denn bei Lichte besehen, meint der Botschafter: Russland ist so mächtig, dass wir es uns nicht leisten können, an dem geplanten russisch-französischen Raubzug gegen Deutschland **nicht** teilzunehmen. Aus Verärgerung über unsere Neutralität würde Russland sich möglicherweise mit Deutschland arrangieren, mit der Folge, dass nicht Deutschland, sondern England russisches Angriffsziel wäre. Ganz ähnlich äußerte sich Arthur Nicolson, ab 1910 Unterstaatssekretär im Foreign Office: *„Wir müssen gegen die Deutschen kämpfen, um nicht gegen die Russen kämpfen zu müssen"*.[42] Man fasst sich an den Kopf! Das wäre in etwa so, als ob jemand sagen würde: Wir müssen unsere Freunde von der Mafia bei dem geplanten Banküberfall unterstützen, um uns ihr Killerkommando aus Palermo vom Leibe zu halten. Das war britische Staatskunst vom Feinsten!

Wir haben es kurz von Kriegsbeginn 1914 in London also mit einem völligen Argumentationswechsel zu tun: Tönte es zehn Jahre lang bis zum Überdruss: ‚Wir müssen Krieg gegen Deutschland führen, damit das Gleichgewicht in Europa gewahrt und Deutschland nicht zu mächtig wird', so war nun das genaue

---

[41] ebd. S. 223

[42] Interview mit Christopher Clark in der FAZ vom 24. 9. 2013

Gegenteil richtig: ‚Wir müssen Krieg gegen Deutschland führen, weil die Russen das Gleichgewicht längst gestört haben und uns die Neutralität übel nähmen'.

Wie man es auch drehte und wendete und wie grotesk und erbärmlich die Rabulistik auch war: Am Ende stand immer der Entschluss, Deutschland als Großmacht auszuschalten, koste es, was es wolle.

Betrachtet man heute diese verworrenen Planspiele von 1914, so kommt man um die Erkenntnis nicht herum: Mit rationalen Überlegungen ist diesem Krieg nicht beizukommen, gerade dann nicht, wenn man sein trostloses Ergebnis im Blick hat. So war es auch kein Zufall, dass Niall Ferguson sein Buch *„The Pity of War"* betitelte, was man mit ‚Ein Krieg zum Erbarmen' übersetzen könnte. Die deutsche Ausgabe hieß dann *„Der falsche Krieg"*. Christopher Clark nannte seine Darstellung *„Die Schlafwandler"*. Ihre Bücher lesen sich stellenweise wie Krankenberichte eines Psychiaters; nur deutschen Historikern blieb es vorbehalten, in der Politik von Grey und Konsorten einen vernünftigen, auf Bewahrung des Friedens gerichteten Kern zu entdecken.

Den Verantwortlichen in England, Frankreich und Russland waren, als dann der Krieg tatsächlich ausbrach und unermessliche Opfer an Gut und Blut forderte, ihre Motive und Kriegsgründe so peinlich, dass sie diese unter einer Schlammlawine von Verleumdungen und Phrasen begraben mussten, um nicht als die Verrückten dazustehen, die sie tatsächlich waren. Ein Blick auf die antideutschen Filme, Plakate und Buch-Illustrationen von 1914-18 genügt um festzustellen, dass auch hier der blanke Irrsinn entweder selbst am Werke war oder von skrupellosen Hetzern in Dienst genommen wurde. Allenthalben glotzten affenartige Monster mit preußischer Pickelhaube von Plakaten und Kinoleinwänden, wie sie belgischen Kindern die Hände abhackten, Säuglinge auf ihre Bajonette spießten und Frauen schändeten, man zeigte Fabriken, in denen die Deutschen ihre Gefallenen zu Schmierseife verarbeiteten, keine Schandtat war zu pervers, um nicht den Deutschen angedichtet zu werden, und selbst das harmlose Sauerkraut musste 1917 seine deutsche Herkunft verleugnen und wurde in ‚*liberty cabbage'* (Freiheitskohl) umgetauft. Es kommen einem Shakespeares Worte in den Sinn: *„Ist dies schon Tollheit, hat es doch Methode"*. Heute, im Abstand von hundert Jahren, widert die Hysterie, die damals von den Massenmedien in den USA, England und Frankreich entfacht wurde, den Betrachter nur noch an.

So wurde also der Weltkrieg als ein Kampf gegen die blutrünstige deutsche Bestie zur Rettung der abendländischen Kultur stilisiert oder er wurde für den endgültigen Sieg von Freiheit, Menschenrechten und Demokratie, oder auch zur Abschaffung von Kriegen und für den ewigen Frieden überhaupt geführt. Jedenfalls für Ziele, die so hehr und heilig waren, dass man vor ihren Propagandisten nur andächtig auf die Knie sinken konnte.

Keines dieser vorgeschobenen Kriegsziele war ernst gemeint und keines wurde erreicht. Die Welt war nach 1918 bei weitem weniger kultiviert, weniger demokratisch und weniger friedlich als sie es 1914 gewesen war. Der Krieg ließ das ausgeblutete Europa vielerorts verarmen. Die Versailler Friedenskonferenz 1919 schuf mit neuen Staaten und Grenzen auch neuen Radikalismus, neue Kriege und neue Probleme, ohne dass sie ein einziges der alten Probleme wirklich gelöst hätte.

Gewiss, **Serbien** hatte sein großserbisches Reich bekommen und nannte es Jugoslawien. Aber dieser künstlich geschaffene Staat, ein Retortenbaby aus der Versailler Giftküche, zerbrach an innerem Hader 1991, und heute ist Serbien nach weiterem Blutvergießen wieder der kleine Balkanstaat, der er 1914 gewesen war, bevor er sich in seiner Verblendung zum Werkzeug Russlands machen ließ und Europa ins Unglück stürzen half.

Das zaristische **Russland** versank 1918 im Chaos des Bürgerkriegs und erstand als stalinistischer Moloch wieder.

Frankreich rückte wieder in Elsaß-Lothringen ein und feierte einen kurzlebigen Triumph, dem 1940 ein großer Katzenjammer folgte.

Italien erhielt zwar Südtirol und Triest, hatte sich jedoch weit fettere Beute erhofft und warf sich enttäuscht dem Faschismus in die Arme. Mussolini hielt sich 1935 zunächst an dem wehrlosen Äthiopien schadlos und verbündete sich dann mit Hitler, um 1940 in Griechenland, Libyen und Albanien doch noch das zu holen, was man 1918 Italien seiner Meinung nach noch vorenthalten hatte. Als das griechische und nordafrikanische Abenteuer in einem militärischen Fiasko endete, wiederholte man den Verrat von 1915 und erklärte 1943 dem verbündeten Deutschland den Krieg. In Italien nennt man ein solches Verhalten ‚Sacro Egoismo'.

England hatte sich einerseits die deutsche Flotte und vorläufig auch die deutsche Handelskonkurrenz vom Halse geschafft, büßte andererseits sein Empire ein und musste sich, um überhaupt noch in der Liga der Großmächte wahrgenommen zu werden, als Kofferträger der USA verdingen.

Nur für die **Vereinigten Staaten** hat sich die Teilnahme am Weltkrieg gegen Deutschland wirklich bezahlt gemacht.

Wofür waren die Millionen alliierter Soldaten also gefallen, die 1,7 Millionen Russen, die 1,4 Millionen Franzosen, die 1 Million Engländer, die 460.000 Italiener?

Wofür hatten sich zehn Millionen Soldaten zu Krüppeln schießen lassen?

Nicht für die Rettung des Abendlandes, nicht für den weltweiten Sieg von Demokratie und Menschenrechten, nicht für die Herabkunft des ewigen Friedens, nein, für die Weltmachtstellung der USA!

Dies ist die ernüchternde Bilanz des Ersten Weltkriegs.

M.A. Jochen Lehnhardt: Gründe der serbischen Regierung für die Ablehnung des österreichischen Ultimatums am 25. Juli 1914: Ausbruch des Ersten Weltkriegs

Einleitung

Als Serbien am 23.Juli 1914 die Forderungen, die Österreich-Ungarn nach dem Attentat von Sarajevo an sie gestellt hatte, zurückwies, hatten sie damit eine Entscheidung getroffen, die den Ausbruch des ersten Weltkrieges zur Folge hatte. Diese Konsequenz des serbischen Handelns war die Ursache dafür, dass die Vorgänge, die mit der österreichischen Begehrnote vom 23. Juli zusammenhängen, von großem Interesse für die Forschung waren und sind.

Dies gilt auch für die Gründe für das serbische Handeln. Ihnen musste, wie diese Arbeit zeigen wird, klar sein, dass die Nichterfüllung aller österreichischen Forderungen sehr wahrscheinlich einen Krieg mit der Doppelmonarchie nach sich ziehen wird. Somit war die Entscheidung über die Beantwortung dieser Note eine Frage um Krieg oder Frieden.

In dieser Hausarbeit soll nun erörtert werden, welche Ziele die serbische Regierung mit dieser Entscheidung verbunden hatte und was sie zu dieser Handlungsweise veranlasst hat. Weniger Raum wird dabei den südslawischen Plänen der Serben gegeben, zum Einen wegen des beschränkten Umfangs der Arbeit und zum Anderen, weil diese eine nur geringe Rolle in den 48 Stunden Bedenkzeit, die die Serben hatten, spielte und diese erst im späteren Verlauf des Krieges auf der Tagesordnung standen.

In dieser Arbeit wird zunächst die Vorgeschichte der Beziehungen beider Staaten analysiert, um historische Gründe für die spätere Haltung der serbischen Regierung zu finden, dann wird untersucht werden, welcher Art die gestellten Forderungen waren und welche Absicht man in Wien damit verband. Besonders interessant ist hierbei, ob die Serben überhaupt eine Wahl bei der Beantwortung gehabt haben. Dann wird erörtert, was für innenpolitische Gründe für und wider den Krieg sprachen. Zuletzt soll dann noch der Einfluss des Auslandes und insbesondere Russlands auf die Serben dargestellt werden.

Diese Hausarbeit stützt sich im Wesentlichen, neben den Akteneditionen, auf die Werke von Albertini, Fish Cornwall und Fay, da diese den Vorteil einer relativ neutralen Haltung zu diesem Thema haben. Den übrigen Werken ist zum Teil, angesichts der Bedeutung dieser Frage bezüglich der Kriegsschuld am Ersten Weltkrieg, eine einseitige Sichtweise zu Eigen, was eine objektive Arbeit damit erschwert.

1. Geschichte der Beziehungen zwischen Österreich-Ungarn und Serbien bis zum Ultimatum vom 23. Juli 1914

1.1 Bis 1903

Serbien war nach der historischen Niederlage auf dem Amselfeld am 15. Juni 1389 fast 400 Jahre unter türkischer Herrschaft geblieben. Erst im Jahre 1878 erlangte es wieder die Unabhängigkeit. Dieser serbische Staat war aber auf ein relativ kleines Gebiet beschränkt, der weitaus größte Teil der Serben lebte weiterhin unter osmanischer bzw. österreich-ungarischer Herrschaft. Deren Befreiung und Eingliederung in den serbischen Staat war schon seit dieser Zeit ein Ziel vieler serbischer Politiker, zunächst war man aber bis ca.1872 mit inneren Problemen beschäftigt.[43]

In Österreich-Ungarn war man schon zu Beginn der Unabhängigkeitsbestrebungen der Serben darüber besorgt gewesen, ob diese Bewegung und später dann das Entstehen eines serbischen Staates nicht die Ausdehnungsrichtung der Monarchie auf dem Balkan gefährden und vor allem dieser Staat nicht anziehend auf die eigenen Südslawen wirken könnte. Eine aktive Politik in dieser Region betrieb man aber erst, als der Balkan 1871, nach den Niederlagen in Deutschland und Italien, der einzig mögliche Expansionsraum für die Monarchie geworden war.[44]

Dank des Einsatzes der Wiener Regierung erreichte Serbien auf dem Berliner Kongress die volle Unabhängigkeit und eine Ausweitung ihres Staatsgebietes. Dies geschah nicht, wie verschiedentlich behauptet[45], aus einem Zuneigungsgefühl zwischen den beiden Staaten, sondern war einmacht- und handelspolitisches Kalkül der Donaumonarchie. Dies blieb so bis 1903, in dieser Zeit, nämlich 1885, verdankte es Serbien nur dem Eingreifen Österreich-Ungarns, das es nach einem verlorenen Krieg gegen die Bulgaren keinen Gebietsverlust erlitt.

---

[43] Vgl. Albertini, Vol. I, S.8-11.; Vranesevic, S.354; Cassels, S.97.

[44] Vgl. Albertini, Vol. I S.11.

[45] Vgl. bsp. Boghitschewitsch, Politik Serbien, S.2f.

Gleichzeitig aber hatte sich im serbischen Volk eine immer größere Abneigung gegen die Österreicher entwickelt, vor allem wegen deren Besetzung von Bosnien und der Herzegowina und handelspolitischer Schikanen wie mehrfacher Ausfuhrverbote serbischer Erzeugnisse, wenn man in Wien etwas an der Politik Serbiens auszusetzen fand.

1.2. Ab 1903 bis zur Julikrise

Am 11. Juni 1903 wurde der bis dahin regierenden Königs Aleksandar durch einige Offiziere, darunter der später so wichtige Dragutin Dimitrijevic, genannt Apis[46], grausam ermordet. Es gelangte der neue König Petar I aus dem Geschlecht der Karadjordjevic auf den Thron. Nun änderte sich die Politik Serbiens auf außen- und innenpolitischer Ebene. Im Land selbst trat ein strikter Konstitutionalismus an die Stelle der eher autoritären Regierungsweise des vorherigen Königs, es wurden demokratische Prinzipien wie u.a. eine freie Presse und auch ein für die damalige Zeit sehr liberales Wahlrecht eingeführt.[47]

Die Regierung übernahm die stärkste Partei des Landes, die Radikalen, deren Gründer Nicolae Pasic Ende 1904 Ministerpräsident wurde. Diese Partei war prorussisch eingestellt und sah die Donaumonarchie als den Feind ihres Staates an. Ihre Politik war auf eine Vereinigung aller Serben ausgerichtet, was neben denjenigen in den verbliebenen osmanischen Gebieten auch die in Bosnien-Herzegowina und den Siedlungsgebieten von Serben in Österreich-Ungarn mit einschloss[48].

In der Außenpolitik gab es unter dieser neuen Regierung nun einen zunehmenden Widerstand gegen Österreich-Ungarn, welches den serbischen Markt beherrschte, die wirtschaftliche Entwicklung des Landes behinderte und diese Stellung auch politisch ausnützte .Zugleich verstärkte sich nun der russische Einfluss auf Belgrad. Als die serbische Regierung es 1906 u.a. ablehnte, ihre Waffen in Österreich-Ungarn zu kaufen und zugleich begann, sich neue europäische Märkte zu eröffnen, versuchte die Donaumonarchie ihren kleinen Nachbarn mit der Verhängung von hohen Zöllen zum Einlenken zu zwingen, ein Mittel, das sie bei einigen früheren Konflikten ja schon angewandt

---

[46] Siehe Kap. 3.2

[47] Vgl. Dedijer, S.367; Vranesevic, S.363; Fay, Bd 1, S.247.

[48] Vgl. Albertini, Vol I, S.140; Cassels, S.97f.

hatten. Allgemein wurde nun erwartet, dass Serbien schnell nachgeben würde[49], diesem gelang es jedoch, neue Märkte in Europa zu gewinnen und sich so größtenteils ökonomisch von der Monarchie zu lösen. Zugleich war der Hass in der Bevölkerung Serbiens, die gewaltig unter dieser Auseinandersetzung zu leiden hatten, auf die Österreicher noch weiter gestiegen. Nun konnte sich auch das offizielle Serbien eine österreichfeindliche Politik erlauben, die serbische Nationalpropaganda gewann gewaltig an Schwung. Die sog. selbstständigen Radikalen, die sich von der Partei Pasics getrennt hatte, hatte großen Einfluss im Lande und auf die anderen südslawischen Bewegungen innerhalb der Donaumonarchie, es entstand dort allmählich ein südslawisches Bewusstsein, in dem Serbien Dank seinem Widerstehen in dem Zollkonflikt gegen Österreich-Ungarn ein besonderes Ansehen genoss.[50].

Ein weiterer Tiefpunkt in den Beziehungen zwischen beiden Ländern war dann die Krise, die der Annexion Bosnien-Herzegowinas durch Österreich-Ungarn am 6. Oktober 1908 folgte. Diese wird verschiedentlich[51] zum Teil auch als Antwort der Donaumonarchie auf die erstarkte Rolle Serbiens im Zollkonflikt und der Südslawischen Bewegung gesehen. Verstärkt wird dieser Eindruck dadurch, dass die Doppelmonarchie einen Zugang Serbiens zu Montenegro und dem Meer verhindert hatte. Dazu kam dann noch, dass in der gleichen Zeit in Agram (Zagreb) auch ein Hochverratsprozess stattfand, der der Welt die Zusammenarbeit der österreich-ungarischen Serben mit dem serbischen Staat zu einem Umsturz beweisen sollte. In den nachfolgenden Prozess gegen den Historiker Friedjung 1909 in Wien konnte dann nachgewiesen werden, dass man massiv Dokumente gefälscht hatte, um Serbien zu diskreditieren. Die Folge war ein großer Ansehensverlust Österreichs in Europa[52].

---

[49] Schließlich umfasste der Handel Serbiens mit Österreich 1905 bis zu 85,8% der Exporte und 58,3% der Importe, vgl. Sundhaussen, S.352f.

[50] Vgl. Vranesevic, S.363-367; Fay,Bd. 1,S.248f.;

[51] Vgl. Vranesevic, S.370f.

[52] Vgl. Albertini Vol. I, S.297-300; Uebersberger, S.50f.

In Serbien aber war man sehr empört über dieses Verhalten, man forderte in der Öffentlichkeit, auch angesichts einer unvermeidlichen Niederlage, einen Krieg gegen Österreich-Ungarn. Aber der scharfe Protest der Serben nutze nichts und auch die anderen Großmächte, besonders enttäuschend dabei für Serbien Russland, kamen ihnen nicht zur Hilfe.

Am Schluss war Serbien, nach einer ultimativen Forderung Österreich-Ungarns nach Demobilisierung und gutnachbarschaftlichem Verhaltens, sogar gezwungen, am 31. März 1909 diese Loyalitätserklärung gegenüber Österreich abzugeben, in der sie auch die Annektierung anerkannten.[53] Eine Folge aus der wenig hilfreichen Haltung der Großmächte war die Schaffung eines Bundes zwischen den Balkanstaaten Bulgarien, Serbien, Montenegro und Griechenland unter der Schirmherrschaft Russlands. Dieses Bündnis war gegen das Osmanische Reich gerichtet, man wollte die damalige Schwäche des Landes zur Eroberung seines restlichen europäischen Gebietes nutzen. Als das Abkommen kurz vor dem Ausbrechen des Krieges dieser Staaten mit dem Osmanischen Reich bekannt wurden, richteten alle Großmächte, auch Russland, einen Appell an diese Staaten, das sie vor einem Friedensbruch warnte. Die Balkanstaaten gingen jedoch nicht darauf ein und erklärten am 18. Oktober 1912 den Krieg.[54]

Dieser endete schon bald mit dem Sieg der Verbündeten Kurz darauf versuchte Bulgarien, was unzufrieden mit der Aufteilung der gewonnenen Gebiete war, mit einem Überraschungsangriff auf Serbien und Griechenland seine Position zu verbessern. Dieser 2. Balkankrieg endete nach einem Monat mit der Niederlage Bulgariens. In den Verhandlungen der Großmächte zur Regelung der Folgen der beiden Kriege zog Österreich-Ungarn wieder den Zorn Serbiens auf sich, da es vor allem seinen Bemühungen zu verdanken war, dass Albanien von den Mächten zum Staat erklärt wurde und Serbien weiterhin, obwohl seine Truppen schon die Adria erreicht hatten, vom Meer abgeschnitten blieb. Wien drohte im Verlauf dieser Krise Belgrad wieder ultimativ mit Krieg, um es zum Rückzug aus den nun albanischen Gebieten zu zwingen[55]. Da sich Russland, nach anfänglicher Unterstützung des serbischen Standpunktes wieder nicht auf einen Krieg zu deren Unterstützung einlassen wollte, gab Serbien wieder nach und zog

---

[53] Vgl. Vranesevic, S.370; .Albertini, Vol. I, S.291f.; Dedijer, S.369f. BD Bd.5, Nr.782.

[54] Vgl. Fay, Bd.1, S.295-303; Balkan Wars, S.6-10.

[55] Vgl.ÖUA VII,Nr.8850; Rauchensteiner, S.24f.

seine Truppen, unter heftigem Protest, zurück[56]. Trotzdem versuchten beide Seiten noch kurz vor der Julikrise ihre Beziehungen zu entspannen[57], was aber durch das Attentat von Sarajevo bedingt nicht erreicht werden konnte.

1.3 Attentat von Sarajevo

Das Attentat auf Franz Ferdinand und seine Frau Sophie fand am 28.Juni 1914 in Sarajevo statt. Der österreichische Thronfolger hatte einem Manöver beigewohnt und wollte hier die Verbundenheit der Doppelmonarchie mit diesen Landesteilen demonstrieren.[58] [59]Bei einer Fahrt mit dem offenen Wagen durch die Stadt wurden er und seine Frau von Gravilo Princip, einem von insgesamt sieben Attentätern, die an der Wegstrecke verteilt waren, erschossen. [60]

Der Attentäter und die übrigen an der Tat Beteiligten wurden sehr bald gefasst. Sie alle waren serbische Bosnier, also österreich-ungarische Staatsangehörige. Bei ihrer Vernehmung stellte sich dann aber heraus, dass die dabei verwendeten Waffen aus Serbien stammten und von einem serbischen Major Tankosic in Belgrad übergeben worden waren. Auch hatte man ihren unentdeckten Transport nach Sarajevo organisiert, sie in der Handhabung der Waffen unterwiesen und ihnen ein Netz von Helfern zur Verfügung gestellt[61].

Dies hatten die Untersuchungen unter anderen des Richters Wiesener ergeben, der von Wien am 13.Juli mit der Untersuchung des Anschlages beauftragt worden war. Dieser sollte Beweise für die schon kurz nach der Tat vermutete Beteiligung Serbiens[62] daran finden. Wiesener kam aber nicht zu diesem Ergebnis. Vielmehr hieß es in seinem Bericht, dass die Mitwisserschaft der

---

[56] Vgl. Fay, Bd.1,S. 303-306; Albertini, Vol I, S.471-486.

[57] Vgl. Cornwall, S.58; Giesl, S.465.

[58] Vgl. Cassels, S.205f. ; Albertini ,Vol II, S.18; Fay, Bd.2, S.29.

[59] Der Besuch ausgerechnet am 525.Jahrestag der Schlacht am Amselfeld, dem Nationalfeiertag der Serben war keine bewusste Provokation der Österreicher, sondern Zufall und eine grobe Verkennung der Gefühle der dortigen Bevölkerung. Vgl. Cassels, S.207; Rauchensteiner, S.64; Albertini, Vol. II, S.18.

[60] Vgl. Sarajevo-Prozess, S.18f.

[61] Vgl. Cornwalll, S.56,

[62] Vgl. ÖUA VIII, Nr.9981.

serbischen Regierung an dem Attentat oder dessen Vorbereitung nicht erwiesen sei und eventuell sogar ausgeschlossen werden konnte.[63]

Es blieb aber eine indirekte Beteiligung Belgrads und die fortgesetzte Propagandatätigkeit serbischer Organisationen auf dem Gebiet der Monarchie übrig. Die Beweise dafür hatte man in Wien lange gesammelt, nun sollten diese bald als Legitimation für die weiteren Schritte genutzt werden.

2. Das österreichische Ultimatum an Serbien

2.1 Ziele Österreich-Ungarns

Für die führenden Politiker in Wien, die schon lange auf einen Krieg zur Unterwerfung Serbiens gedrängt hatten, war das Attentat ein Geschenk Gottes[64]. Nun musste ‚davon war beispielsweise der Chef des Generalstabes Conrad überzeugt, endlich die Gelegenheit genutzt werden, jedes weitere Zögern würde die Unabhängigkeitsbewegungen der verschiedenen Völker der Monarchie stärken. Seiner Meinung nach musste die Monarchie nun den gordischen Knoten zerschneiden, also Krieg gegen Serbien führen.[65] Dies war nun weitestgehend die allgemeine Ansicht in Wien[66].

Zunächst musste man sich aber der Unterstützung des deutschen Bündnispartners sicher sein, da der Dreibund ein Defensivbündnis war und bei einer Attacke auf Serbien und einem darauf folgenden Angriff Russlands zu dessen Unterstützung der Bündnisfall nicht gegeben war[67]. Daher hatte man am 5. Juli den Kabinetts-Chef Hojos nach Berlin geschickt, der auch die gewünschten Zusagen von Kaiser Wilhelm II und dem deutschen Kanzler Bethmann-Hollweg erhielt. Diese erklärten, dass man mit einem Krieg gegen

---

[63] Vgl. ÖUA, Bd.VIII, Nr.10252. Dies ist immer wieder als Beweis der serbischen Unschuld angeführt worden, vgl. Poincare, S.96, in dem zweiten Teil des Telegrammes ist er aber durchaus für die Erweiterung der Forderungen an Serbien.

[64] Vgl. Dedijer, S.417.

[65] Vgl. Conrad, S.30f.

[66] Vgl. Rauchensteiner, S.68; Fellner, S.13.

[67] Vgl. Albertini, Vol. II, S.

Serbien nicht warten sollte, und das Deutsche Reich auch bei einem Krieg gegen Russland an der Seite Österreich-Ungarns stehen würde[68], was der später sogenannte „Blankoscheck" für einen Krieg war.

So konnte am 7. Juli 1914 in der Sitzung des gemeinsamen Ministerrates in Wien, dem höchsten Regierungsorgan der Donaumonarchie, über das weitere Vorgehen gegen Serbien beschlossen werden. In dieser Sitzung waren fast alle Beteiligten für einen sofortigen Krieg gegen Serbien. Die Gründe, die die Beteiligten zu dieser Entscheidung brachten, waren zum einen, dass man meinte, nur so die großserbische Propaganda ,welche einen schädlichen Einfluss auf die südslawischen Gebiete der Monarchie habe, ausschalten zu können. Den Glauben, dass man dies auch durch diplomatische Mittel erreichen könne, hatte man nach den zahlreichen Auseinandersetzungen mit Serbien in der Vergangenheit nun nicht mehr.

Zum anderen war man der Meinung, dass ein Krieg gegen Serbien selbst bei einer Unterstützung durch Russland für dasselbe zum jetzigen Zeitpunkt noch zu gewinnen war, bei der erwarteten späteren Stärke Russlands jedoch nicht mehr, außerdem drängte nun auch Deutschland auf ein schnelles Handeln. Gegen einen sofortigen Krieg, vor allem wegen der zu erwartenden negativen Reaktion der anderen Staaten Europas, war der ungarische Ministerpräsident Tizla. Er erreichte den Kompromiss, dass zuvor sehr harte, aber nicht unannehmbare Forderungen an Serbien gerichtet werden sollten, um eine rechtliche Grundlage für eine Kriegserklärung zu schaffen. Diese sollten aber so formuliert sein, dass eine Ablehnung vorauszusehen sei. Das Heer sollte auch erst nach einer solchen mobilisiert werden. Eine Rolle bei Tizlas ablehnender Haltung gegenüber Annektierungen wird seine Sorge um eine weitere Verstärkung des slawischen Elementes in der Doppelmonarchie und der damit verbundenen mögliche Abwertung der Ungarn gespielt haben.[69].

Nach diesem Beschluss ging man in Wien an die Formulierung dieser Note, ihre Übergabe an Belgrad verzögerte sich aber aus verschiedenen Gründen mehr als zwei Wochen.

---

[68] Vgl. ÖUA VIII, Nr.10058.
[69] Vgl. Protokolle, Nr.1, S.141-150.

Festzuhalten bleibt, dass Österreich-Ungarn mit dieser Note nur einen Grund zu einem Krieg gegen Serbien haben wollte, ein Eingehen Serbiens auf diese Forderungen aber zum einen nicht vollkommen unmöglich war und zum anderen Österreich-Ungarns Plänen vollkommen zuwidergelaufen wäre[70].

2.2 Übergabe und Inhalt des Ultimatums

Das Ultimatum Österreich-Ungarns an Serbien wurde am 23.Juli 1914 durch den dortigen Botschafter Wiens, Baron Giesl, den dortigen Offiziellen übergeben. Dieser war mit genauen Anweisungen betreffs des Zeitpunktes der Übergabe ausgestattet[71], den Serben wurde nur eine achtundvierzigstündige Frist zur Beantwortung gelassen, im Falle einer nicht bedingungslosen Annahme sollte er sofort die diplomatischen Beziehungen abbrechen und Belgrad verlassen.[72]

Zum Inhalt hatte die Note im wesentlichen, dass die serbische Regierung, entgegen der Erklärung über das Wohlverhalten gegenüber der Monarchie von 1909, nichts gegen die südslawischen Bewegungen in ihrem Land getan habe und das die Monarchie deswegen einige Forderungen an diese richten habe. Diese waren u.a. eine öffentliche Verdammung der Propaganda gegen Wien (auch als Tagesbefehl der Armee), Unterdrückung der österreichfeindlichen Presse, Auflösung des Vereins „Narodna Obrana", Entlassung aller propagandistisch tätigen Beamten, Verhaftung der an dem Attentat Beteiligten, Verhinderung von Schmuggel über die gemeinsame Grenze und das Verlangen, dass die Serben einer Beteiligung österreichischer Beamter, zum einen an der Untersuchung über diesen Fall und zum anderen bei der Unterdrückung von subversiven Tätigkeiten, auf serbischem Territorium zustimmen.[73]

---

[70] Vgl. ÖUA VIII,Nr.10991.

[71] Es war so terminiert, dass der französische Staatspräsident Poincare erst nach seiner Abreise aus St. Petersburg davon erfahren konnte und so eine frz.-russ. Abstimmung schwieriger werden würde. Vgl. Amstrong ,S.272.

[72] Vgl. ders., S.272.

[73] Vgl. ÖUA,Bd. VIII Nr.10395.

2.3 Antwort Serbiens

Für die serbischen Minister war es sofort klar, dass diese Note bei Ablehnung einen Krieg mit Österreich-Ungarn bedeuten werde, und dass eine vollständige Annahme nicht mit der Souveränität Serbiens vereinbar war. Dies galt vor allem für die Punkte, die die Tätigkeit österreichischer Beamter auf serbischem Territorium betraf.[74]

Trotzdem gab man der Antwort an die Doppelmonarchie weitestgehend einen sehr versöhnlichen Ton, der so ein weitgehendes Entgegenkommen signalisierte, dass unter anderen auch Kaiser Wilhelm II. den schon sicher geglaubten Kriegsgrund verloren sah.[75] Man hatte zwar in fast allen Punkten zugestimmt, direkt zurückgewiesen nur die Punkte, die die Beteiligung von Österreichern an Untersuchungen in Serbien betrafen, und dies auch nur mit der Einschränkung, dass es mit internationalem Recht vereinbar sein müsse und nötigenfalls die Frage auch an den internationalen Gerichtshof in Den Haag geschickt werden könne .[76] Dennoch war man damit von einer bedingungslosen Annahme der Forderungen weit entfernt[77].Österreich-Ungarn brach auch folgerichtig seine Beziehungen zu Serbien ab, hatte aber nicht, wie vorher erhofft, die öffentliche Meinung Europas auf seiner Seite. Daran änderte auch das Dossier über die serbische Schuld am Attentat nichts[78], das von Österreich am 25.Juli an alle Hauptstädte geschickt hatte[79]. Als es dann am 31.Juli den Krieg an Serbien erklärte, hatte dies dann den Ausbruch des ersten Weltkrieges zur Folge.

---

[74] Vgl. Amstrong, S.272f; Cornwall, S.73.

[75] Vgl. DD I,Nr.271.

[76] Vgl. Quellen, Nr.192.

[77] Vgl. Quellen, Nr.192.

[78] Siehe Kap.1.3

[79] Vgl. ÖUA VIII Nr.10654.

3. Innenpolitische Gründe Serbiens für die Ablehnung

3.1 Militärische Lage Serbiens nach den Balkankriegen

Zur Zeit der Julikrise 1914 befand sich Serbien in einer schwierigen Lage. Man hatte als Folge der Balkankriege 1912/1913 eine Vergrößerung des Landes um ca. 80% und der Bevölkerung um mehr als 50% erreicht.[80] Dieser gewaltige Zuwachs war aber teuer erkauft worden. Die Armee hatte die Siege mit dem Verlust eines Zehntels ihrer Truppen bezahlt, des Weiteren war kaum noch Munition und Ausrüstung vorhanden. Dazu kam noch ein eklatanter Mangel an Geld, da die Kriege ca.370 Millionen Dinars gekostet hatten, dreimal soviel wie der gesamte Haushalt Serbiens 1912. Die Bevölkerung hatte noch dazu schon gezeigt, dass sie nicht begeistert von weiteren militärischen Einsätzen, gerade jetzt in der Erntezeit, war[81]. Allgemein war man der Ansicht, dass das serbische Heer zu dieser Zeit zu schwach war, um einen Krieg zu führen und eine lange Zeit des Friedens brauchen würde, um sich zu konsolidieren. Dies galt auch hinsichtlich der neugewonnenen Gebiete, die erst richtig in den Staat eingegliedert werden mussten[82].

Serbien hatte somit gute Gründe, einen Krieg gegen Österreich-Ungarn zu vermeiden.

3.2. Stellung der „Schwarze Hand" und ihre Beteiligung am Attentat

In Serbien war seit 1911 ein Machtkampf zwischen der militärischen Führung und der Regierung im Gange. Die Hauptfiguren hierbei waren der Ministerpräsident Pasic und der Chef des militärischen Geheimdienstes, Oberst Dragutin Dimitrijevic, genannt Apis.

Dieser Apis war als ein führender Teilnehmer an der Ermordung des damaligen Königs Alexanders 1903 ein sehr einflussreicher Mann in der Führung der serbischen Armee geblieben. Diese Tat hatte der 1914 regierenden Dynastie der Karageorgevic und auch der Radikalen Partei unter Pasic zur Macht verholfen.

---

[80] Vgl. Kißling, S.675.

[81] Vgl. Cornwall,S.58f.; Albertini, Vol.II, S.350-352; von Wegerer, S.991f.

[82] Vgl.Giesl,S.459; Cornwall, S.58f; Kantorowicz,S.362f.; Sarajevo-Prozess, S.LVII.

Bis 1908 teilten sich dann beide Gruppen die Macht im Staate, Apis und die übrigen Verschwörer beschränkten sich auf militärische Dinge und überließen die restliche Politik den politischen Parteien. Nach der Annexionskrise aber betrieben sie eine eigenständige nationale Außenpolitik. Sie gründeten als Reaktion auf das Einstellen der Propagandatätigkeit der Narodna Odbrana im Mai1911 mit anderen führenden Mitgliedern dieses Vereins die Geheimgesellschaft „Ujedinjenje ili Smrt" („Vereinigung oder Tod"), besser bekannt unter dem Namen „Schwarze Hand".[83]

Diese Narodna Odbrana, welche von führenden serbischen Politikern als Reaktion auf die Annexion Bosnien-Herzegowinas 1908 gegründet worden war, hatte anfangs die Erweckung eines serbischen Nationalgefühls zum Ziele. Auch bildete sie sogenannte „Comitaji" aus, die im Krieg auf fremden Boden kämpfen sollten. Wegen der Loyalitätserklärung an Österreich-Ungarn wurde sie 1909 in eine kulturelle Vereinigung umgewandelt[84].

Nun trat die Schwarze Hand an ihre Stelle. Sie wollte die Einheit aller Südslawen, und versuchte dies auch mit terroristischen Aktionen und Beeinflussung der Serben und Regierungen im Ausland zu erreichen. Die Mitglieder waren auf äußerste Geheimhaltung eingeschworen.[85] Sie stammten aus Serbien, aus dem Offizierskorps und der Politik. Ihr unbestrittener Anführer war Apis, und es ist höchst wahrscheinlich, dass der Mord an Franz Ferdinand auf seine Anweisung hin durchgeführt wurde und das die politische Führung in Belgrad von der Vorbereitung eines Attentates Kenntnis hatte.[86] Wien jedoch hatte fälschlicherweise die Narodna Odbrana dafür verantwortlich gemacht.

Einige Autoren sehen die Ablehnung der Beteiligung österreichischer Beamter an den Untersuchungen in Serbien durch die Furcht vor der Enddeckung dieser Geheimorganisation begründet[87]. Dafür spricht, dass mit der Aufdeckung der Beteiligung der höchsten militärischen Kreise am Fürstenmord Österreich-Ungarn ein großer Erfolg gelungen wäre, den man gut propagandistisch hätte

---

[83] Vgl. Dedijer, S.371-374; Uebersberger, S.239.

[84] Vgl. Sarajevoprozess, S.XXX-XXXII; Fay, Bd.2, S.80-85; Albertini, Vol I, S.297f.; Narodna Odbrana, S.197-225.

[85] Vgl. Boghitschewitsch, Schwarze Hand, S.668-674.

[86] Vgl. Albertini, Vol. II, S. 74-82, 89-98, 101, 283; Dedijer, S. 388-395.

[87] Vgl. Albertini, Vol II, S.283f.;Uebersberger, S.236.

nutzen können. Fraglich ist jedoch, ob diese Aufdeckung den Österreichern auch angesichts des geheimen Status der Organisation auch gelungen wäre und sie diese Schuld auch den anderen Staaten hätte vermitteln können gerade angesichts ihrer geringen Glaubwürdigkeit nach dem Friedjungprozess[88]

3.3 Der Prioritätsstreit und Auswirkungen auf das serbische Handeln

Der sogenannte Prioritätsstreit entzündete sich in Serbien um die Frage, wer in den neu erlangten Gebieten den Vorrang haben sollte, das Militär oder die Zivilverwaltung. Der Anlass hierfür ein Erlass des Innenministers, der den Vorrang der zivilen Würdenträger festschrieb. Dies hatte große Proteste im Offizierskorps zur Folge, im weiteren Verlauf dieses Streites wurde ein einflussreicher General abgesetzt. Daraufhin machten Putschgerüchte den Umlauf, die Oppositionspartei der Jungradikalen verbündete sich mit den Offizieren und der Schwarzen Hand. Nachdem die Opposition eine weitere Arbeit des Parlamentes verhinderte, gab Pasic im Juni 1914 nach und reichte seinen Rücktritt ein. Der König Alexander, der den Offizieren seinen Thron verdankte, versprach den Militärs die Macht den Jungradikalen zu übergeben. Als dann aber der russische Botschafter Hartwig seinen Einfluss nutzte, um Pasic im Amt zu lassen und auch der Kronprinz Alexander sich für diesen einsetzte, gab der König nach und stimmte diesem zu.

Wegen dieses Kurswechsels aber hatte sich der König in eine unhaltbare Situation gebracht, er übergab deswegen kurz darauf die Regentschaft an den Kronprinzen.

Am 24. Juni wurde dann das Parlament aufgelöst und Neuwahlen für den 14. August ausgeschrieben, Pasic wollte damit seine Regierung auf eine sicherere Mehrheit stützen.[89]

So befand sich der serbische Ministerpräsident zum Zeitpunkt des österreichischen Ultimatums mitten im Wahlkampf. Das seine Regierung deswegen nicht eine bedingungslose Übernahme der österreichischen Forderungen wollen konnte, erscheint zumindest denkbar. Zudem hatten die Regierung und auch der neue Regent Alexander die mächtige Schwarze Hand gegen sich, eine Vereinigung, die, wie man wusste, auch vor Mord bei der

---

[88] Siehe Kap.1.2.

[89] Vgl. Albertini, Vol II, S.33-35; Cornwall, S.57f.; Ueebersberger, S.248-252; Dedijer, S.386f..

Durchsetzung ihrer Ziele nicht zurückschreckte, eine Annahme der Bedingungen war also auch für Pasic, Alexander und die übrigen Regierungsmitglieder persönlich gefährlich gewesen[90]. Noch dazu wird berichtet, dass man auch damals schon angesichts des erregten Nationalgefühls im Lande und der ablehnenden Haltung der Militärs ein Entgegenkommen bei Beantwortung der Note für sehr schwierig hielt und der Erlass des geforderten Tagesbefehls sowie überhaupt eine nachgiebige Haltung die Gefahr eines Putsches stark erhöht hätte.[91] Dazu passt, dass die serbische Regierung nach einigen Berichten zumindest Vorbereitungen für eine Mobilisierung getroffen hatte, bevor die Note überhaupt beantwortet worden war. Dies geschah um das Militär von dem Widerstandswillen zu überzeugen, auch angesichts einer milden Antwort.[92]

4. Einfluss des Auslandes auf die serbische Entscheidung

4.1 Einfluss anderer Staaten auf serbische Entscheidung

Schon kurz nach dem Erhalt der österreichischen Begehrnote informierte die serbische Regierung in einem Runderlass die Mächte über deren Inhalt und das die Forderungen derart wären, dass keine serbische Regierung sie annehmen könne[93],wie sie es schon am 18. Juli angekündigt hatten.[94]Als dann die österreichischen Forderungen vorlagen, war man überall entsetzt über deren Inhalt. So sprach beispielsweise der britische Außenminister Grey von dem furchtbarsten Dokument, dass er je einen Staat an einen anderen unabhängigen Staat habe richten sehen.[95] Auch die anderen Regierungen reagierten ähnlich. Ihre Hilfszusagen blieben aber eher zurückhaltend. Von den Balkanstaaten konnte man sich nur auf Montenegro verlassen, da sie Solidarität versprachen, aber dazu rieten, auf die Entscheidung Russlands zu hören. Rumänien riet zur

---

[90] Man denke nur an das Schicksal von König Aleksandar, vgl. Kap. 1.2.

[91] Vgl. DD Bd. 1, Nr.159; Fay, Bd 2, S.243f.; Albertini,Vol II, S.362; Kißling, S.681- 684.

[92] Vgl. Albertini, Vol II, S.362f.; Kißling, S.681f..

[93] Vgl. Albertini, Vol. II, S.348.

[94] Vgl. Cornwall, S. 70; BD, Bd. 11, Nr. 50.

[95] Vgl. Quellen, Nr.178.

bedingungslosen Annahme, Frankreich meinte, man solle so viele Bedingungen wie möglich annehmen, Italien ebenso. Nur Großbritannien versuchte zu vermitteln, war dabei aber erfolglos.[96]

Den größten Einfluss auf die serbische Haltung hatte die russische Regierung.

4.2 Russischer Einfluss

Über den Anteil des russischen Einflusses auf die Entscheidung, die österreichische Begehrnote nicht vollständig zu akzeptieren, gibt es in der Literatur weit auseinandergehende Ansichten.

Als sicher ist anzunehmen, dass die serbische Regierung sofort nach dem Erhalt der österreichischen Forderungen den russischen Gesandten in Belgrad um Hilfe bat. Auch der regierende Kronprinz Alexander richtete einen dringenden Appell an den russischen Zaren Nikolaus II mit der Bitte um Hilfe, da man sich nicht verteidigen könne.[97] Von dem russischen Außenminister Sazonov wird berichtet, dass er die Note Österreich-Ungarns mit der Bemerkung, dass dies der Krieg sei kommentierte[98].

Die meisten Darstellungen gehen davon aus, dass Serbien die österreichischen Forderungen ablehnte, nachdem es sich der Unterstützung durch Russland sicher war[99] oder Serbien sich erfolglos bemüht hatte, den Forderungen zu entsprechen, dies aber von Wien nicht gewünscht wurde.[100]

Fay und neuerdings auch Cornwall vertreten dagegen die Ansicht, dass Serbien sofort nach Erhalt der Note deren Unannehmbarkeit erkannte und sofort mit einem Krieg rechnete. Nach seiner Darstellung hat Russland Serbien nur energische Schritte in Wien und Berlin angekündigt, aber offengelassen, welche Form eine Hilfe Russlands haben würde, Sazonov habe den Rat gegeben, sich nach Süden zurückzuziehen und an die Mächte zu appellieren. Weiterhin solle man sich auch im Ton der Antwortnote mäßigen. Eine militärische Hilfe wurde

---

[96] Vgl. Rauchensteiner, S.84; Cornwall, S. 77-79 ;Fay, Bd.2, S.240;BD Bd. 11.Nr.102

[97] Vgl. Boghitschewitsch, Politik Serbien,Bd.1, Nr.412.

[98] Vgl. Quellen, Nr.179.

[99] Vgl. u.a. Rauchensteiner, S.85; Uebersberger, S.234;

[100] Vgl. u.a. Vranesevic, S.372; Cassels, S.275f.; Amstrong, S.273; Ullrich, S.258.

nicht versprochen, sondern nur angedeutet.[101] Deswegen hätten die Serben der Antwortnote dem äußeren Schein nach einen versöhnlichen Ton gegeben, um die Sympathie der Großmächte zu erhalten. In Wirklichkeit aber habe Serbien nie geplant, alle Forderungen anzunehmen, eher wurden sie durch ihre isolierte Lage dazu gezwungen, die Note viel nachgiebiger als ursprünglich geplant zu machen. Dafür spricht auch, dass Pasic zwei Tage später sagte, dass er bei Kenntnis der späteren Unterstützung niemals so viele Zugeständnisse gemacht hätte,[102] und die Mobilisierung der Armee schon vor Ablauf der Frist, welche nach Cornwalls Darstellung deswegen geschah, weil man allgemein mit einem sofortigen österreichischen Angriff gerechnet habe. Er sieht sie aber nur als vorbereitende Maßnahme, die allgemeine Mobilisierung erfolgte dann erst abends am 25.Juli. Der russische Einfluss darauf wäre zu vage gewesen, erst nach Abgabe der Antwort wäre die Unterstützung der Entente klar geworden[103]

Daneben gibt es aber auch davon abweichende Meinungen wie unter anderen die von Albertini[104] Nach ihm erscheint klar, dass Serbien sich angesichts der Übermacht der österreichischen Armeen und dem schlechten Zustand des eigenen Heeres zunächst zu einer bedingungslosen Annahme der Forderungen entschlossen habe, zumal es bis kurz vor Ablauf der Frist keine Hilfszusagen aus St. Petersburg erhielt. Man habe auch nicht unbedingt auf deren Hilfe vertraut, da die russische Unterstützung bei jedem der vorangegangenen Konflikte ausgeblieben war[105]. Als dann aber am 25. Juli morgens der serbische Botschafter in Moskau nun doch von einer russischen Hilfe im Falle einer Nichtannahme berichtete, hätte die serbische Regierung doch eine teilweise ablehnende Note verfasst. Ein solches Telegramm ist jedoch nicht veröffentlicht, Albertini hält seine Existenz dennoch für sicher, da es zu viele Lücken in den serbischen Archiven gebe.[106] Ein Hinweis dafür sei, dass Serbien seine Armee

---

[101] Vgl. Fay, S.241.

[102] Vgl. Bulgarische Dokumente, S.245.

[103] Vgl. Fay, S. 241-244; Cornwall, S.79-82.

[104] Vgl. Albertini, S.350-364.

[105] Siehe Kap.1.2.

[106] Vgl. Albertini, S.352-358.

schon 3 Stunden vor Ablauf der Frist mobilisiert habe, also mit einem sicheren Krieg gerechnet habe, weiterhin hatte Pasic schon vorher vage Ankündigungen von einer nicht bedingungslosen Annahme verbreiten lassen.[107]

Während die meisten Meinungen zu diesem Thema sehr oberflächlich einer Seite die Schuld zuweisen, haben die beiden letzten den Vorteil einer tiefergehenden Analyse. Die Darstellung der Geschehnisse durch Cornwall hat den Vorteil, dass sie sich auf die in serbischer Sprache 1980 erschienen serbischen Dokumente zu dieser Zeit stützen kann, was bei Albertini und den anderen größtenteils nicht der Fall ist. So ist man bei Beurteilung der russischen Meinung nicht auf Mutmaßungen angewiesen, Cornwalls Meinung ist deswegen vorzuziehen.

Zusammenfassung / Ergebnis:

Die Ergebnisse dieser Hausarbeit sind zum Teil widersprüchlich.

So kann angesichts der Vorgeschichte der Beziehungen zwischen beiden Staaten, besonders ab 1903, davon ausgegangen werden, dass es in Serbien ‚angesichts der dort beschriebenen fortlaufenden Konflikten, keine Bereitschaft mehr gab, sich den österreichischen Wünschen zu beugen und wieder in die Stellung eines abhängigen Staates, wie man sie vor 1903 eingenommen hatte, zurückzukehren. Dafür wäre wohl auch ein Krieg riskiert worden.

Einen solchen wollte auch Österreich-Ungarn auslösen, wie es Kapitel 2.1 gezeigt hat und was auch den Serben klar war. Die zwar anzunehmende Beteiligung serbischer Stellen an dem vorher im Text dargestellten Attentat von Sarajevo war dafür nur ein Vorwand. In Wirklichkeit ging es der Donaumonarchie um die endgültige Ausschaltung seines unliebsamen Nachbarn, dem man in Zukunft eine eigenständige Politik verwehren wollte. Dennoch wäre eine Vermeidung des Krieges durch die Annahme der sehr harten Forderungen möglich gewesen, für Serbien gab es also eine wirkliche Entscheidung für oder gegen Krieg.

Zu diesem Zeitpunkt kamen aber noch weitere Umstände hinzu, die diese Wahl für die Serben sehr schwer machten. Genannt wurde zunächst, dass es ihnen angesichts des Zustandes des Landes zu diesem Zeitpunkt eigentlich unmöglich

---

[107] Vgl. ÖUA, Bd. VIII, Nr.10645; BD, Bd.11, Nr.114; DD Bd.1 Nr.158; Albertini S.359-363.

war, Krieg zu führen. Dafür aber sprach hingegen, dass die innenpolitische Situation des Landes ein Nachgeben fast unmöglich machte, in einem solchen Fall wäre ein Putsch oder sogar eine leibliche Gefährdung der Regierung wahrscheinlich gewesen. Dagegen wird die Furcht vor einer Enddeckung der Verbindungen der Schwarzen Hand zu dem Attentat nur eine untergeordnete Rolle gespielt haben.

Besonders wichtig in der Frage um Krieg oder Frieden wird die Meinung des Auslandes und insbesondere Russlands gewesen sein. Von den anderen Staaten Europas scheint Serbien keine Ermutigung zu einer Zurückweisung der Forderungen erhalten zu haben, sehr wichtig aber war die Haltung Russlands.

Hier sind die Meinungen der Forschung geteilt, in dieser Arbeit aber wird den Meinungen von Fay und Fish Cornwall gefolgt, da sie im Einklang mit der Vorgeschichte der russisch-serbischen Beziehungen steht, wo, wie in Kapitel 1.2 dargelegt, Serbien des Öfteren keine Hilfe von Russland in ähnlichen Krisen erhielt. Dafür sprechen auch die von Fish Cornwall verwendeten serbischen Akten, die dem Autor dieser Arbeit leider nicht zu Verfügung standen.

Ergebnis dieser Arbeit ist somit, dass Serbien sich, obwohl der Krieg zu vermeiden gewesen wäre, mit der Zurückweisung der österreichischen Forderungen am 25.Juli 1914 bewusst für einen Krieg entschieden hat. Dies taten sie, obwohl eine russische Unterstützung nicht klar, nach Ansicht des Autors hauptsächlich wegen der damaligen innenpolitischen Situation in ihrem Land, die ein Bestehen auf die Unabhängigkeit des Landes unumgänglich machte. Eine gegenteilige Politik wäre angesichts der mächtigen inneren Feinde, die die Regierung hatte, nicht durchzusetzen gewesen, eine weitere Rolle wird die Vorgeschichte der Beziehungen beider Länder gespielt haben.

Trotzdem war dieser Schritt angesichts des militärischen Zustandes des Landes und des Kräfteverhältnisses beider Staaten sehr erstaunlich und wurde im folgenden Weltkrieg nicht nur mit der südslawischen Einheit belohnt, sondern auch mit großem Leid für die Bevölkerung bezahlt.

Kriegsziel Serbiens ist somit zunächst die Wahrung seiner Unabhängigkeit und seiner Einigkeit nach Innen gewesen.

Literaturverzeichnis

Quellensammlungen:

British Documents on the Origins of the War. 1898 – 1914. Hg. von Gooch, G.P. und Temperley, Harold, London 1926-1930.

Bd. 5: The Near East. The Macedonian Problem and the Annexation of Bosnia, London 1928 (ND 1967).

Bd.11: The Outbreak of the War.Foreign Office Documents June 28th – August 4th 1914, London 1926 (ND 1967).

Bulgarische Dokumente zum Kriegsausbruch 1914, in: Die Kriegsschuldfrage. Berliner Monatshefte für internationale Aufklärung, Jahrgang 6 (1928), S.227-264.

Die deutschen Dokumente zum Kriegsausbruch 1914 .Vollständige Sammlung der von Karl Kautsky zusammengestellten amtlichen Aktenstücke mit einigen Ergänzungen. Im Auftrage des Auswärtigen Amtes nach gemeinsamer Durchsicht mit Karl Kautsky herausgegeben von Max Monteglas und Walter Schücking. Neue, durchgesehene und vermehrte Ausgabe. Band 1. Berlin ²1927. (Abgekürzt: DD I)

Österreich-Ungarns Außenpolitik von der bosnischen Krise 1908 bis zum Kriegsausbruch 1914. Diplomatische Aktenstücke des österreich-ungarischen Ministeriums des Äußeren: Ausgewählt von Ludwig Bittner, Alfred Francis Pribram, Heinrich Srbik, Hans Uebersberger. Bearbeitet von Ludwig Bittner und Hans Uebersberger. Band 7,8. Wien/Leipzig 1930. (abgekürzt: ÖUÄ VII,VIII).

Band 7: 1913 VIII I – 1914 IV XXX.

Band 8: 1914 V I – 1914 VIII I.

Protokolle des Gemeinsamen Ministerrates der Österreichisch-Ungarischen Monarchie, hrsg. von Komjáthy, Miklos, Budapest 1966.(Publikationen des ungarischen Staatsarchivs II. Quellenpublikationen; Bd.10) (abgekürzt: Protokolle)

Quellen zur Entstehung des Ersten Weltkrieges. Internationale Dokumente 1901-1914, hrsg. von Hölzle, Erwin, Darmstadt 1978. (Ausgewählte Quellen zur deutschen Geschichte der Neuzeit; Bd.27) (abgekürzt: Quellen).

Der Sarajevo-Prozeß. Bearbeitet von Erich Brandenburg. Berlin 1933.

Darstellungen

Albertini, Luigi. The Origins of the War of 1914. Band I-II. Oxford 1952-53.

Band I: European Relations from the Congress of Berlin to the Eve of the Sarajevo Murder. Oxford 1952.

Band II: The crisis of July 1914: From the Sarajevo Outrage to the Austro-Hungarian General Mobilization. Oxford 1953.

Boghitschewitsch, M: Die auswärtige Politik Serbiens. 1903-1914. 3 Bde., Berlin 1928-1931.

Bd. 1: Geheimakten aus serbischen Archiven, Berlin 1928.

Bd. 3: Serbien und der Weltkrieg, Berlin 1931.

Boghitschewitsch, M: Die serbische Gesellschaft „Vereinigung oder Tod", genannt die „Schwarze Hand" in: Die Kriegsschuldfrage . Monatsschrift für internationale Aufklärung. Jahrgang IV , Berlin 1926, S. 668-682.

Cassels, Lavender: Der Erzherzog und seine Mörder. Sarajevo, 28. Juni 1914. Wien u.a.1988.

A Concise History of the Balkan Wars 1912-1913, hrsgg. von Hellenistic Army High Command, Athen 1998 (Abgekürzt: Balkan Wars).

Conrad von Hötzendorf, Franz Freiherr : Aus meiner Dienstzeit 1906-1918. Bd1-5, Wien 1921-25.

Cornwall, Mark: Serbia, in: Wilson, Keith: Decisions for War1914, London 1995, S. 55-96.

Dedijer, Vladimir: The Road to Sarajevo, New York 1966.

Fay, Sidney Bradshaw: Der Ursprung des Weltkrieges. 2. Bd., Berlin 1930

Bd.1: Vor Sarajevo. Die Vordergründe des Krieges

Bd 2: Nach Sarajevo. Die äusseren Anlässe des Krieges

Fellner, Fritz: Austria-Hungary, in: Decisions for War1914, London 1995, S.9-25.

Fish Amstrong, Hamilton: Three Days in Belgrade, in: Foreign Affairs, Vol. V, Nr.2 (1927), S.267-275. (abgekürzt: Amstrong).

Kantorovicz, Hermann: Gutachten zur Kriegsschuldfrage 1914. Frankfurt a.M. 1967.

Kißling, Rudolf : Die serbische Mobilmachung im Juli 1914, in: Berliner Monatshefte, Jahrgang X (1932), S. 674-686.

Die Narodna Odbrana, in : Die Kriegsschuldfrage Jahrgang V. Berliner Monatshefte für internationale Aufklärung Berlin 1927, S. 197-225.

Poincaré, Raymond : Wie der Weltkrieg entstand, Berlin 1922.

Rauchensteiner, Manfred : Der Tod des Doppeladlers. Österreich-Ungarn und der Erste Weltkrieg, Graz u.a. 1993.

Sundhaussen, Holm: Historische Statistik Serbiens 1834-1914. Mit europäischen Vergleichsdaten, München 1989 (Südosteuropäische Arbeiten; Bd.87).

Uebersberger, Hans: Österreich zwischen Rußland und Serbien. Zur südslawischen Frage und der Entstehung des ersten Weltkrieges. Köln 1958.

Ullrich, Volker: Die nervöse Großmacht. Aufstieg und Fall des deutschen Kaiserreichs. 1871-1918, Frankfurt a.M. 1999.

von Giesl, Wladimir: Konnte die Annahme der serbischen Antwortnote den Ausbruch des Weltkrieges verhindern?, in : Berliner Monatshefte, Jahrgang 11 (1933), S. 454-469.

Von Wegerer, Alfred: Der ehemalige serbische Kriegsminister über den Ausbruch des Weltkrieges, in: Berliner Monatshefte für internationale Aufklärung, Jahrgang 9 (1931), S .990-998.

Vranesevic, Branislav: Die aussenpolitischen Beziehungen zwischen Serbien und der Monarchie, in: Wandruszka, Adam / Urbanitsch, Peter (Hrsg) : Die Habsburgermonarchie 1848-1918.

Bd. 6: Die Habsburgermonarchie im System der internationalen Beziehungen, 2.Teilband, Wien 1993, S.319-375.

Matti Ostrowski: Julikrise und Kriegsausbruch 1914

1. Einleitung

Das 20. Jahrhundert wurde bis in die 1990er Jahre hinein durch große internationale Spannungen und Konflikte geprägt. Im Zuge der großen Krisen und Kriege sind Millionen von Menschenleben geopfert worden und neue Weltanschauungen, Regierungssysteme und Weltmächte sind entstanden und zum Teil wieder verworfen oder vernichtet worden, um nach dem Ende des Kalten Krieges zwar nicht das „Ende der Geschichte"[108], aber zumindest das Ende der großen internationalen Spannungen und Kriegsgefahr einzuläuten.

Als Historiker stellt das 20. Jahrhundert aber nicht nur eine wichtige Zäsur des Übergangs der größten Industrienationen in (teil-)demokratische Strukturen dar, sondern wirft auch immer wieder die Frage auf, welche kausalen Zusammenhänge die ereignisvolle Geschichte des letzten Jahrhunderts ermöglichten. In diesem Zusammenhang kann man auf die Bedeutung des zwischen 1914 und 1918 tobenden Ersten Weltkriegs nicht deutlich genug hinweisen. Will man nämlich Antworten auf die Frage nach den Ursachen beispielsweise des Zweiten Weltkriegs oder dem ihm unmittelbar folgenden Kalten Krieg finden, so sind diese mit Sicherheit in den Ereignissen vor, während oder kurz nach dem großen Krieg von 1914 zu suchen. Nicht umsonst weisen die meisten Historiker auf dessen Bedeutung als „Urkatastrophe des 20. Jahrhunderts"[109] hin.

Doch wie kam es dazu, dass im Jahr 1914 die größten und einflussreichsten Nationen rund um den Globus mit- und gegeneinander einen Krieg führten, in dessen Verlauf mehr als 10 Millionen Menschen ihr Leben ließen?

Eine Antwort auf diese Frage ist ebenso wichtig wie schwierig. Dies liegt vor allem daran, dass bei der Beantwortung die multikausalen Zusammenhänge sowohl langfristiger, als auch unmittelbarer Ursachen dargelegt und verknüpft

---

[108] Der Begriff wurde vom amerikanischen Politologen Francis Fukuyama in seinem Buch „The end of history and the last man" (erschienen 1992) geprägt, der nach dem Ende der Sowjetunion das „Ende der Geschichte" gekommen sah, indem die seiner Meinung nach höchste Form der menschlichen Organisation, nämlich die liberal-kapitalistische Ordnung, erreicht worden sei.

[109] George F. Kennan zit. bei Schulin, E., Die Urkatastrophe des zwanzigsten Jahrhunderts, in: Michalka, W. (Hrsg.), Der Erste Weltkrieg: Wirkung – Wahrnehmung – Analyse: Im Auftrag des Militärgeschichtlichen Forschungsamtes, München (u.a.) 1994, S. 3-28, S.3.

werden müssen. In dieser Arbeit soll daher versucht werden, sowohl die langfristigen Ursachen, als auch diejenigen Prozesse darzulegen, die erst mit dem Attentat auf den österreichischen Thronfolger in Sarajevo am 28. Juni 1914 ins Rollen gerieten.

Um dies übersichtlich zu gestalten ist diese Zulassungsarbeit, deren Thematik sich mit jenen Ursachen des Kriegsausbruchs 1914 beschäftigt, in drei große Kapitel gegliedert. Im ersten Teil soll vor allem auf die langfristigen Ursachen, also sowohl auf den Imperialismus und das Wettrüsten der Großmächte um die vorletzte Jahrhundertwende, als auch auf die über Jahrzehnte hinweg erfolgenden Veränderungen innerhalb der Bündnissysteme, in deren Zuge sich große internationale Krisen entwickelten und sich die Beziehungen der entstandenen Machtblöcke kontinuierlich verschlechterten, eingegangen werden. Im zweiten Hauptteil soll dann die sich nach dem Attentat vom 28. Juni 1914 anbahnende und spätestens am 23. Juli ausbrechende „Julikrise" untersucht werden. In diesem Zusammenhang soll vor allem die Politik und das Kalkül der Mittelmächte im Zentrum der Untersuchung stehen, nicht zuletzt deshalb, weil bis heute noch keine Einigkeit darüber herrscht, ob der Ausbruch des Ersten Weltkrieges einer gezielten Planung oder doch nur unglücklichen Umständen zu verdanken war. Im dritten und letzten Teil soll dann noch kurz auf den Kriegsausbruch und die Reaktion der Öffentlichkeit, der Parteien und der Arbeiterbewegung eingegangen werden. Hier soll vor allem die Frage, ob es im Deutschen Reich tatsächlich zu einer allgemeinen Kriegsbegeisterung nach dem 1. August 1914 kam, im Zentrum der Überlegungen stehen.

2. Langfristige Ursachen des Ersten Weltkrieges

Der Erste Weltkrieg hatte seinen Ursprung nicht erst in den Ereignissen des Juni und Juli 1914. Der Julikrise, welche durch die Ermordung des österreichischen Thronfolgers Franz Ferdinand in Sarajevo am 28. Juni 1914 ausgelöst wurde, gingen zahlreiche internationale Krisen voraus. Diese müssen als Produkt verschiedener Entwicklungen betrachtet und eingeordnet werden. Sie resultierten zum einen aus den diplomatischen Veränderungen, denen die europäischen Bündnissysteme seit 1890 ausgesetzt waren und zum anderen aus dem Anstieg nationalistischer und imperialistischer Tendenzen innerhalb der Großmächte, die ein massives militärisches Wettrüsten provozierten und die Welt im Juli/August 1914 in ein bis dato unvorstellbares Chaos stürzten.

Zu diesen, für die Geschichte des Ersten Weltkrieges bedeutsamen Großmächten zählten zur Wende des 20. Jahrhunderts Großbritannien, Frankreich, Russland, die Doppelmonarchie Österreich-Ungarn und das Deutsche Reich. Zwar beanspruchte auch Italien den Status einer Großmacht, doch war dieser Status bei den Mächten der Pentarchie kaum anerkannt, da Italien fast ausschließlich bei kolonialen Angelegenheiten im Orient eine bedeutende Rolle spielte. Die anderen kleineren und mittleren europäischen Staaten waren zwar theoretisch souverän, unterlagen aber in der Regel dem bestimmenden Einfluss einer der Großmächte und machten deshalb nur sehr selten grundsätzlich Politik wider diese. Dem Konzert der fünf großen europäischen Mächte traten um die Jahrhundertwende zwei außereuropäische Staaten bei. Zum einen waren dies die USA, welche nach Durchsetzen ihrer machtpolitischen Ansprüche gegenüber Spanien ihre Einflusszone in Nord- und Südamerika ausbauen konnten. Zum anderen erlangte Japan den Status einer Großmacht, nachdem es sich gegenüber China 1895, vor allem aber gegenüber Russland bis 1905 behaupten und durchsetzen konnte[110].

Die Vorgeschichte des Ersten Weltkrieges ist immer auch eine Vorgeschichte der Beziehungen und Verflechtungen der Großmächte untereinander. Je nach diplomatischer Großwetterlage, militärischer und wirtschaftlicher Stärke handelten die Mächte im Zeitalter des Imperialismus in steter Abhängigkeit voneinander. Doch je stärker die Staaten begannen, sich aneinander zu binden, bzw. sich untereinander zu verbünden, um sich selbst zu schützen und potentielle Feinde abzuschrecken, desto gefährlicher konnte sich dies im Falle großer internationaler Krisen auswirken. Um den Ausbruch des Ersten Weltkrieges zu verstehen ist es daher notwendig zuerst die langfristigen Entwicklungen und Ursachen, welche direkt oder indirekt zum großen Krieg führten, genauer zu betrachten.

Die Veränderung des europäischen Bündnissystems seit Bismarck

Seit der Gründung des Deutschen Reichs 1871 waren die Grundpfeiler der bismarckschen Diplomatie die Isolation Frankreichs und die Erhaltung des Friedens mit den östlichen Nachbarn Österreich-Ungarn und Russland[111]. Zu

---

[110] Dülffer, J., Der Weg in den Weltkrieg, in: Hirschfeld, G; Krumeich, G. (u.a.) (Hrsg.), Enzyklopädie Erster Weltkrieg, Paderborn (u.a.) 2009, S. 233-241, S. 235.

[111] Massie, R., Die Schalen des Zorns: Großbritannien, Deutschland und das Heraufziehen des

diesem Zwecke wurde 1879 der Zweibund zwischen Österreich-Ungarn und dem Deutschen Reich geschlossen, den man – zu diesem Zeitpunkt – als ein militärisches Verteidigungsbündnis betrachten konnte. Mit den europäischen Koalitionen konnte man in Berlin im Jahr 1888, als Kaiser Wilhelm II. den Thron bestieg, durchaus zufrieden sein. Zwar war der Dreikaiserbund von 1881, der die Herrscher Österreichs, Russlands und des Deutschen Reichs zur wohlwollenden Neutralität im Falle eines unprovozierten Angriffs verpflichtete 1887 nicht mehr verlängert worden, doch konnte man sich mit der Erweiterung des Zweibunds – durch den Beitritt Italiens 1882 – zum Dreibund, eine starke diplomatische Stellung in Europa sichern. Diese wurde auch dadurch gestärkt, da es sonst keine bemerkenswerten Abkommen und Bündnisse zwischen den anderen europäischen Großmächten gab.

Doch diese, durch die weitgehende diplomatische Isolation Frankreichs und die aus kolonialen Streitigkeiten hervorgehenden Spannungen zwischen Großbritannien, Frankreich und Russland, günstige Lage des Deutschen Reichs änderte sich spätestens seit 1892, als es den französischen Diplomaten gelang ein Defensivbündnis mit Russland abzuschließen. Dieses wurde 1899 mit dem Zusatz erweitert, nicht nur den Frieden der beiden Nationen zu sichern, sondern auch die Aufrechterhaltung des europäischen Gleichgewichts zu verfolgen. Auch England gelang es in den folgenden Jahren seine relative Isolation zu beenden. Die Briten näherten sich 1900 erfolgreich den USA an und bereits zwei Jahre später glückte der Abschluss des Militärbündnisses mit Japan, während die Bündnisverhandlungen mit dem Deutschen Reich 1898 und 1900/01 aufgrund unrealistischer Vorbedingungen scheiterten[112].

Doch noch zeigte man sich in Berlin nicht beunruhigt. Zwar gelang Frankreich der Ausbruch aus der diplomatischen Isolation, doch hielt man es seit Bismarck für unmöglich, dass sich die Briten aufgrund ihrer kolonialen Rivalitäten je mit Frankreich oder Russland verbünden könnten[113]. Russland betreffend, schienen die deutschen Diplomaten und die Führung in Berlin zunächst Recht zu behalten, da das englisch-japanische Bündnis von 1902 hauptsächlich zur Eindämmung russisch-imperialistischer Bestrebungen abgeschlossen wurde. Die

---

Ersten Weltkrieges, Frankfurt a.M. 1993., S. 108.
[112] Dülffer, J., Der Weg in den Weltkrieg, S. 239.
[113] Massie, R., Schalen des Zorns, S. 112f., 344f.

Briten beobachteten mit Argwohn den Drang des Zarenreichs zu den Dardanellen, in die Mandschurei, an die Nordgrenzen Indiens und über Persien in Richtung Golf. Auch lehnten liberale Kräfte in Großbritannien das zaristische Russland als antidemokratische Autokratie ab. Ähnlich wie große Teile der russischen Führung, welche die konstitutionelle Monarchie Großbritanniens verachteten und letztlich zu diesem Zeitpunkt eine antibritische Haltung innehatte. Dieser Gegensatz schien sich zu verhärten, als Japan 1904 gegen Russland in den Krieg zog und diesen, für viele Zeitgenossen überraschend, bis Mitte 1905 für sich entscheiden konnte. Eine Annäherung Russlands und Englands schien daher zu diesem Zeitpunkt wesentlich unwahrscheinlicher, als eine Annäherung Russlands an das ebenfalls streng monarchisch ausgerichtete Deutsche Reich[114].

Was den ebenfalls angenommenen, unüberwindbaren Gegensatz Englands und Frankreichs anging, wurden die deutschen Diplomaten hingegen sehr bald eines besseren belehrt. England war in großer Sorge um die Aufrechterhaltung seiner Weltmacht. Hugh Oakley Arnold-Forster, Staatssekretär im englischen Kriegsministerium beschrieb die prekäre englische Situation zu Beginn des 20. Jahrhunderts ziemlich treffend:

> *„Our people are weary of war. Russia an enemy, Germany an enemy, France an enemy by Treaty if not by conviction, and the USA looking out for a profit from other people´s failures."*[115].

Aus diesem Grund musste das höchste Ziel Englands sein, die „Splendid Isolation" zu beenden. Nicht nur die inoffizielle Entente mit den USA, sondern auch eine Annäherung an Frankreich sollten daher zukünftige Konflikte Englands mit den anderen Großmächten vermeiden. Zudem konnte man sich über die Verbesserung der englisch-französischen Beziehungen auch eine Annäherung an den französischen Bündnispartner – Russland – erhoffen[116].

---

[114] Ebd., S. 491f.

[115] Zit. bei Monger, G. W., The End of Isolation: British Foreign Policy 1900-1907, London (u.a.) 1963, S. 151.

[116] Neitzel, S., Kriegsausbruch: Deutschlands Weg in die Katastrophe 1900-1914, Zürich 2002., S. 76f.

Die diplomatischen Bedingungen hatten sich bis zum Anfang des 20. Jahrhunderts also gravierend verändert. Zwar musste man in Berlin längst noch nicht von einer unmittelbaren diplomatischen Bedrohung oder völligen Umkehr der Bündnisse ausgehen, doch gestaltete sich die Lage längst nicht mehr so günstig, wie dies noch vor 1892 im Rahmen der bismarckschen Außenpolitik der Fall war. Dem kam hinzu, dass Italien seit der Jahrhundertwende immer weniger als echter Bündnispartner betrachtet werden konnte. Von den Franzosen umworben und gelockt durch Zugeständnisse bei der Expansion in Nordafrika, sah man in Rom mit Wohlwollen, wie sich die beiden Seemächte England und Frankreich annäherten. Dies konnte für den mediterranen Halbinselstaat mit seinen langen Küsten und Empfindlichkeit gegenüber maritimen Aktivitäten nicht gleichgültig sein und so drohte der italienische Partner immer mehr, seine eigenen Interessen höher zu bewerten als die des Dreibundes. Letzten Endes bestärkte auch die zunehmende Konkurrenz zwischen Italien und Österreich-Ungarn auf dem Balkan die nachhaltige Aufweichung der Achse Berlin – Wien – Rom[117].

Die Entstehung der Triple Entente

Um den Ausbruch des Ersten Weltkrieges verstehen zu können ist es unerlässlich, die im vorigen Kapitel kurz angerissenen Veränderungen des europäischen Bündnissystems, vor allem aber die Tragweite dieses Wandels darzustellen. Im ersten Schritt soll daher auf die Veränderungen in der Zeitspanne zwischen 1892 und 1907, also dem Entstehen der sogenannten „Triple Entente" eingegangen werden, um dann im zweiten Schritt näher auf den Zeitraum zwischen 1907-1914, der Zeit der Verfestigung der Machtblöcke und Zunahme der Gegensätze innerhalb dieser einzugehen.

Die Entstehung des russisch-französischen Militärbündnisses

Als im Jahr 1890 der 1887 geschlossene Rückversicherungsvertrag zwischen dem Deutschen Reich und Russland nicht verlängert wurde, hatte Russland im Gegensatz zum mitteleuropäischen Machtblock des Dreibundes keinen Verbündeten mehr. Die Folge war, dass es sich dem diplomatisch isolierten Frankreich annäherte und das bis dahin geltende Credo der bismarckschen

---

[117] Gutsche, W.; Klein, F. (u.a.), Der Erste Weltkrieg: Ursachen und Verlauf. Herrschende Politik und Antikriegsbewegung in Deutschland, Köln 1985, S. 17.

Außenpolitik, das Deutsche Reich nicht zwei Fronten auszusetzen, unterlaufen wurde[118]. Seit 1890 kam es zu ernsthaften Bündnisverhandlungen zwischen Frankreich und Russland, die in einer gemeinsamen Militärkonvention vom 17. August 1892 mündeten und beinhalteten, sich gemeinsam gegen Angriffe aus dem Dreibund zu wehren. Diese Konvention wurde durch den formellen Abschluss des Bündnisses am 4. Januar 1894 verfestigt[119].

Grundsätzlich diente dieses Bündnis nicht nur dazu, die diplomatische Isolation der beiden Länder zu durchbrechen, sondern beinhaltete durchaus auch expansionistische Bestrebungen. Ohne dies explizit zu erwähnen oder gar einen Angriffspakt zu schmieden, gab es dennoch auf beiden Seiten Wünsche nach territorialen Veränderungen in Europa. In Frankreich war das Streben nach Rückgewinnung des 1871 verlorenen Elsass-Lothringens und linksrheinischen Gebietsgewinnen stark ausgeprägt. In Russland hingegen gab es das Begehren, an den Meerengen zwischen Mittelmeer und Schwarzem Meer Fuß zu fassen, österreichische Gebiete des geteilten Polens zu annektieren und den Machtbereich auf dem Balkan auch auf Bulgarien auszudehnen[120].

Zwar war der Vertrag strikt defensiv ausgerichtet, doch hatte der Vertragstext selbst einen folgenschweren Passus. In ihm wurde festgelegt, dass sobald in einem der Dreibundländer auch nur teil mobilgemacht würde, beide Vertragspartner ebenfalls mobilisieren müssten. Es gab keine Einschränkung, ob die Teilmobilmachung in Berlin, Rom oder Wien gegen Frankreich und Russland oder gegen eine völlig andere Nation gerichtet war, geschweige denn, ob sie provoziert oder unprovoziert ausgelöst würde. Eine Mobilmachung in Frankreich oder Russland, von der man dann bei den Mittelmächten davon ausgehen müsste, dass sie feindselig sei, würde eine Kettenreaktion von gegnerischen Aktionen und Reaktionen auslösen. Im Ernstfall verpflichtete diese Abmachung also Frankreich und Russland auch wider Willen einen europäischen Krieg mit dem Dreibund zu provozieren. Im Falle der durch die Teilmobilmachung Österreich-Ungarns gegen Serbien 1914 und der darauf

---

[118] Linke, H. G., Rußlands Weg in den Ersten Weltkrieg und seine Kriegsziele 1914-1917, in: Michalka, W. (Hrsg.), Der Erste Weltkrieg: Wirkung – Wahrnehmung – Analyse: Im Auftrag des Militärgeschichtlichen Forschungsamtes, München (u.a.) 1994, S. 54-94., S. 55f., 58.

[119] Massie, R., Schalen des Zorns, S. 345.

[120] Kennan, G. F:, Die schicksalhafte Allianz: Frankreich und Rußland am Vorabend des Ersten Weltkrieges, Köln 1990, S. 333f.

folgenden russischen Mobilmachung ausgelösten Kettenreaktion Ende Juli/Anfang August 1914, sollte sich zeigen, wie verhängnisvoll eine derartige Abmachung sein konnte[121].

Der zunächst defensive, aber im Wortlaut durchaus verhängnisvolle Bündnisvertrag zwischen Frankreich und Russland sollte, auch wenn dies nicht von vornherein klar war, den Grundstein für die letztlich fatale Blockbildung in Europa darstellen. Denn während der Jahre 1904 und 1907 entwickelte sich durch das Hinzutreten Englands auf Seiten Frankreichs und Russlands ein System zweier mächtiger, sich zunehmend feindlich gegenüber stehender Föderationen in Europa.

Der Abschluss der Entente England – Frankreich

Wie bereits erwähnt, stellte der Bündnisvertrag zwischen Paris und St. Petersburg eine grundlegende Machtverschiebung in Europa dar. Alle großen kontinentaleuropäischen Mächte waren seit 1894 in ein Bündnissystem integriert. Nur Großbritannien stand um die Jahrhundertwende ohne echten Bündnispartner da. Das war mit Sicherheit kein neuartiger Zustand der auf Abstand und Unabhängigkeit zu Kontinentaleuropa ausgerichteten englischen Politik. Dennoch wurde im Angesicht der expansionistischen Bestrebungen aller großen Mächte rund um den Globus der Ruf nach Beendigung der „Splendid Isolation" in England immer lauter. Um den weltweit verstreuten und schwer zu verteidigenden kolonialen Besitz gegenüber den imperialistischen Großmächten behaupten zu können, schien es unerlässlich, sich hierfür neue Partner zu suchen.

Aus diesem Grunde versuchte man zunächst mit derjenigen Großmacht in Verhandlungen einzutreten, mit der man noch am wenigsten koloniale Streitigkeiten hatte, dem Deutschen Reich. Doch scheiterten die Bündnisverhandlungen der Jahre 1898 und 1900/1901 an beidseitig zu hohen Vorbedingungen[122]. In den folgenden Jahren näherte sich England daraufhin den USA und Japan, den zwei außereuropäischen Großmächten, durch Verträge und im Falle Japans sogar durch den Abschluss eines Bündnisses an. Der Prozess der Entspannungspolitik wurde dann 1902 durch den Beginn von Gesprächen über

---

[121] Kennan, G. F:, Die schicksalhafte Allianz, S. 335f.
[122] Dülffer, J., Der Weg in den Weltkrieg, S. 239; ebenso Massie, R., Schalen des Zorns, S. 349.

einen kolonialen Ausgleich mit Frankreich fortgesetzt und nach knapp zweijährigen Verhandlungen am 7. April 1904 die „Entente Cordiale" geschlossen. Dies war zwar noch längst kein militärisches Bündnis beider Staaten. Es handelte sich zunächst um ein Abkommen, das durch die Regelung von kolonialen Streitigkeiten in Nordafrika für eine signifikante Entspannung und Verbesserung der bilateralen Beziehungen sorgte. Betrachtet man aber die folgenden Jahre, so wird klar, dass vor allem in Frankreich der Gedanke vorherrschte, dieses Abkommen Schritt für Schritt zu einem echten Bündnis auszubauen, während man sich in England vorerst noch alle Optionen auf zukünftige Absprachen mit den anderen europäischen Mächten versuchte offen zu halten. Im Angesicht der immer expansionistischer und aggressiver auftretenden deutschen Außenpolitik spätestens seit der Jahrhundertwende musste aber klar sein, in Richtung welches Bündnisses sich die Briten letztlich orientieren würden[123].

Das Ziel, England auf seine Seite zu ziehen, verfolgte man in Frankreich bereits seit der Jahrhundertwende. Das Abkommen von 1904, in dem festgelegt wurde, dass die Engländer den Franzosen freies Handeln in Marokko gewähren und andersherum den Engländern seitens Frankreich deren Interessenssphäre in Ägypten und dem Sudan anerkannt wurde, legte hierfür den Grundstein. Wenngleich die „Entente Cordiale" zunächst nicht deutschfeindlich ausgerichtet war, so musste sie die deutsche Außenpolitik zumindest überraschen. Bis dato hatte man es nicht für möglich gehalten, dass sich Engländer und Franzosen in wichtigen kolonialen Fragen einigen könnten. Doch spätestens seit dem Abschluss der Entente zwischen England und Frankreich war klar, dass sich die Bündnissysteme gegen das Deutsche Reich gewendet hatten. Zwar war, wie bereits erwähnt, die „Entente Cordiale" mit keinem Wort gegen die Deutschen gerichtet, nach wie vor handelte es sich lediglich um einen Interessenausgleich zwischen Paris und London, doch wurde die berechtigte Hoffnung, aus dem im Februar 1904 ausgebrochenen Krieg zwischen Japan und Russland als lachender Dritter hervor zu gehen, enttäuscht. Dort schien es noch so, als ob sich die Blöcke Großbritannien-Japan und Russland-Frankreich unversöhnlich gegenüber stünden. In Berlin hatte man sich daher erhofft, für die Parteinahme auf einer Seite, wichtige außenpolitische Zugeständnisse erhalten zu können.

---

[123] Gutsche, W.; Klein, F. (u.a.), Der Erste Weltkrieg, S. 16; ebenso Massie, R., Schalen des Zorns, S. 349-352.

Diese Hoffnung musste man durch das Zustandekommen des englisch-französischen Abkommens begraben. Schlimmer noch: Nun sah man sich im Deutschen Reich einer durchaus bedrohlich wirkenden, außenpolitischen Entwicklung entgegen, nämlich dass sich die drei Großmächte, wenn auch vorerst noch indirekt, in einem Bündnissystem zu vereinigen drohten. Eine daraufhin gestartete ernsthafte Annäherung an Russland musste deshalb schon allein daran scheitern, dass im Zarenreich niemand ernsthaft den lebenswichtigen Geldgeber und Bündnispartner in Frankreich verärgern wollte[124].

Die diplomatische Großwetterlage für das Deutsche Reich hatte sich 1904 also signifikant verschlechtert. Ein Prozess, der sich nach der Ersten Marokkokrise fortsetzen sollte. Durch die Provokation und das Streben nach Weltgeltung auf Kosten anderer Großmächte, wie im Fall Marokkos 1905/06[125], wurden antideutsche Stimmungen in England, Frankreich und Russland verstärkt. Das deutsche Streben nach Weltmacht, so die vorherrschende Meinung, musste eingeschränkt werden. Nicht zuletzt aus diesem Grunde, suchte England unter dem 1905 im Amt angetretenen Außenminister Sir Eduard Grey seit 1906 zusehends auch den Ausgleich mit dem Zarenreich[126]. In einem Memorandum hob er die Vorzüge einer Triple Entente hervor und zeigte sogleich, in welche Richtung und unter welchen Prämissen sich die Bündnisse Europas aus englischer Sicht entwickeln sollten: *„An entente between Russia, France and ourselves would be absolutely secure. If it is necessary to check Germany it could then be done"*[127].

Das Zustandekommen der Entente England – Russland

Was Grey kurz nach Amtsantritt in seinem Memorandum auf den Punkt brachte, sollte nicht allzu lang auf sich warten lassen. Ganz im Sinne englischer Politik der Bewahrung[128] des eigenen Weltreichs und seiner Territorien suchte England

---

[124] Dülffer, J., Der Weg in den Weltkrieg, S. 236; ebenso Neitzel, S., Kriegsausbruch, S. 78f., 83.

[125] nähere Erläuterungen hierzu, siehe Kapitel „Die Erste Marokkokrise 1905/06".

[126] Neitzel, S., Kriegsausbruch, S.90f.

[127] Memorandum Sir Edward Greys, in: Gooch, G. P.; Temperley, H. (Hrsg.), British Documents on the Origins of the War, 1898-1914, 11 Bde., London 1926, Bd. 3, S. 267.

[128] Im Gegensatz zum viktorianischen Zeitalter des 19. Jahrhundert, als das britische Weltreich weltweit expandierte.

auch mit Russland zunächst den kolonialen Ausgleich und den Abbau der englisch-russischen Spannungen, die sich noch während des russisch-japanischen Krieges nicht von der Hand weisen ließen. Trotz aller Gegensätze, verschiedener Interessen und Regierungssysteme erstrebte die neue britische Außenpolitik zunächst unter Lord Lansdowne, später dann unter Sir Edward Grey eine Annäherung an das Zarenreich. Der Versuch eines Interessenausgleichs der beiden Großmächte stieß vor allem beim russischen Außenminister Iswolski – seit Mai 1906 im Amt – auf positive Resonanz[129].

Nach monatelangen Verhandlungen einigte man sich auf einen ähnlichen Vertrag, wie die Entente zwischen England und Frankreich und so wurde am 31. August 1907 die Entente zwischen England und Russland unterzeichnet. De jure handelte es sich auch hierbei nicht um ein Bündnis, nicht einmal militärische Klauseln wie „Krieg", „Aggression" oder „Verteidigung" kamen darin vor. Es handelte sich auch hier zunächst lediglich um die Absteckung von kolonialen Interessenssphären, mit der Absicht künftig Konflikte zu vermeiden und die bilateralen Beziehungen zu verbessern. In wichtigen Streitpunkten im Nahen Osten und Zentralasien konnten dahingehend Einigungen und Absprachen erzielt werden: So wurden Tibet und Afghanistan als Pufferzonen zwischen den russischen und den englischen Territorien bestätigt. Russland akzeptierte zudem, dass Afghanistan außerhalb des russischen Einflussbereichs lag. Neben ökonomischen Absprachen in Zentralasien wurde auch das Persische Reich in russische und britische Einflusszonen aufgeteilt und ebenfalls mit einer Pufferzone versehen, um Grenzkonflikte zu vermeiden. Seitens Englands wurde Russland die Öffnung der Dardanellen zugesagt.

Den Diplomaten in England gelang es durch die Entente nicht nur sich an Russland anzunähern und die bilateralen Beziehungen spürbar zu verbessern. Durch die diplomatische Absicherung der kolonialen Grenzen gegenüber St. Petersburg konnte Grey das Abkommen im Parlament zusätzlich als Chance darstellen, die hohen Verteidigungsausgaben beispielsweise an der nordindischen Grenze durch die Bannung der Gefahr einer russischen Invasion zu verringern[130].

---

[129] Massie, R., Schalen des Zorns, S. 493f.

[130] Gutsche, W.; Klein, F. (u.a.), Der Erste Weltkrieg, S. 16; ebenso Massie, R., Schalen des Zorns, S. 496f., 499.

Die im August 1907 abgeschlossene gemeinsame Asienkonvention zwischen Briten und Russen hatte weitreichende Konsequenzen. Sie bildete den Grundstein für die Erweiterung der Entente Cordiale zur Triple Entente der europäischen Großmächte England, Frankreich und Russland. Zwar war das Abkommen von 1907 längst noch kein Bündnis gegen das Deutsche Reich, denn in Russland dachte man vorerst nicht an die Möglichkeit eines Militärabkommens mit den Engländern, doch sollte die Entwicklung und vor allem die Krisendiplomatie der folgenden Jahre zeigen, dass Russland Bestandteil einer sich immer deutschfeindlicher abzeichnenden Koalition werden würde[131]. Die britisch-russische Übereinkunft wurde in Berlin offiziell akzeptiert. Gleichwohl musste man erschrocken zusehen, wie die Prämissen, auf denen die deutsche Außenpolitik der letzten Jahrzehnte fundierte, nicht mehr zutrafen. Der englisch-französische und der englisch-russische Interessenausgleich 1904 und 1907 zeigten, dass die für unüberbrückbar gehaltene Rivalität der drei Großmächte doch hatte überwunden werden können. Auch wenn die Lage mit Hinweis darauf, dass es sich lediglich um koloniale Absprachen handelte in Berlin zunächst schön geredet wurde, kam man nicht umhin sich einzugestehen, dass diese Abkommen, sollten sie sich in den nächsten Jahren vertiefen und erweitert werden, das Deutsche Reich und den Dreibund sehr viel stärker tangierten, als man offiziell zu erkennen gab. Auch der Kaiser und hochrangige Diplomaten erkannten, dass spätestens seit 1907 eine diplomatische Isolation befürchtet werden musste[132]. Im Angesicht der sich dramatisch verschlechternden außenpolitischen Situation des Reichs versuchte man deshalb die Verfestigung der Triple Entente durch eigene Bemühungen zu verhindern. Vor allem Theobald von Bethmann Hollweg – seit 1909 Reichskanzler – unternahm in dieser Hinsicht große Anstrengungen[133]. Letzten Endes konnte aber die Grundkonstellation der diplomatischen Isolation der Mittelmächte nicht mehr durchbrochen werden[134].

---

[131] Bestuschew, I. W., Die russische Außenpolitik von Februar bis Juni 1914, in: Laqueur, W.; Mosse, G.L. (Hrsg.), Kriegsausbruch 1914., München 1967, S. 127-151, S. 128f.; ebenso Stevenson, D., 1914-1918: Der Erste Weltkrieg, Düsseldorf 2006, S. 33.

[132] Massie, R., Schalen des Zorns, S. 497.

[133] So gab es auch in den folgenden Jahren Kontakte und Abkommen beispielsweise mit Russland über die Bagdadbahn und russische Ansprüche in Persien 1910/11. Vgl. Neitzel, S., Kriegsausbruch, S. 91f., 139.

[134] Stevenson, D., 1914-1918, S. 33.

Die Polarisierung des Bündnissystems und die Verfestigung der Machtblöcke

Die Brisanz der Erweiterung des französisch-russischen Bündnisses von 1894 durch das de facto Hinzutreten Englands war der deutschen Führung bereits sehr früh klar. Das höchste Ziel der deutschen Außenpolitik war es daher, diesen Ring der *„Einkreisung"*[135] zu sprengen. Doch vermochten es weder der Kanzler noch hochrangige Außenminister und der Kaiser, die zunehmende Konstituierung der Triple Entente zu verhindern. Im Gegenteil: Durch das teilweise brüske, allzu geltungsbedürftige Auftreten der deutschen Außenpolitik, vor allem während der internationalen Krisen vor 1914[136], wurde der Zusammenhalt der Entente-Mächte letztlich nur gestärkt. Das Vorhaben, das als feindlich angesehene Bündnissystem durch prestigeträchtige außenpolitische Erfolge auf Kosten der drei anderen europäischen Großmächte auseinander zu manövrieren, brachte keinen Erfolg[137]. Während die außenpolitische Isolation der Mittelmächte in den Jahren zwischen 1908 und 1914 nicht mehr durchbrochen werden konnte, zeichneten sich innerhalb der Entente-Mächte weitere teilweise folgenschwere Absprachen ab, die im folgenden kurz erläutert werden sollen.

Die Vertiefung der englisch-französischen Beziehungen

Das Verhältnis zwischen England und dem Deutschen Reich wurde seit der Jahrhundertwende von der deutschen Flottenaufrüstung[138], die maßgeblich auf Alfred von Tirpitz – Staatssekretär im Reichsmarineamt – zurückging, signifikant belastet. Nicht zuletzt aus diesem Grunde scheiterten die Versuche Bethmann Hollwegs, sich England ernsthaft anzunähern[139].

---

[135] Vor allem Kaiser Wilhelm II. sprach im Zusammenhang der sich konstituierenden Triple Entente wiederholt von einer „Einkreisungspolitik". Vgl. Lepsius, J.; Mendelsohn-Barthody A. (Hrsg.), Schlussbemerkung Wilhelms II. an v. Bülow, 9.10.1907, in: Große Politik der Europäischen Kabinette 1871-1914. Sammlung der Diplomatischen Akten des Auswärtigen Amtes, im Auftrage des Auswärtigen Amtes, 40 Bde., Berlin 1922-1927, Bd. 25/1, Nr 8538, 48.

[136] Nähere Erläuterungen hierzu, siehe Kapitel 2.4. „Die internationale Krisen vor 1914".

[137] Neitzel, S., Kriegsausbruch, S. 113f.

[138] Nähere Erläuterungen hierzu, siehe Kapitel „Das Wettrüsten zur See".

[139] Neitzel, S., Kriegsausbruch, S. 114, 117-119.

Um der drohenden Gefahr einer deutschen Hochseeflotte zu begegnen, vereinbarten England und Frankreich die maritime Zusammenarbeit. Die französische Marine sollte von nun an das Mittelmeer kontrollierten, während sich die Royal Navy auf die Heimatgewässer, also auch die Nordküste Frankreichs, konzentrieren sollte. Das Zusammenziehen der Hauptflotte rund um die britischen Inseln zerstörte nicht nur Tirpitz´ Vision einer maritimen Ebenbürtigkeit. Die Marinekonvention an sich bedeutete auch eine weitere Entwicklung englisch-französischer Zusammenarbeit[140], die noch im selben Jahr weiter vertieft wurde. In einem Briefwechsel zwischen Außenminister Grey und dem französischen Botschafter in London – Paul Cambon – wurden erste Absprachen über Art und Umfang des Einsatzes eines britischen Expeditionskorps im Falle eines deutsch-französischen Krieges getroffen[141].

Das Verhältnis zwischen England und Frankreich hatte 1904 begonnen, sich durch den Abschluss der Entente Cordiale grundsätzlich zu verändern. Auf der Grundlage des kolonialen Ausgleichs hatte man die Basis für eine weitreichende Verbesserung der Beziehungen entwickelt. Diese sollten sich in den folgenden Jahren und vor allem während der internationalen Krisen vor 1914 bewähren und mündeten sowohl durch die Marinekonvention von 1912, als auch durch die erstmals getroffenen militärische Absprachen, wenn auch nicht in ein formelles Bündnis, so aber mindestens in eine ausgeprägte beidseitige Zusammenarbeit. Auch ist durch diese Entwicklung eine gewisse Abhängigkeit entstanden und so konnte man unter diesen Umständen nicht mehr ernsthaft davon ausgehen, dass eines der beiden Länder sich – zumindest im Falle eines unprovozierten Angriffs – aus einem kommenden militärischen Konflikt heraushalten könnte[142].

Die Außenpolitik Frankreichs und Russlands vor dem Ersten Weltkrieg

Während sich die englisch-französischen Beziehungen erst ab 1902 durch den Beginn der Verhandlungen über den Abschluss der Entente zu verbessern begannen, konnte man im französisch-russischen Verhältnis bereits auf ein Jahrzehnt der Zusammenarbeit zurückblicken. Das 1892 geschlossene Defensiv-

---

[140] Ebd., S. 119f.

[141] Schöllgen, G., Das Zeitalter des Imperialismus (= Oldenbourg Grundriss der Geschichte 15), 3. Aufl., München 1994, S. 82.

[142] Erdmann, K. D., Hat Deutschland auch den Ersten Weltkrieg entfesselt? Kontroversen zur Politik der Mächte im Juli 1914, in: Erdmann, K. D.; Z., E. (Hrsg.), Politik und Geschichte Europa 1914: Krieg oder Frieden, Kiel 1985, S. 19-51, S. 33.

bündnis, das bereits 1894 zum formellen Bündnis erweitert wurde, diente hierfür als Grundlage. Beiden Mächten war es dadurch gelungen, die Gefahr eines Angriffs durch den Dreibund zumindest zu relativieren. 1899 wurde dieses Bündnis durch den Zusatz erweitert, die Allianz nicht nur auf die Verteidigung gegen Angriffe auszurichten, sondern auch, dass diese dem Zwecke der Aufrechterhaltung des Gleichgewichts in Europa dienen sollte. Bei entsprechender Interpretation zeigte sich also, dass man den Verteidigungspakt durchaus auch offensiv auslegen konnte und wollte[143].

Während der nächsten Jahre bis zum Ausbruch des Ersten Weltkrieges wurde die jeweilige Bündnistreue nicht ernsthaft angezweifelt. Dies geschah schon allein deshalb, weil man ohne den jeweiligen Partner im Angesicht des übermächtig wirkenden Deutschen Reichs in einem Konflikt ohne realistische Chancen gewesen wäre. Auch mochte und konnte man zudem in St. Petersburg nicht auf die umfassenden finanziellen Hilfen aus Paris verzichten[144].

Die enge Zusammenarbeit wurde durch die am 16. Juni 1912 abgeschlossene Militärkonvention vertieft. Diese ersetzte die ursprüngliche Marinekonvention des Jahres 1892. In der neuen Abmachung wurde nun ein gemeinsames Vorgehen der Flotten im Falle eines Krieges, bei dem die Allianz den Einsatz von Landstreitkräften voraussetzte, abgesprochen[145].

Da führende Persönlichkeiten in St. Petersburg bereits Ende 1913/Anfang 1914 davon ausgingen, dass es über kurz oder lang zu einem europäischen Krieg kommen würde[146], war das Ziel der russischen Außenpolitik nicht, diesen Krieg

---

[143] Ebd., S. 24.

[144] Dülffer, J., Der Weg in den Weltkrieg, S. 236; ebenso Erdmann, K. D., Hat Deutschland auch den Ersten Weltkrieg entfesselt?, S. 28.

[145] Schöllgen, G., Zeitalter des Imperialismus S. 82.

[146] Nicht zuletzt Außenminister Sasonov und führende Zirkel gingen davon aus, dass es spätestens mit dem erwarteten Zusammenbruch der Türkei zu großen, kriegerischen Auseinandersetzungen mit dem Deutschen Reich und Österreich-Ungarn kommen würde. Diese Auseinandersetzungen, so die Überzeugung der russischen Außenpolitik, würden dann in einem europäischen Konflikt ausgetragen werden. Sasonovs Haltung wurde vor allem von den ultrarechten, wie beispielsweise Innenminister Durnovo heftig kritisiert. Die Annäherung an Großbritannien und ein Krieg mit dem Deutschen Reich barg seiner Meinung nach nur Nachteile. Denn würde man den Krieg verlieren, drohe das Land wie 1905 durch eine Revolution umgewälzt zu werden. Würde man hingegen gewinnen, wäre man nicht ausreichend vor der entstehenden Anarchie im Deutschen Reich geschützt, welche, so seine Meinung, auf Russland übergreifen müsse. Zudem befürchtete Durnovo, dass man in

mit allen diplomatischen Mitteln zu verhindern, sondern die eigene Stellung in diesem Konflikt zu verbessern. Da später auch die Kriegsschuldproblematik angerissen wird, ist diese Grundhaltung Russlands, die in Frankreich durchaus geteilt wurde zu berücksichtigen[147]. Die Grundpfeiler der russischen Außenpolitik waren in den Jahren vor 1914 daher klar umrissen. Noch vorhandene Differenzen mit Frankreich sollten beigelegt, ein Bündnis mit England anvisiert, Serbien und Montenegro gegen Österreich verbündet und die pro-österreichische Regierung in Bulgarien durch eine pro-russische ersetzt werden. Zudem sollte eine Verständigung mit Rumänien erfolgen und der deutsche Einfluss auf die Türkei eingeschränkt werden. Ein Krieg sollte im Idealfall nicht vor 1916/1917 beginnen[148].

Dass diese Ziele ernsthaft verfolgt wurden, zeigt das Vorgehen der russischen Diplomaten seit Anfang 1914. Noch vorhandene Streitfragen mit Frankreich im Nahen Osten wurden durch Kompromisse größtenteils beigelegt. Um weitere Abmachungen und Absprachen für den Fall eines Krieges zu treffen wurde zudem der Staatsbesuch des französischen Präsidenten Poincaré in St. Petersburg im Juli vereinbart und auch mit England begann man die Sondierung geheimer Flottengespräche. Außenminister Sasonov hielt dies für eine wichtige Maßnahme, die Briten Schritt für Schritt in das Bündnis mit den Franzosen zu integrieren. Es sei aber erwähnt, dass sich London hierbei noch zögernd verhielt und bis zum Kriegsausbruch keine festen Zusagen getroffen wurden[149]. Obgleich es seit Frühjahr 1914 zu Flottenverhandlungen[150] zwischen London und St. Petersburg kam, befanden sich diese nicht in einem fortgeschrittenen Stadium und wurden zudem von Außenminister Grey vehement dementiert. Dennoch wusste man im Deutschen Reich darüber Bescheid[151]. Von dem anvisierten formellen Bündnis mit England waren die Russen zu diesem Zeitpunkt also

---

Abhängigkeit zu den Ländern gerate, welche die nötigen Kriegskredite während dem Krieg finanzieren müssten. Vgl. Bestuschew, I. W., Die russische Außenpolitik von Februar bis Juni 1914, S. 144f.; ebenso Linke, H. G., Rußlands Weg in den Ersten Weltkrieg, S. 61.

[147] Linke, H. G., Rußlands Weg in den Ersten Weltkrieg, S. 60f.

[148] Bestuschew, I. W., Die russische Außenpolitik von Februar bis Juni 1914, S. 145.

[149] Ebd., S. 145-147.

[150] Gutsche, W.; Klein, F. (u.a.), Der Erste Weltkrieg, S. 28.

[151] Erdmann, K. D., Hat Deutschland auch den Ersten Weltkrieg entfesselt?, S. 33; ebenso Gutsche, W.; Klein, F. (u.a.), Der erste Weltkrieg, S. 22.

noch weit entfernt. Dennoch konnten die Engländer nicht unabhängig von russischen Interessen handeln, da sie bereits faktisch in gegenseitiger Abhängigkeit zu deren Bündnispartner Frankreich standen[152].

Einen größeren Rückschlag musste die russische Außenpolitik allerdings auf dem Balkan hinnehmen. Trotz intensiver Bemühungen und weitreichender territorialer Versprechungen gelang es den russischen Diplomaten nicht, ähnlich wie 1912 einen Balkanbund – bestehend aus Serbien, Bulgarien, Rumänien und Griechenland[153] – zu schmieden, der sich im Falle eines europäischen Krieges gegen den Dreibund wenden sollte. Auch die Beziehungen zur Türkei konnten nicht entscheidend verbessert werden. Der spätere Kriegseintritt der Türken auf Seiten der Mittelmächte machte dies deutlich[154].

Die Theorie der „Einkreisung" des Deutschen Reichs

Im Zusammenhang mit den dargestellten Absprachen und der zunehmenden Zusammenarbeit innerhalb der Entente-Mächte, wurde durch die deutsche Führung und die Öffentlichkeit das Gespenst der „Einkreisung" Deutschlands durch das feindlich gesinnte Ausland kreiert. Im Nachhinein kann man mit Sicherheit sagen, dass es seitens der Triple Entente bis 1914 keinen Plan eines offensiv geführten Krieg gegen den Dreibund gegeben hat. Dennoch lässt sich aus der Sicht der deutschen Führung in Anbetracht der gezeigten militärischen Absprachen sowohl zwischen Frankreich und England, als auch zwischen Frankreich und Russland im Jahr 1912 die Befürchtung einer Umzingelung Deutschlands zumindest nachvollziehen. Hinzu kam, dass die deutsche Außenpolitik aufgrund ihrer elementarer Fehler während der internationalen Krisen vor 1914 nicht in der Lage war, effektiv gegen die sich verdichtenden militärischen Absprachen vorzugehen. Die bekannt gewordenen geheimen Flottenverhandlungen Englands und Russlands in der ersten Hälfte des Jahres 1914 schienen den lapidaren Satz Kaiser Wilhelms, den er in einer Bemerkung

---

[152] Bestuschew, I. W., Die russische Außenpolitik von Februar bis Juni 1914, S. 149f.; ebenso Linke, H. G., Rußlands Weg in den Ersten Weltkrieg, S. 63.

[153] Erdmann, K. D., Hat Deutschland auch den Ersten Weltkrieg entfesselt?, S. 29.

[154] Bestuschew, I. W., Die russische Außenpolitik von Februar bis Juni 1914, S. 149f.; ebenso Erdmann, K. D., Hat Deutschland auch den Ersten Weltkrieg entfesselt?, S. 28 und Gutsche, W.; Klein, F. (u.a.), Der Erste Weltkrieg, S. 22.

1907 an von Bülow niederschrieb, nämlich, dass *„die Einkreisungspolitik ihren ruhigen, unveränderlichen Gang"*[155] nehme, zu bestätigen. Dennoch war bis 1914 ein Angriffskrieg seitens einer der Entente-Mächte nie ernsthaft geplant[156].

Entspannungsversuche

Betrachtet man die Diplomatie der Großmächte in den Jahren vor dem Ersten Weltkrieg, speziell die Zeitspanne nach der Zweiten Marokkokrise (1911 bis 1914)[157], so ist festzuhalten, dass sich die Großmächte nicht in einer Einbahnstraße befanden, an deren Ende der Krieg stehen musste. Nach 1911 lässt sich im Allgemeinen ein wenn auch nur sehr zaghafter Beginn einer Entspannungspolitik der Großmächte beobachten, der sich bis kurz vor die Julikrise fortsetze. Als man während der Krise 1911 am Rande eines großen Krieges stand, zeigte sich in aller Deutlichkeit, dass die Bündnisse der europäischen Mächte die Welt nur scheinbar sicherer machten und große Risiken bargen. Man begann zumindest teilweise die Entspannung der internationalen Beziehungen stärker zu fokussieren[158].

Als im Jahr 1912/1913 im Zuge der Balkankriege[159] erneut die Diplomatie der Großmächte herausgefordert wurde, zeigte sich, dass man mit einem gemeinsamen Vorgehen erfolgreich sein konnte. Die friedliche Beilegung der Krise war nicht zuletzt darauf zurückzuführen, dass englische und deutsche Diplomaten auf der einberufenen Londoner Botschafterkonferenz gut miteinander kooperierten und gemeinsam mäßigend auf die Streitparteien einwirken konnten. Auch nach 1913 präsentierte sich die deutsche Außenpolitik kooperativer und gezügelter als in den Jahren zuvor sodass sich das deutsch-englische Verhältnis zu bessern begann. Man erreichte Kompromisse und

---

[155] Lepsius, J.; Mendelsohn-Barthody A. (Hrsg.), Schlussbemerkung Wilhelms II. an v. Bülow, 9.10.1907, in: Große Politik der Europäischen Kabinette 1871-1914. Sammlung der Diplomatischen Akten des Auswärtigen Amtes, im Auftrage des Auswärtigen Amtes, 40 Bde., Berlin 1922-1927, Bd. 25/1, Nr 8538, 48.

[156] Erdmann, K. D., Hat Deutschland auch den Ersten Weltkrieg entfesselt?, S. 33f.

[157] Für eine nähere Beschreibung der Zweiten Marokkokrise, siehe Kapitel „Die Zweite Marokkokrise".

[158] Kießling, F., Gegen den „großen Krieg"?: Entspannung in den internationalen Beziehungen 1911-1914, München 2002, S. 317f.

[159] Für die Darstellung der Balkankriege 1912/1913, siehe Kapitel „Die Balkankriege 1912/1913".

Abkommen beispielsweise beim Umgang mit portugiesischen Kolonien in Afrika im Falle ihrer Verpfändung, sowie noch im Juni 1914 die Regelung der Frage um die Bagdadbahn[160]. Auch die anderen Großmächte versuchten ihre Gegensätze teilweise zu verringern. Die Motive hierfür waren freilich unterschiedlich: Während man im Deutschen Reich hauptsächlich versuchte, die Stellung im Mächtesystem zu verbessern, ging es den Diplomaten in Wien darum mehr Handlungsspielraum auf dem Balkan zu erhalten. Eine Verbesserung der Beziehungen zu Russland und England war hierfür unerlässlich. In England hingegen versprach man sich von einer Annäherung an den Dreibund künftige Konflikte durch vorige Absprachen verhindern, abmildern oder, wie auf der Londoner Botschafterkonferenz durch kooperatives Agieren, beilegen zu können[161].

Letzten Endes war den Entspannungsversuchen dennoch kein langfristiger Erfolg vergönnt. In der kurzen Zeit der diplomatischen Erholung konnten die über Jahre hinweg angestauten Spannungen auf keiner Seite nachhaltig abgebaut werden. Sobald nämlich ureigene Interessen der Großmächte aufeinander stießen, dies sollte sich bereits im Juli 1914 zeigen, war das außenpolitische Zusammenarbeiten der Großmächte überfordert. Vor allem das hoffnungsvolle und friedensichernde Zusammenwirken Londons und Berlins auf der Botschafterkonferenz 1912 wurde nicht wiederholt. Zu dünn waren die frisch geknüpften Freundschaftsbänder der beiden Großmächte und zu stark schwelte beispielsweise noch der Konflikt um die Flottenaufrüstung[162].

Ökonomische und technische Veränderungen bis zum Beginn des 20. Jahrhunderts

Nachdem nun die Wandlung der europäischen Bündnisse bis 1914 gezeigt wurde, soll an dieser Stelle kurz auf den wirtschaftlichen und technischen Kontext, in dem sich die Nationen des frühen 20. Jahrhunderts befanden, eingegangen werden. Dies ist insofern wichtig, weil der Erste Weltkrieg als der erste totale[163] Krieg gilt, der durch neue Entwicklungen im militärischen Bereich

---

[160] Erdmann, K. D., Hat Deutschland auch den Ersten Weltkrieg entfesselt?, S. 32; ebenso Schöllgen, G., Zeitalter des Imperialismus S. 80-82.

[161] Kießling, F., Gegen den „großen Krieg"?, S. 318.

[162] Neitzel, S., Kriegsausbruch, S.137-141; ebenso Schöllgen, G., Zeitalter des Imperialismus S. 80-82.

[163] „Total" ist in dem Sinne eine neue Eigenschaft des Krieges, weil bei den

die schreckliche Möglichkeit offenbarte, in kurzer Zeit hunderttausende Menschenleben auszulöschen. Da der Krieg nicht aus heiterem Himmel über die Nationen hereinbrach, sondern seine Ursachen in den Jahren, wenn nicht sogar Jahrzehnten vor 1914 hatte, werden daher in diesem Teil der Arbeit die wichtigsten ökonomischen und technischen Veränderungen dargestellt, denen alle Großmächte unterlagen und letztlich auch Einfluss auf deren Denken und Handeln hatten.

Betrachtet man die Weltwirtschaft seit 1880, so kann man beobachten, dass diese sich in den dann folgenden Jahrzehnten grundlegend veränderte. War 1880 Großbritannien noch in fast allen Sektoren der Weltwirtschaft führend, gefolgt von den USA und dem Deutschen Reich sowie – mit großem Abstand folgend – von Frankreich, Russland, Italien und Österreich-Ungarn, so änderte sich dies in den folgenden Jahren. Untersucht man beispielhaft die Stahlproduktion als wichtigsten Indikator militärischer und wirtschaftlicher Stärke zu dieser Zeit, so lassen sich bis zum Jahr 1913 folgende Verschiebungen feststellen: Die USA hatten eine jährliche Stahlproduktion von 31,8 Mio. Tonnen erreicht und das Deutsche Reich produzierte immerhin 17,6 Mio. Tonnen jährlich, während Großbritannien lediglich 7,7, Russland 4,8, Frankreich 4,6, Österreich-Ungarn 2,6, Italien 0,93 und Japan 0,25 Mio. Tonnen Stahl pro Jahr produzierten.

Die USA war also zur wirtschaftlichen Weltmacht aufgestiegen, während Großbritannien, weit abgeschlagen auf den dritten Platz hinter das Deutschen Reich zurückfiel. Dieses konnte sich zu Recht selbstbewusst als Gewinner der seit 1894 boomenden Weltwirtschaft betrachten. Die anderen Staaten blieben im Vergleich zu den führenden Nationen zurück und so ist es nicht verwunderlich, dass das mittlerweile ökonomisch und demographisch durchaus potente Reich versuchte, diese Tatsache auch in der realen Politik umzusetzen[164].

Die rasante wirtschaftliche Entwicklung in den Vorkriegsjahren führte auch zu einer neuen Qualität der Abhängigkeit der Großmächte untereinander, obgleich diese wegen fehlender verpflichtender Absprachen – für viele auch im Nachhinein überraschend – kein Garant für den europäischen Frieden

---

kriegsteilnehmenden Nationen, alle Bereiche des öffentlichen Lebens und der Bevölkerung, seien es die Medien, die Wirtschaft, die Produktion oder die Politik, zu größten Teilen über Jahre hinweg fast ausschließlich auf die Kriegsführung ausgerichtet wurden.

[164] Dülffer, J., Der Weg in den Weltkrieg, S. 234f.

darstellte[165]. Auch innerhalb der Abhängigkeiten der Großmächte gab es Verschiebungen. War beispielsweise bis 1887 das Deutsche Reich durch Außenhandel und Direktinvestitionen noch der Hauptfinanzier des Zarenreichs, so wurde das Kaiserreich nach und nach von Frankreich wegen dessen signifikant steigenden finanziellen Beteiligungen abgelöst. Dies bereitete nicht zuletzt auch die politische Annäherung der beiden Großmächte seit 1890 vor. Auch die Briten zeichneten 1905 erstmals russische Anleihen[166].

Den großen wirtschaftlichen Veränderungen der Hochindustrialisierung kamen auch weitreichende technische Neuerungen in dieser Zeit hinzu. Die Erfindung der Dampfmaschine und der Eisenbahn, von Hinterlader, Zielfernrohren, Schnellfeuergewehren, hochexplosiven Geschossen und Granaten, neuen Sprengstoffen, Torpedos, Minen und Unterseebooten bedeuteten für die moderne Kriegsführung eine fast komplette Umwälzung alles vorher Gekannten[167]. Die mit der Industrialisierung einhergehende bessere Versorgung der Bevölkerung mit Lebensmitteln führte zudem in den sich industrialisierenden Ländern zu einem enormen Bevölkerungszuwachs. So gab es auch in Friedenszeiten große stehende Heere, die in kürzester Zeit in der Lage waren, mobilisiert und in Bewegung gesetzt zu werden. Waren bisher Kriege im 18. und in Teilen des 19. Jahrhunderts normalerweise auf die jeweiligen Staatsheere beschränkt und in der Regel kurz („Kabinettskriege")[168], bedeuteten die Neuerungen im militärischen Sektor, dass große Kriege von nun an total und wahrscheinlich nur unter

---

[165] Stevenson, D., 1914-1918, S. 15f.

[166] Dülffer, J., Der Weg in den Weltkrieg, S. 236.

[167] Stevenson, D., 1914-1918, S. 15, 18f., 21.

[168] Für diese kurzen, nur auf die jeweiligen Heere beschränkten Kriege, die vor allem das 18. Jahrhundert – aber auch noch große Teile des19. Jahrhunderts bestimmten – setzte sich der Begriff des „Kabinettskrieges" durch. Es handelt sich hierbei um einen meist durch die Kabinette der großen Nationen beschlossenen Krieges zur Ausfechtung zwischenstaatlicher Differenzen. Man reduzierte die Kriege auf das nötigste, also auf die militärische Auseinandersetzung und versuchte, anders als beispielsweise noch im Dreißigjährigen Krieg, die Bevölkerung von den Kriegshandlungen größtenteils fern zu halten. Oft traten auch, ganz im Sinne europäischer Konvenienzpolitik, bereits zu Kriegsbeginn internationale Friedenskongresse zusammen. Beispiele für klassische Kabinettskriege wären der polnische Thronfolgekrieg 1733-1735/38, die Schlesischen Kriege zwischen 1740-1763, aber auch der deutsch-französische Krieg 1870/71.

massiver Einbeziehung von Zivilbevölkerung und Material ausgefochten werden konnten[169]. Eine Einsicht, die sich allerdings nicht von vornherein bei den Entscheidungsträgern der Nationen durchsetzen konnte.

Imperialismus und Nationalismus um die Jahrhundertwende

Der weltweite Anstieg der Wirtschaftskraft der Großmächte wäre ohne den seit 1881 noch einmal verstärkt einsetzenden Imperialismus nicht denkbar gewesen. Mit der Errichtung des französischen Protektorats in Tunesien und der englischen Landnahme in Ägypten begann mit dem Rennen der großen Mächte um den afrikanischen Kontinent („scramble for africa") seit 1880 eine letzte hochimperialistische Welle. Die Motive des Imperialismus waren zum einen der steigende Rohstoffbedarf der sich in der Industrialisierung befindenden Heimatländer und zum anderen die Suche nach neuen Absatzmärkten und Siedlungsraum für die teilweise schnell wachsende einheimische Bevölkerung. Auch die Missionierung der neuen Gebiete, sowie die Verbreitung heimatlicher Kultur und Weltanschauung dürften als Motive bei der Kolonialisierung eine Rolle gespielt haben[170].

Nun war Imperialismus an sich nichts Neues. Hatten doch bis dahin europäische Mächte, allen voran England und Frankreich, rund um den Globus zum Teil sehr große Kolonialreiche errichtet. Doch der Imperialismus seit 1880 unterschied sich in einigen Punkten von dem der vorigen Jahrhunderte. Zum einen spielten nun auch außereuropäische Großmächte eine Rolle, zu nennen sind hier vor allem die USA und Japan. Und zum anderen trat in Europa das Deutsche Reich überall dort, wo es etwas zu verteilen gab und man meinte, Ansprüche anmelden zu können auf den Plan, während sich die alten Kolonialmächte England und Frankreich hauptsächlich daran orientierten ihren Besitz zu verteidigen und weitere europäische Kolonialreiche zu verhindern. Ehemalige Kolonialmächte wie Spanien, Portugal oder die Niederlande nahmen nicht mehr aktiv am imperialistischen Rennen teil[171].

---

[169] Kennan, G. F:, Die schicksalhafte Allianz, S. 341.

[170] Schöllgen, G., Zeitalter des Imperialismus S. 2.

[171] Dülffer, J., Der Weg in den Weltkrieg, S. 238f.; ebenso Massie, R., Schalen des Zorns, S. 493f. und Schöllgen, G., Zeitalter des Imperialismus S. 3.

Auch die Geschwindigkeit der Expansion unterlag einer spürbaren Steigerung. Durch die Erfindung der Dampfschifffahrt, des Funktelegraphen, der Nahrungsmittelkonservierung und der möglich gewordenen Malariavorbeugung taten sich ungeahnte Möglichkeiten der raschen kolonialen Ausdehnung auf. Hatten die europäischen Staaten zwischen 1800 und 1878 knapp 17 Mio. qm in Übersee erworben, kamen bis 1914, also in der Hälfte der Zeit, noch einmal fast 22,5 Mio. qm hinzu[172]. Der Imperialismus führte zunächst zu Konflikten zwischen England und Frankreich, welche aber bis auf wenige Ausnahmen friedlich geregelt werden konnten[173]. Seit der Jahrhundertwende trat dann zunehmend das deutsche Streben nach Weltgeltung und einem *„Platz an der Sonne"*[174] hinzu und mündete zu Beginn des 20. Jahrhunderts in zahlreichen Konflikten und internationalen Krisen. Das wirtschaftlich boomende und vor Selbstbewusstsein strotzende Deutsche Reich wollte den ökonomischen und militärischen Bedeutungszuwachs durch außenpolitischen Prestigegewinn vervollständigen. Durch einen erfolgreichen Imperialismus wollte man als Weltmacht anerkannt werden. Da aber letztlich nur noch wenige Gebiete zu verteilen waren[175], versuchte die deutsche Führung durch ein umso aggressiveres (rhetorisches) Auftreten und unter mangelnder Beachtung der internationalen Solidarität, ihre scheinbar berechtigten Interessen durchzusetzen. Dies trug entscheidend dazu bei, dass das Kaiserreich international zunehmend einer negativen Einschätzung unterlag und war nicht zuletzt auch Grund dafür, dass sich das Reich in den Jahren bis 1914 außenpolitisch fast gänzlich isolierte[176].

Betrachtet man den ökonomischen Nutzen der kolonialen Expansion selbst, so wurde dieser von den damaligen Nationen wohl zu hoch eingeschätzt. Obwohl bei den expandierenden Nationen der Gedanke vorherrschte, dass die koloniale Ausdehnung notwendig sei, um neue Finanzmärkte und Handelsschauplätze zu erschließen, um so die Staatsfinanzen aufzubessern, entwickelten sich die

---

[172] Dülffer, J., Der Weg in den Weltkrieg, S. 234.

[173] Ebd., S. 236.

[174] Zit. bei Ebd., S. 238.

[175] Es handelte sich hierbei hauptsächlich um Gebiete in Persien, China und im sich scheinbar im Zerfall befindenden Osmanischen Reich. Auch in Nordafrika, speziell in Marokko, gab es noch Landmasse zu verteilen.

[176] Dülffer, J., Der Weg in den Weltkrieg, S. 238f.; ebenso Schöllgen, G., Zeitalter des Imperialismus S. 3.

Kolonien nicht zu den wichtigsten Einnahmequellen. Zwischen 1909 und 1913 fand annähernd zwei Drittel des gesamten Welthandels zwischen den wichtigsten Großmächten Europas statt. Erst dann folgte der Handel mit überseeischen Gebieten oder ehemaligen Kolonien[177]. Auch im territorialen Ergebnis blieb die letzte imperialistische Welle unvollständig. Zwar war der Anteil europäischer Mächte durch (ehemalige) Kolonien im 19. Jahrhundert von 35% auf 84,4% gestiegen und auch die noch verbliebenen nicht-europäischen Gebiete in China dem Osmanischen Reich und Persien waren bereits in Einflusssphären aufgeteilt[178]. Doch gelang trotz expansiver Politik aller europäischen Großmächte keine Aufteilung der Welt untereinander. Dies hatte mehrere Gründe: Zum einen duldeten die USA keine erneute Ausdehnung europäischer Staaten in Süd- oder Mittelamerika und zum anderen konnten sich sowohl China, als auch die Türkei bis 1911 innenpolitisch stabilisieren. Schließlich blieb auch der „scramble for Africa" ebenfalls unvollendet[179].

Als letztes Ergebnis des Imperialismus ist der fast schon in symbiotischem Verhältnis zu ihm stehende Nationalismus zu nennen. Dieser lässt sich wiederum nur durch die seit der 1860er/70er Jahren aufkommenden Tendenz zur Parlamentarisierung und Demokratisierung in seiner Wirkung erklären. Seit dieser Zeit entwickelten sich bei fast allen Großmächten, wenn auch nicht überall mit gleicher Machtfülle ausgestattet, nationale Parlamente und demokratische Institutionen. Es zeigte sich, dass die Meinung der Öffentlichkeit zunehmend essentiell wurde. Die imperialistischen Ansprüche der Großmächte verstärkten den Prozess des sich bald über fast alle Bevölkerungsschichten und Parlamente ausbreitenden Nationalismus. Ein Prozess, dem sich auch Staaten mit nicht oder wenig ausgeprägten demokratischen Institutionen nicht entziehen konnten[180]. Da die Führungsschichten der großen Nationen zunehmend dem öffentlichen Druck ausgesetzt waren, musste man auf die ebenfalls mit der Industrialisierung stärker aufkommenden sozialen Spannungen[181] reagieren. Je

---

[177] Dülffer, J., Der Weg in den Weltkrieg, S. 236.

[178] Stevenson, D., 1914-1918, S. 16, 34.

[179] Dülffer, J., Der Weg in den Weltkrieg, S. 236.

[180] Kennan, G. F:, Die schicksalhafte Allianz, S. 342f.

[181] In fast allen europäischen Großmächten entwickelten sich immer einflussreicher werdende Arbeiterbewegungen und Gewerkschaften, die sich zunehmend gegen die alten Führungsschichten und das neue Bürgertum auflehnten und letztlich trotz wirtschaftlichem

stärker diese wurden, desto mehr versuchte man durch die Befriedigung nationalistischer Wünsche und Rhetorik, diese durch eine erfolgreiche Außenpolitik abzuleiten[182]. Welche Folgen der Nationalismus mit sich zog, zeigte sich beispielsweise im Streben Serbiens nach einem alle Slawen umfassenden Nationalstaat. Der 28. Juni 1914, das Datum des Attentats serbischer Nationalisten auf den österreichischen Thronfolger Franz Ferdinand, war nur der Gipfel eines jahrelangen nationalistisch aufgeheizten Streits zwischen Österreich-Ungarn und Serbien[183]. Unterstützt wurden die nationalistischen Umtriebe durch die sich immer stärker ausprägende und entwickelnde sozialdarwinistische Lehre, sowohl innerhalb der Führungsschichten als auch im Bürgertum. Nach dieser Lehre befänden sich alle Nationen in einem andauernden Kampf untereinander und nur diejenige Nation, die stetig voranschreite, würde sich am Ende behaupten können. Die anderen Nationen, also diejenigen, die sich nicht imperialistisch ausdehnten, müssten früher oder später untergehen[184]. Der Sozialdarwinismus fügte sich letzten Endes in die sich Anfang des 20. Jahrhunderts entwickelnde totalitäre Auffassung des Krieges. Ein potentieller Gegner musste dieser Auffassung nach nicht nur besiegt, sondern nach Möglichkeit auch komplett niedergerungen werden[185]. In den Worten Bernhard von Bülows – zwischen 1900 und 1909 Reichskanzler – auf den Punkt gebracht, müsste die Maxime eines jeden Staates daher sein, nicht „*Amboß*", sondern „*Hammer*" zu sein[186].

Das Wettrüsten der Großmächte

Das teilweise aggressive Streben der großen Mächte nach Einfluss und Prestige seit den 1880er Jahren führte einen gefährlichen Nebeneffekt mit sich: Das militärische Wettrüsten. Denn um als Großmacht respektiert zu werden, bedurfte es der Anerkennung durch die anderen Staaten. Diesen Status erlangte man in der Regel jedoch nur durch wirtschaftliche und militärische Potenz. Dies war

---

Aufschwung die sozialen Spannungen nicht abgebaut werden konnten. Vgl. Berghahn, V., Sarajewo, 28. Juni 1914: Der Untergang des alten Europa, München 1997, S. 92-100.

[182] Schöllgen, G., Zeitalter des Imperialismus S. 4f.

[183] Erdmann, K. D., Hat Deutschland auch den Ersten Weltkrieg entfesselt?, S. 29.

[184] Dülffer, J., Der Weg in den Weltkrieg, S. 234.

[185] Kennan, G. F:, Die schicksalhafte Allianz, S. 343.

[186] Zit. bei Dülffer, J., Der Weg in den Weltkrieg, S. 234.

einer der Gründe, weshalb während der Zeit des Imperialismus seit 1880 die Aufrüstung in den Fokus der Regierungen rücken musste. Zwar bedingte die territoriale Expansion nicht unbedingt ein Wettrüsten. Je mehr Nationen sich allerdings um internationales Prestige rangelten, desto größer war die Gefahr durch die Erhöhung der militärischen Potenz sich zumindest einen Verhandlungsvorteil gegenüber den anderen Staaten zu verschaffen. Da eine einseitige Aufrüstung gemeinhin nicht unbeantwortet blieb und das Deutsche Reich seit den 1890er Jahren sukzessive begann, zur See rüsten, kam es spätestens seit 1905 zum maritimen Wettrüsten zwischen dem Deutschen Reich und der damals unangefochtenen Seemacht England. Dieses wurde zwar ab 1912 de facto und für das Deutsche Reich unbefriedigend beendet, ging allerdings fast nahtlos in ein Wettrüsten zu Lande über, an dem sich dann alle kontinentaleuropäischen Großmächte beteiligten[187].

Das Wettrüsten zur See

Um ein diplomatisches Druckmittel gegenüber England zu erhalten beschloss man in Berlin, eines von Kaiser Wilhelm II. Lieblingsprojekten, nämlich die maritime Aufrüstung, umzusetzen. Diese fand zunächst im geheimen statt, um andere Seefahrernationen nicht auf den Plan zu rufen[188]. Mit der Billigung der Flottengesetze von 1898 und 1900 durch den deutschen Reichstag begann Alfred von Tirpitz eine Flotte von Schlachtschiffen mit kurzer Reichweite bauen zu lassen. Das Ziel war zunächst nicht gegen England zu kämpfen, sondern vorerst nur die Nordsee besser kontrollieren zu können. Man hoffte sogar mit England ein Abkommen über die beidseitige Aufrüstung zur See schließen zu können[189].

Doch die erhoffte Wirkung der Seerüstung, nämlich Verhandlungen mit den Briten, blieb aus. Im Gegenteil: Die deutsche Aufrüstung rief in Großbritannien ein Bewusstsein maritimer Bedrohung durch das Deutsche Reich hervor. Eine derartige Gefährdung des britischen Weltreichs durfte, so die vorherrschende Meinung, nicht hingenommen werden. Dass die deutsche Flotte als Bedrohung aufgefasst wurde, zeigt sich an dem Vorschlag des Ersten Sealords Admiral Sir

---

[187] Ebd., S. 235.

[188] Berghahn, V., Wettrüsten und Kriegsgefahr, in: Böhme, H.; Kallenberg, F. (Hrsg.), Deutschland und der Erste Weltkrieg: Ringvorlesung an der Technischen Hochschule Darmstadt im Wintersemester 1984/85, Darmstadt 1987, S. 75-93, S. 80.

[189] Stevenson, D., 1914-1918, S. 31f.

John Fisher, der bereits 1904 riet, *„to Copenhagen the growing german fleet before it became too strong"*[190]. Da ein solcher Schritt wohl allein schon wegen der zu erwartenden internationalen Reaktionen zu radikal gewesen wäre, blieb aus englischer Sicht als einzig passende Antwort nur die eigene maritime Aufrüstung übrig[191].

Die Reaktion Englands fiel dann auch dementsprechend eindeutig aus. Im Jahr 1906 wurde mit der „HMS Dreadnought" ein neuer Typ Kriegsschiff vom Stapel gelassen, der den alten Kampfschiffen qualitativ weit überlegen war. Mit dem sogenannten „Dreadnought-Sprung" sollte den Großmächten, allen voran dem Deutschen Reich, klar gemacht werden, wer auf dem Gebiet der Seefahrt führend war. Die Stärke zur See, das war allen klar, würde sich in Zukunft an der Anzahl der Schiffe der Klasse „Dreadnought" messen. Das einzige Land, das bereits 1906 wenigstens annähernd im Bau der neuen Schlachtschiffe mithalten konnte, war das deutsche Kaiserreich[192]. Warnungen aus England ignorierend, nahm Tirpitz mittels eines neuen Flottengesetzes noch im selben Jahr das Wettrüsten zur See an. Durch ein weiteres Gesetz legte er 1908 fest, dass jedes Jahr vier neue Großkampfschiffe gebaut werden sollten. Die Antwort hierauf ließ nicht lange auf sich warten. Das englische Parlament beschloss im Winter 1908/09 jährlich acht neue Schlachtschiffe bauen zu lassen, um den Abstand zu wahren[193]. Obgleich die deutsche Stahlproduktion der britischen überlegen war[194], waren die deutschen Werften sowohl in der Zahl als auch in ihrer Ausrüstung den englischen unterlegen. Schon sehr bald sollte sich daher herausstellen, dass die deutschen Werften insgesamt langsamer und nur in geringerer Stückzahl als die Konkurrenz in England produzieren konnten.

---

[190] Anspielung auf britischen Präventivschlag gegen die dänische Flotte in Kopenhagen 1807, bei dem diese komplett vernichtet wurde. Zit. bei Marder, A. J., From the Dreadnought to Scapa Flow: The Royal Navy in the Fisher Era (1904-1919), Bd.1: The Road to War 1904-1914, London 1961, S.112.

[191] Berghahn, V., Wettrüsten und Kriegsgefahr, S. 81; ebenso Neitzel, S., Kriegsausbruch, S. 81.

[192] Neitzel, S., Kriegsausbruch, S. 114f.

[193] Stevenson, D., 1914-1918, S. 32f.

[194] Dülffer, J., Der Weg in den Weltkrieg, S. 234f.

Deshalb wurde bis 1912 das Bautempo auch wegen der horrend steigenden Herstellungskosten und dem wachsenden Widerstand der SPD im Reichstag endgültig gedrosselt. Der Rüstungswettkampf zur See war damit verloren[195].

Die Folgen des verlorenen Wettrüstens waren für die deutsche Führung ernüchternd. Im Angesicht der deutschen Bedrohung zur See schlossen sich Engländer und Franzosen 1912 im Rahmen ihrer Marinekonvention noch enger zusammen. In ihr war geregelt, dass sich die englische Flotte auf die Heimatgewässer, also den Atlantik und daher auch auf große Teile der französischen Küsten und die französische Flotte sich auf das Mittelmeer konzentrieren sollte. Das Abkommen, das zwar explizit kein Bündnis war und den Engländern Handlungsfreiheit im Falle eines Krieges der Franzosen zusicherte, markierte einen weiteren Schritt englischer und französischer Zusammenarbeit, die nun auch militärische Absprachen beinhaltete[196]. Nach den gescheiterten Verhandlungen um ein deutsch-englisches Bündnis 1898 und 1901 und dem erfolglosen Bemühen während der Ersten Marokkokrise einen Keil zwischen London und Paris zu treiben, stellte das verlorene Wettrüsten einen weiteren Tiefpunkt der deutsch-englischen Beziehungen dar[197].

Großbritannien konnte hingegen gestärkt aus dem Rüstungswettlauf hervorgehen. Zwar war die Produktion der neuen Schlachtschiffe in dieser Größenordnung immens teuer, doch konnte man zufrieden feststellen, dass mit der Annäherung an Frankreich und Russland 1904 und 1907 und mit der Modernisierung und Aufrüstung der Royal Navy, die überwältigende Vorherrschaft des Deutschen Reichs egalisiert und die „Balance of Power" auf dem Kontinent wiederhergestellt werden konnte[198]. Obgleich das Wettrüsten zur See für das Deutsche Reich spätestens 1909 de facto verloren war, verkaufte man noch bis 1912 die immer immenser werdenden Rüstungskosten und die damit verbundenen Belastungen für die Wirtschaft und die Steuerzahler als

---

[195] Berghahn, V., Wettrüsten und Kriegsgefahr, S. 81f.; ebenso Neitzel, S., Kriegsausbruch, S. 114-117.

[196] Erdmann, K. D., Hat Deutschland auch den Ersten Weltkrieg entfesselt?, S. 33; ebenso Neitzel, S., Kriegsausbruch, S. 119f.

[197] Stevenson, D., 1914-1918, S. 31-33.

[198] Massie, R., Schalen des Zorns, S. 497f.

angeblich notwendige Verteidigungsmaßnahmen gegen das Ausland. Die Rüstung zur See zwar ab 1912 gedrosselt, doch verschob sich das Wettrüsten lediglich von der See auf das Land[199].

Das Wettrüsten zu Lande

Ab 1912/1913 beschloss die deutsche Führung das maritime Wettrüsten zu beenden und dafür das zwischen 1905 und 1911 nicht mehr nachgerüstete Heer zu erweitern. Auch in Frankreich, Russland und Österreich-Ungarn wurden seit 1912 Heeresgesetze zur Aufrüstung der Landstreitkräfte verabschiedet. Waren vor 1911 hauptsächlich das Deutsche Reich und England die Akteure der Wettrüstung, so verschob sich der Schwerpunkt nun auf die kontinentaleuropäischen Großmächte[200]. Bereits 1912 passierte die erste Heeresvorlage den Reichstag, der zufolge das deutsche Heer um 29.000 Mann verstärkt werden sollte. Auch in Österreich-Ungarn wurde eine Aufrüstung von 380.000 auf 470.000 Mann beschlossen. Das Zarenreich plante eine Erhöhung der Landstreitkräfte von 1.200.000 auf 1.400.000 Soldaten. Als Reaktion hierauf wurde in Berlin beschlossen durch eine effektivere Umsetzung der Wehrpflicht weitere 300.000 Soldaten dem deutschen Heer zuzuführen. Um nicht ins Hintertreffen zu geraten, wurde in Frankreich nur kurze Zeit später die noch 1905 abgeschaffte dreijährige Wehrpflicht im Jahr 1913 wiedereingeführt. Dadurch konnte das französische Heer bis Kriegsausbruch durch die effektivere Umsetzung der Einberufung auf 844.000 Mann gebracht werden, während das deutsche Heer, trotz zahlenmäßig weitaus größerer Bevölkerung, nur unbedeutend mehr Soldaten ins Feld führte.

Ähnlich wie beim Wettrüsten zur See musste dieses Ergebnis für die deutsche Heeresleitung ernüchternd wirken. Sollte zudem die Anfang 1914 verabschiedete und durch französische finanzielle Unterstützung gedeckte russische Nachrüstung des Heeres von 1.400.000 auf dann über 1.800.000 Mann erwartungsgemäß bis 1916/1917 abgeschlossen sein, würde man trotz eigener Aufrüstung einem zahlenmäßig weit überlegenen Feind gegenüberstehen. Ein Zwei-Fronten Krieg, der nach dem Schlieffen-Plan auf einer nur schleppend voranschreitenden russischen Mobilmachung beruhte, konnte dann nicht mehr zu gewinnen sein. Spätestens jetzt setzte sich daher in der Heeresleitung der

---

[199] Berghahn, V., Wettrüsten und Kriegsgefahr, S. 81f.
[200] Stevenson, D., 1914-1918, S. 35f.

Mittelmächte die folgenschwere Auffassung durch, den als nicht vermeidbar betrachteten Krieg der europäischen Staaten, lieber früher, zu einem noch weniger ungünstigen Moment zu führen, als später, wenn er nicht mehr zu gewinnen sei[201].

Die internationale Krisen vor 1914

Der kurz skizzierte aufkommende Nationalismus und Imperialismus seit 1880 hatte vor allem negative Auswirkungen auf die internationalen Beziehungen, insbesondere der des Deutschen Reichs. Dieses versuchte immer stärker und vehementer seine angeblich berechtigten Interessen und Ansprüche in kolonialen Angelegenheiten auf Kosten anderer Großmächte durchzusetzen, was wiederum Gegenreaktionen provozierte. Dies führte dazu, dass sich zunehmend auch kleine Streitigkeiten zu großen Konflikten ausdehnten. Konnten bis 1905 größere internationale Konflikte meist noch mit friedlichen Mitteln verhindert werden, gestaltete sich die Lage durch das immer forscher und geltungssüchtiger auftretende Deutsche Reich im Rahmen der internationalen Angelegenheiten immer schwieriger[202]. Als beispielsweise 1905 ein Streit um das Vorgehen der Franzosen in Marokko entbrannte, sah man in Berlin die Chance gekommen, endlich einen prestigeträchtigen außenpolitischen Erfolg erreichen zu können.

Die Erste Marokkokrise 1905/06

Im Jahr 1905 wurde das Vorhaben Frankreichs bekannt, Marokko in sein Kolonialreich einzugliedern. Durch bilaterale Verhandlungen mit Italien, Spanien, England und Russland hatten sich die Franzosen zunächst die internationale Anerkennung ihrer Interessenssphäre in Marokko und dessen geplanter sukzessiver Eingliederung ins französische Kolonialreich abgesichert.

Allerdings versuchte das Deutsche Reich in der Marokkofrage zu intervenieren und mittels einer internationalen Konferenz der französischen Expansionspolitik prestigeträchtig einen Riegel vorzuschieben. Zudem sollte der internationale Druck auf den deutschfeindlichen französischen Außenminister Delcassé erhöht und dieser zum Rücktritt gezwungen werden. Das Vorhaben der Deutschen konzentrierte sich daher hauptsächlich auf die einberufene internationale

---

[201] Erdmann, K. D., Hat Deutschland auch den Ersten Weltkrieg entfesselt?, S. 25, 28; ebenso Neitzel, S., Kriegsausbruch, S. 152.

[202] Neitzel, S., Kriegsausbruch, S. 78, 81.

Konferenz. Hier, so hoffte man, würden auch bei den Engländern alte koloniale Rivalitäten mit den Franzosen wieder aufbrechen und die erst junge Entente Cordiale von 1904 wieder auseinanderbrechen. Insgesamt sollte also der französischen Politik eine klare Absage erteilt werden[203].

Die Krise um Marokko spitzte sich dann Anfang 1905 zu, so dass in der Öffentlichkeit und der Presse in zunehmendem Maße bereits ein deutsch-französischer Krieg thematisiert wurde. Durch den in Japan gebundenen russischen Bündnispartner war die französische Position allerdings geschwächt und ließ einen Krieg mit dem Deutschen Reich aus deren Sicht nicht in Frage kommen. Delcassé, der einen Konflikt mit den Deutschen nicht zu scheuen schien, wurde daher wegen seiner Politik zum Rücktritt gezwungen und die Franzosen mussten der am 16. Januar 1906 beginnenden Konferenz in Algericas zustimmen, da rein bilaterale Verhandlungen von Berlin strikt abgelehnt wurden. Um den Erfolg komplett zu machen, musste man den Franzosen die erhoffte Beute Marokko auf der Konferenz allerdings erst noch abnehmen.

Doch der erhoffte Triumph blieb aus. Bis auf Österreich-Ungarn unterstützte kein Staat die deutsche Position einer Ablehnung der schrittweisen Einverleibung Marokkos durch die Franzosen. Nicht einmal die USA, die zuvor noch klar für eine offene Politik eintraten, konnte man für die deutsche Position gewinnen. Das Ergebnis war also dürftig. Zwar blieb Marokko per Beschluss völkerrechtlich unabhängig, doch war es Frankreich möglich und erlaubt worden, durch eine teilweise Kontrolle der Polizei und des Finanzwesens das Land dennoch Schritt für Schritt faktisch zu erschließen. Die Eingliederung Marokkos in das französische Kolonialreich wurde also nicht unterbunden, sondern lediglich aufgeschoben. Die Deutschen konnten die Gunst der Stunde nicht nutzen und ihren Einfluss in Marokko ausbauen. Auch die erhoffte Auseinandermanövrierung der „Entente Cordiale" wurde nicht erreicht. Im Gegenteil: Die deutschfeindliche Stimmung wurde wegen des forschen Auftretens des Kaisers in den beteiligten Ländern verstärkt. Durch den zwischenzeitlich drohenden Krieg zwischen Frankreich und Deutschland und

---

[203] Ebd., S. 83f.

der von britischer Seite nicht hinzunehmenden weiteren Schwächung der Franzosen, kam es zudem zu ersten informellen militärischen Absprachen und Zusicherungen der beiden Entente-Mächte[204].

Die Bosnische Annexionskrise 1908/09

Nachdem die Krise um Marokko friedlich beigelegt werden konnte dauerte es nicht lange, bis die Staatengemeinschaft erneut vor eine Belastungsprobe gestellt wurde.

Im Jahr 1908 gelang den Jungtürken in Konstantinopel die Revolution. Als deren Pläne bekannt wurden, das seit 1878 militär- und verwaltungstechnisch Österreich-Ungarn, formell aber noch der Türkei angehörige Bosnien-Herzegowina, wiedereinzugliedern, beschloss der österreichische Außenminister Aehrenthal die formelle Annexion der Provinz. Das Ziel war klar: Weder die angrenzenden Balkanländer, noch die Türkei sollten Zugriff auf die österreichische Provinz bekommen[205]. Durch Vorabsprachen mit Russland, das sich nach der Niederlage gegen Japan mehr in Osteuropa denn in China engagierte[206], ging man davon aus, die Annexion weitgehend ohne Komplikationen abschließen zu können und so vollzog man diese noch im Oktober 1908.

Doch unmittelbar danach brachen unerwartet heftige internationale Proteste aus. Die Türkei anerkannte die Annexion nicht und Serbien forderte territoriale Kompensationen. Auch in Russland verfolgte man nach außen hin nun eine andere Politik. Die pro-slawische Stimmung hatte Außenminister Iswolski dazu gezwungen den Serben den Rücken zu stärken. Die Briten, die erst 1907 die Entente über den kolonialen Ausgleich mit den Russen geschlossen hatten schlossen sich, um diese nicht zu gefährden, weitestgehend der serbisch-russischen Forderung nach einer Einberufung einer internationalen Konferenz an[207]. Die unerwartet hohen Wogen, welche die Annexion nach sich zog, veranlassten den österreichischen Bündnispartner ein Exempel zu statuieren. Um nicht noch den letzten Verbündeten zu verlieren, stellten sich sowohl der

---

[204] Dülffer, J., Der Weg in den Weltkrieg, S. 239f.; ebenso Neitzel, S., Kriegsausbruch, S. 85-88, 90 und Stevenson, D., 1914-1918, S. 36.

[205] Neitzel, S., Kriegsausbruch, S. 95f.

[206] Ebd., S. 91 f.

[207] Ebd., S. 95-98.

deutsche Kanzler von Bülow, als auch Generalstabschef Moltke demonstrativ hinter den Partner in Wien. Zum ersten Mal versicherte man der Führung an der Donau zudem, dass auch dann der Bündnisfall eingetreten sei, wenn diese den Serben den Krieg erklären und Russland daraufhin gegen Österreich-Ungarn ziehen würde. Das ursprüngliche Verteidigungsbündnis von 1879 war also, das war das Novum, *offensiv* ausgelegt worden. Ein Faktum, welches sich mit all seinen erschreckenden Folgen 1914 wiederholen sollte[208].

Diplomatisch verhärteten sich die Fronten zunächst. Eine Konferenz wurde seitens Berlin und Wien entschieden abgelehnt. Lediglich ein Forum, auf dem aber die Annexion akzeptiert werden musste, konnte man sich vorstellen. Dies wiederum lehnten die anderen Großmächte ab. Da die Staaten sich unversöhnlich gegenüber standen und eine militärische Eskalation immer wahrscheinlicher wurde, wurden Ende 1908 Truppen nach Österreich verlegt und Belgrad ein Ultimatum angedroht. Im Bewusstsein der russischen Kriegsunfähigkeit seit 1905 und der zu erwartenden französischen Zurückhaltung in der Bosnienfrage, erhöhten die deutschen Diplomaten den Druck auf Russland, von der serbischen Position abzurücken. Im Anbetracht dieser Umstände musste Russland schließlich nachgeben und akzeptierte die Annexion am 24. März 1909. Daraufhin musste auch die Führung in Belgrad ihre Kompensationsforderungen aufgeben. Mit der Türkei hatte man sich bereits Ende Februar 1909 auf eine finanzielle Entschädigung verständigt[209].

Die Folgen der Krise waren sehr weitreichend. Während das Deutsche Reich und Österreich-Ungarn wieder enger miteinander verbunden waren – Reichskanzler von Bülow sprach während einer Reichstagsdebatte von der oft zitierten *„Nibelungentreue"*[210] – wurde das antideutsche Lager in Russland und Serbien gestärkt. Diplomatisch gesehen hatten die Deutschen den Russen „die Pistole auf die Brust gesetzt" (Massie) und so zum Einlenken gezwungen. Die Ereignisse hinterließen vor allem in St. Petersburg tiefe Wunden und

---

[208] Stevenson, D., 1914-1918, S. 36-38.

[209] Neitzel, S., Kriegsausbruch, S. 98-101.

[210] Zit. bei Neitzel, S., Kriegsausbruch, S. 102.

Revanchegedanken. Sollte es zu einer neuen Herausforderung durch das Deutsche Reich kommen, so war man sich einig, würde man sich diesmal seiner Verantwortung stellen[211].

Die Zweite Marokkokrise 1911

Nach der Ersten Marokkokrise 1905/06 musste das Deutsche Reich auf der Konferenz von Algericas zusehen, wie sich die Franzosen faktisch das marokkanische Territorium für ihr Kolonialreich sicherten. Um nicht noch weitere Verwerfungen mit den Franzosen zu provozieren, versuchte die neue deutsche Außenpolitik unter Reichskanzler Theobald von Bethmann Hollweg und Alfred von Kiderlen-Wächter Marokko nicht mehr als Prestigeobjekt zu betrachten. Bereits 1909 wurde daher ein Vertrag mit Paris geschlossen, der die ökonomische Gleichbehandlung der beiden Staaten in Marokko festlegte, ansonsten aber den Franzosen den uneingeschränkten Einfluss auf die Innen- und Finanzpolitik garantierte. Man hatte sich also damit abgefunden, dass sich die Franzosen in Marokko früher oder später durchsetzen und das Land eingliedern würden[212]. Dies war aus deutscher Sicht auch insofern praktisch nicht nachteilhaft, da das Land für die deutsche Wirtschaft als eher unbedeutend eingeschätzt werden musste. Zwar war es ein viel versprechendes Gebiet mit zu erwartenden reichen Rohstoffvorkommen, doch erfolgte bis dato nur 0,1% des deutschen Im- und Exports in Marokko[213].

Doch die Strategen im Außenministerium mussten schon sehr bald feststellen, dass der Verzicht auf ein Prestigeobjekt gegen eine nationalistisch gestimmte Öffentlichkeit nicht ohne weiteres vonstatten gehen konnte. Als nach reformbedingten Aufständen 1911 die Franzosen die Möglichkeit ergriffen, unter dem Vorwand der Wiederherstellung der Ordnung sich das marokkanische Gebiet einzuverleiben, sah sich die in Marokko nun eigentlich passive Außenpolitik einem enormen Druck der Öffentlichkeit ausgesetzt, doch einzugreifen. Um dem Verlangen nach Mitsprache wenigstens faktisch nachzukommen, entsandte man ein Kanonenboot nach Agadir, um zu zeigen, dass das Deutsche Reich mitzureden habe. Dennoch machte man sich keine Hoffnungen auf marokkanische Gebietsgewinne, sondern strebte nach

---

[211] Massie, R., Schalen des Zorns, S. 72f., 504f.
[212] Neitzel, S., Kriegsausbruch, S. 104f.
[213] Kießling, F., Gegen den „großen Krieg"?, S. 31.

Kompensationen im französischen Kongo. Doch die Entsendung des Kanonenboots und allzu übertriebene Forderungen ließen die diplomatischen Fronten zwischen England, Frankreich und dem Deutschen Reich sehr bald verhärten. Ein Krieg schien erneut zeitweise unausweichlich. Erst durch das Einlenken Berlins, nachdem man sich auf ein unbedeutendes Stück Land im französischen Kongo als Kompensation geeinigt hatte, wurde die Krise bis zum 3. November 1911 beigelegt. Die deutsche Öffentlichkeit war enttäuscht. Die erhofften, angeblich berechtigten Gebietsgewinne oder gar eine Aufteilung Marokkos, wurden nicht erreicht. Der dadurch geschürte Hass durch die deutsche Presse und Öffentlichkeit auf die angeblich feigen Außenpolitiker und das den Deutschen nichts gönnende Ausland wurde nachhaltig verstärkt[214].

Zudem hatte sich erneut gezeigt, dass die Deutschen zur damaligen Zeit durch ihr aggressives Auftreten, nur wenig erreichen konnten. Zwar wurde noch im Frühjahr 1906 den Deutschen das Recht zuerkannt, in Marokko Interessen zu vertreten[215], doch umgingen England und Frankreich dies 1911 und speisten die deutschen Diplomaten mit kleineren Zugeständnissen im Kongo ab[216]. Das brüske, teilweise sehr ungeschickte Auftreten der deutschen Außenpolitik führte letztlich aufs Neue dazu, dass England und Frankreich enger zusammenrückten. Zwar waren diese von einer vollwertigen Allianz noch immer entfernt, doch gab es erneut zwischen den beiden Entente-Mächten militärische Absprachen für einen eventuellen Militäreinsatz gegen das Deutsche Reich[217].

Dies offenbart auch, dass sich diese Krise in ihrer Brisanz von den anderen unterschied. Während die Erste Marokkokrise und die bosnische Annexionskrise, trotz kurzweiliger Kriegsgefahr, mehr als diplomatische Krisen betrachtet werden können, befand man sich während des Jahres 1911 faktisch schon im Vorkriegszustand. Spätestens nach der Beilegung dieser Krise musste sich jede Großmacht Gedanken darüber machen, wie sie sich auf einen großen europäischen Krieg vorbereiten müsste, aber auch wie ein solcher verhindert werden konnte. Die Zweite Marokkokrise ist nicht zuletzt deshalb für viele Historiker der Ausgangspunkt zu den Ereignissen, die später den Ersten

---

[214] Neitzel, S., Kriegsausbruch, S. 106-111.

[215] Dülffer, J., Der Weg in den Weltkrieg, S. 239f.

[216] Stevenson, D., 1914-1918, S. 37f.

[217] Neitzel, S., Kriegsausbruch, S. 112f.

Weltkrieg auslösen sollten. Die historische Interpretation der Krise und der Zeit bis 1914 reicht dabei von der gezielten Kriegsvorbereitung bis zur gezielten Entspannungspolitik[218].

Die Balkankriege 1912/13

Sollte es die zuletzt Genannte gegeben haben, so wurde sie bereits ein Jahr nach der Zweiten Marokkokrise auf die Probe gestellt. Während der zwischen März und Mai 1912 geschmiedete Balkanbund, bestehend aus Serbien, Bulgarien, Griechenland und Montenegro[219], erfolgreich gegen die europäischen Gebiete der Türkei Krieg führten, gerieten Serbien und die Doppelmonarchie Österreich-Ungarn erneut aneinander. Serbien verfolgte das Ziel sein Gebiet bis an die Adria auszudehnen, um dort den Zugang zum Meer zu erhalten. Dies widersprach ureigensten österreichischen Sicherheitsvorstellungen und Wien sah als selbst ernannte Ordnungsmacht auf dem Balkan keinen Grund, diesen Zielen Belgrads nachzugeben. Die Situation spitzte sich erneut zu, als Russland sich auf die Seite Serbiens stellte und der französische Bündnispartner klarmachte, dass man bei einem militärischen Eingreifen den „casus foederus" eingetreten sähe. Während im Deutschen Reich General Moltke und der Kaiser sich über die Außenpolitiker hinwegsetzten und die Österreicher zum militärischen Vorgehen gegen Serbien ermutigten, steuerten die gemäßigteren Kräfte, hier vor allem Bethmann Hollweg, offiziell dagegen. Gemeinsam mit gemäßigten Vertretern in London, Wien und St. Petersburg gelang es, die beteiligten Mächte davon zu überzeugen, dass wegen einer scheinbaren Lappalie nicht der Frieden Europas aufs Spiel gesetzt werden sollte. Bis Dezember 1912 glückte es den Außenministern schließlich, sich gegen die Kriegsbefürworter durchzusetzen und mittels einer Botschafterkonferenz am 17. Dezember 1912 in London und der Absage an Serbiens Expansionsplänen Richtung Adria, die Krise beizulegen[220].

Obgleich es in den folgenden Monaten und nach dem Friedensschluss im Mai 1913 immer wieder zu Auseinandersetzungen unter den Balkanstaaten und Provokationen in Richtung Österreich-Ungarn kam, konnten weitere Krisenbildungen durch das mäßigende Einwirken der Bündnispartner verhindert

---

[218] Kießling, F., Gegen den „großen Krieg"?, S. 34f.

[219] Neitzel, S., Kriegsausbruch, S. 125f.

[220] Ebd., S. 126-132.

werden. Das „*Konzert der Mächte*"[221] hatte noch einmal funktioniert – doch sollte der Friede nur von kurzer Dauer sein. Nicht nur, weil Österreich-Ungarn seinen Status als Ordnungsmacht de facto verloren hatte, sondern auch weil sich der österreichisch-serbische Gegensatz weiter verschärft hatte[222]. Bereits ein Jahr später kam es aufs Neue zum Konflikt der beiden Staaten, ohne jedoch dass das Fünf-Mächte-Konzert dann noch einmal funktionieren sollte.

Die Liman von Sanders Affäre 1913

Bevor es allerdings zur fatalen Krisensituation des Juli 1914 kam, erschütterte eine weitere Krise die internationalen Beziehungen der Mächte, in deren Folge sich die Machtblöcke erneut verfestigten. Als Ende 1913 im Zuge der Balkankriege die Frage um die Reorganisation des türkischen Heeres aufgeworfen wurde, nutzten die Deutschen ihren Einfluss in Konstantinopel. Sie entsandten General Liman von Sanders an die Meerengen, wo er den Befehl über die dortige türkische Division erhalten sollte[223]. Da dadurch der für Russlands Nahrungsim- und -exporte neuralgische Punkt, nämlich die Meerengen bei Konstantinopel, unter deutsche Kontrolle geraten wäre, entwickelte sich die Affäre zu einer ernsthaften Krise. Die deutsch-russischen Beziehungen erfuhren hierbei eine weitere Verschlechterung[224]. Zwar gab Liman von Sanders den Oberbefehl aufgrund massiver russischer Proteste wieder ab, doch bewahrte sich das Deutsche Reich durch eine Militärmission den Einfluss auf das türkische Heer.

Infolge dessen wandte sich Russland noch enger an Frankreich. Auch eine weitere Annäherung an England durch die im Frühjahr 1914 beginnenden Flottengespräche verfestigte den Machtblock der Triple Entente erneut und Bethmann Hollweg musste feststellen, dass seine favorisierte Aussöhnung mit dem Inselstaat nicht von ernsthafter Natur sein konnte[225].

---

[221] Zit. bei Stevenson, D., 1914-1918, S. 14.

[222] Neitzel, S., Kriegsausbruch, S. 134-136.

[223] Dülffer, J., Der Weg in den Weltkrieg, S. 240.

[224] Linke, H. G., Rußlands Weg in den Ersten Weltkrieg, S. 57-60, 73.

[225] Stevenson, D., 1914-1918, S. 38f.

„Je eher, desto besser" – Kriegserwartungen und Erwartungen an den Krieg

Neben den aufgezeigten Krisen und technisch-ökonomischen Veränderungen zu Beginn des 20. Jahrhunderts ist es für das Verständnis des Ersten Weltkrieges in seiner langfristigen Entstehung unerlässlich, den Umgang mit dem Thema Krieg in der Öffentlichkeit und bei den maßgebenden Persönlichkeiten genauer zu betrachten. Da der Krieg Anfang des 20. Jahrhunderts noch als ein legitimes Mittel der Politik galt, ist daher die Untersuchung, inwieweit die damals handelnden Personen einen Krieg erwarteten und der Diplomatie vorzogen, von nicht zu unterschätzender Bedeutung. Betrachtet man nämlich die bereits skizzierten internationalen Krisen vor 1914, so ist in zunehmenden Maße festzustellen, dass diese von einer immer stärker werdenden Kulisse von öffentlichen und internen Kriegsdrohungen und Kriegsszenarien begleitet wurden, die letztlich zumindest bei den Militärs des Deutschen Reichs, Österreich-Ungarns und Russlands die Überzeugung hervorriefen, dass es über kurz oder lang einen großen Krieg geben müsse. Mit diesem wurden wiederum in der Öffentlichkeit, der Politik und bei den Militärs verschiedene Hoffnungen, aber auch Befürchtungen verbunden, die zum Teil stark differierten.

Grundsätzlich ist festzuhalten, dass 1914 keine der großen Mächte einen europäischen Krieg für ausgeschlossen hielt. Bereits um die Jahrhundertwende gingen maßgebliche Militärs der Großmächte davon aus, dass ein großer europäischer Krieg früher oder später höchstwahrscheinlich, wenn nicht sogar unvermeidbar sei[226]. Diese Einschätzung war nicht zuletzt auch durch das teilweise weit verbreitete sozialdarwinistische Denken einflussreicher Zeitgenossen bestimmt. So schrieb der spätere Generalstabschef Helmut von Moltke 1913 an seinen österreichischen Kollegen Conrad von Hölzendorf, *„daß ein europäischer Krieg über kurz oder lang kommen muß"*, in dem der *„Kampf zwischen Germanentum und Slawentum"* ausgetragen werden müsse[227]. Dieses Denken, dass ein Krieg unumgänglich sei, welches sich vor allem bei den Mittelmächten immer stärker durchsetzte hatte verschiedene Ursachen, die wiederum in der Öffentlichkeit anders als bei den Militärs wirkten. Betrachtet

---

[226] Kennan, G. F:, Die schicksalhafte Allianz, S. 331; ebenso: Förster, S., Vom europäischen Krieg zum Weltkrieg, in: Hirschfeld, G; Krumeich G. (u.a.) (Hrsg.), Enzyklopädie Erster Weltkrieg, Paderborn (u.a.) 2009, S. 242-248, S. 242.

[227] V. Moltke an Conrad, 10.2.1913, in: Hölzendorf C. v., Franz Graf: Aus meiner Dienstzeit 1906-1918, 5 Bde., Wien 1922, Bd. 3: 1913 und das erste Halbjahr 1914 , S. 146f.

man nämlich das Wettrüsten der Kontinentalmächte vor 1914 und die Tatsache, dass man im Deutschen Reich und Österreich-Ungarn davon ausgehen musste spätestens mit Fertigstellung der russischen Rüstungspläne 1916/17 in einem militärischen Konflikt chancenlos zu sein, ist es nicht verwunderlich, dass die Generalstäbe einen Krieg „*je eher, desto besser*"[228] befürworteten. Die Generäle der Mittelmächte sorgten sich hauptsächlich darum, in dem für unausweichlich gehaltenen Konflikt, schlecht dastehen zu können. Der noch vorhandene militärische Vorsprung, so die Überzeugung, durfte nicht durch Zuwarten abgegeben werden. Sobald sich also eine günstige Gelegenheit bieten würde, müsse man diese auch nutzen[229]. Ein Kalkül, welches in der Öffentlichkeit verbreitet wurde[230] und aus dem sukzessive die feste Überzeugung entstand, nur durch einen Präventivkrieg die Vorteile auf die eigene Seite ziehen zu können[231]. Aus diesem Grunde verwundert es nicht, dass im Deutschen Reich bereits seit 1905 der immer wieder aktualisierte Schlieffen-Plan eines schnellen Angriffskriegs gegen Frankreich und Russland zur Ausführung bereit lag. Ähnliche Vorbereitungen gab es auch in Russland, wobei die Militärs hier noch bis 1916/17 warten wollten[232].

Während die Generäle hauptsächlich in strategischen und taktischen Dimension dachten, ging die Öffentlichkeit mit dem Thema Krieg in der Regel emotionaler um. Vor allem im Deutschen Reich lässt sich beobachten, dass bei der Kriegserwartung weniger strategische Faktoren, als vielmehr beispielsweise das Streben nach Anerkennung und Überlegenheit eine Rolle spielten. Hatte sich doch in den Krisen vor 1914 gezeigt, dass das scheinbar berechtigte Geltungsstreben des Deutschen Reichs nicht mit friedlichen Mitteln umsetzbar war. Vor allem im Bürgertum setzte sich in den folgenden Jahren, beeinflusst durch die rechte Presse, die Ansicht durch, dass der Platz, der dem Reich

---

[228] Zitat des deutschen Generalstabschefs Moltke, der dem Kaiser bereits 1912 zu verdeutlichen versuchte, dass ein Krieg, je eher er geführt werde, größere Erfolgsaussichten habe. Zit. bei Hillgruber, A., Deutschlands Rolle in der Vorgeschichte der beiden Weltkriege, 3. Aufl., Göttingen 1986, S. 43.

[229] Massie, R., Schalen des Zorns, S. 732; ebenso Stevenson, D., 1914-1918, S. 36-38.

[230] Neitzel, S., Kriegsausbruch, S. 173.

[231] Stevenson, D., 1914-1918, S. 40.

[232] Bestuschew, I. W., Die russische Außenpolitik von Februar bis Juni 1914, S. 150f.; ebenso Gutsche, W.; Klein, F. (u.a.), Der Erste Weltkrieg, S. 22.

zustehe, nur mit Gewalt durchgesetzt werden könne. So konnte sich die sozialdarwinistische Vorstellung, dass ein notwendiger Kampf um das Schicksal Deutschlands bevorstehe bei einigen Zeitgenossen nach und nach durchsetzen[233]. Wenngleich er nicht von einem nahenden Krieg überzeugt war, brachte der Publizist Hans Plehn diese Stimmung auf den Punkt, als er 1913 schrieb:

> *„Seit der Zweiten Marokkokrise ist die Stimmung nahezu Allgemeingut der deutschen Nation geworden, dass wir uns nur durch einen grossen europäischen Krieg die Freiheit zu unserer weltpolitischen Betätigung erkämpfen können"*[234].

Es sei an dieser Stelle allerdings erwähnt, dass im Verlauf der Krisen und der sich verschlechternden Beziehungen sich zwar die Vorstellung, dass ein Krieg unvermeidbar sei, immer stärker durchsetzen konnte, aber noch im Frühjahr 1914 in keinem der großen europäischen Staaten die Überzeugung vorherrschte, dass ein Krieg unmittelbar bevorstehe[235]. Im Gegenteil: Bei den Mittelmächten ging man aufgrund der Annahme, dass sowohl Frankreich als auch das Zarenreich noch kriegsunfähig seien davon aus, dass mit einem Krieg frühestens in zwei Jahren gerechnet werden müsste[236]. Auch die maßgebenden Politiker waren seit der Zweiten Marokkokrise, als ein großer Krieg möglicher denn je schien, besonders aufmerksam geworden. Niemand konnte die Folgen der neuen modernen Kriegsführung abschätzen. Bei einigen Zeitgenossen setzte sich daher die Auffassung durch, dass ein solcher Krieg auch für den Sieger weder finanziell noch politisch zu gewinnen war. Nicht zuletzt deshalb gingen viele Politiker davon aus, dass trotz aller Krisen ein derart großer Krieg, aufgrund dessen unabschätzbaren Folgen, eher unwahrscheinlicher geworden war[237] – ein fataler Fehlschluss! Die Ereignisse im Juli sollten zeigen, dass sich die maßgebenden Persönlichkeiten im Zweifelsfall gegen die menschliche Vernunft entscheiden sollten. Denn waren einmal die Konfliktparteien davon überzeugt,

---

[233] Neitzel, S., Kriegsausbruch, S. 145-147; ebenso Verhey, J., Der „Geist von 1914" und die Erfindung der Volksgemeinschaft, S. 37.

[234] Plehn, H., Deutsche Weltpolitik und kein Krieg!, Berlin 1913, S.3.

[235] Massie, R., Schalen des Zorns, S. 736.

[236] Kießling, F., Gegen den „großen Krieg"?, S. 288f., 294-296.

[237] Ebd., S. 43-47, 288.

dass eine kriegerische Auseinandersetzung nötig und reelle Siegeschancen vorhanden waren, hatten selbst die abschreckenden neuen Waffen und Abschreckungsmaßnahmen ihre Wirkung verloren[238]. Fast naiv gab man sich dem Optimismus eines kurzen, erfolgreichen Krieges hin[239], obgleich der (militär-)technische Fortschritt die erhofften raschen, wenig kostenintensiven Kriege bereits unmöglich gemacht hatte[240].

Der Schlieffen-Plan

Dennoch vertraute vor allem die militärische Führung des Deutschen Reichs auf die Durchführbarkeit eines derartigen kurzen und erfolgreichen Krieg. Die Grundlage hierfür war der so genannte Schlieffen-Plan. Der zwischen 1891 und 1906 als Chef des deutschen Generalstabs tätige Alfred von Schlieffen hatte im Angesicht der sich abzeichnenden Feindschaft zu Frankreich und Russland die militärische Vorgehensweise im Falle eines Krieges geplant. Bis zum Ausbruch des Ersten Weltkrieges sollten seine Vorgaben nur noch unwesentlich verändert werden.

Um den massiven französischen Verteidigungsstellungen an der deutsch-französischen Grenze auszuweichen, hatte er vorgeschlagen diese über das neutrale Belgien zu umgehen. Durch einen schnellen Vorstoß nach Westen sollte man Frankreich innerhalb von sechs Wochen niederringen, um dann die volle Macht der deutschen Truppen auf den im Osten nur langsam aufmarschierenden russischen Feind einzusetzen[241]. Auch der kurze, für den Angreifer erfolgreiche, russisch-japanische Krieg schien den deutschen Offizieren wie Waldersee, Schlieffen oder Moltke in ihrem offensiven Denken Recht zu geben. Obwohl der

---

[238] Stevenson, D., 1914-1918, S. 19.

[239] Führende deutsche Kriegsstrategen rechneten mit einem maximal neun bis zehn Monate dauernden, erfolgreichen Krieg. Vgl. Dülffer, J., Der Weg in den Weltkrieg, S. 240; ebenso Neitzel, S., Kriegsausbruch, S. 145.

[240] Stevenson, D., 1914-1918, S. 19

[241] Massie, R., Schalen des Zorns, S. 767, 769f.

Plan unzureichend[242] und nur unter günstigsten Bedingungen umsetzbar war, bestimmte dieser bis zuletzt das Denken der deutschen Generäle bis zum Ausbruch des Ersten Weltkrieges[243].

3. Julikrise und Kriegsausbruch 1914

Das Attentat von Sarajevo am 28. Juni 1914

Allen vorausgehenden Krisen zum Trotz, erwartete keine Großmacht Europas bis Juli 1914 ernsthaft einen großen Krieg[244]. Dass sich dies ändern sollte, lag vor allem an dem Attentat serbischer Nationalisten auf den österreichischen Thronfolger Franz Ferdinand am 28. Juni 1914. Zwar waren Attentate auf dem Balkan zu diesem Zeitpunkt nichts Neues, doch sollten vor allem dessen fatale Folgen zeigen, welch verhängnisvoller Vorfall sich am 28. Juni in Sarajevo ereignet hatte.

An jenem Tag wollte Franz Ferdinand der bosnischen Hauptstadt Sarajevo einen Besuch abstatten. Um der ansässigen Bevölkerung seine Verbundenheit und Vertrauen zu zeigen hatte er zuvor angeordnet, dass auf die sonst üblichen Truppen entlang der Wegstrecke verzichtet werden sollte[245]. Nachdem er eine Ehrengarde abgeschritten hatte, bewegte sich der sieben Autos umfassende Konvoi Richtung Rathaus. Doch entlang der Route hatten sich bereits mehrere Attentäter positioniert, die – ausgestattet mit Bomben, Faustfeuerwaffen und Giftpäckchen zur anschließenden Selbsttötung – den Thronfolger ermorden wollten. Bereits kurz nachdem der Konvoi sich in Bewegung gesetzt hatte, verfehlte die Bombe des zuerst positionierten Attentäters – Cabrinovic – den Wagen des Erzherzogs nur knapp und explodierte stattdessen vor dem nachkommenden Fahrzeug. Zwei in diesem Wagen sitzende Offiziere wurden dabei verletzt. Außer sich, aber relativ unbeeindruckt erkundigte sich Franz Ferdinand über den Zustand der beiden Verletzten und ließ die Route gemäß

---

[242] Es gab keine weitreichenden Planungen für einen eventuellen Stellungskrieg oder eine mehrjährige Dauer des Krieges. Auch der Kriegseintritt Englands war im Schlieffen-Plan nicht ausreichend berücksichtigt.

[243] Berghahn, V., Sarajewo, 28. Juni 1914, S. 98; ebenso Neitzel, S., Kriegsausbruch, S. 143f.

[244] Massie, R., Schalen des Zorns, S. 736.

[245] Ebd., 733f.

Planung bis zum Rathaus fortsetzen. Eine Änderung des Programms jedoch, so die Meinung des Thronfolgers, kam nicht in Frage. Auch im Rathaus wurde das Programm wie geplant fortgesetzt, indem man sich die Rede des Bürgermeisters anhörte[246]. Zwar weigerte sich Ferdinand auch auf zusätzliche Truppen zur Verstärkung zu warten, doch stimmte er wenigstens einer Änderung der Rückfahrroute zu, doch das Schicksal schien es mit dem Thronfolger an diesem Tag allerdings nicht gut gemeint zu haben.

Nachdem der vorderste Fahrer die Planänderung nicht mitbekommen hatte und falsch abgebogen war, musste man den Konvoi, um wieder zusammen zu finden, kurz stoppen. Dabei kam der Wagen des Erzherzogs zufällig weniger als zwei Meter vor dem Attentäter Gavrilo Princip zum stehen, der sich diesen Wink des Schicksals nicht entgehen ließ. Mit zwei Schüssen traf er sowohl Franz Ferdinand, als auch dessen Frau, die beide an den tödlichen Folgen kurz darauf verstarben[247].

Das Attentat an sich muss man dem großserbischen Nationalismus zuordnen. Franz Ferdinand hegte Reformpläne, den Südslawen eine autonomere Rolle innerhalb des Reichs zu zuerkennen, womit er wohl dem Plan eines alle Südslawen umfassenden, eigenständigen Nationalstaats entgegen stand[248]. Auch der Attentäter Gavrilo Princip gehörte einer kleinen bosnischen Gruppe an, welche die südslawischen Provinzen aus dem Reich abtrennen und in einem großserbischen Reich vereinigen wollte. Unterstützt wurde diese Truppe durch den serbischen Geheimdienst und eine Organisation, die sich selbst die „Schwarze Hand" nannte[249]. Auch die Waffen, das wissen wir heute, stammten aus dem serbischen Staatsarsenal. Man kann also davon ausgehen, dass zumindest einige Fäden des Attentats in Belgrad gezogen wurden[250].

---

[246] Cassels, L., Der Erzherzog und sein Mörder: Sarajevo, 28. Juni 1914, aus d. Engl. übers. v. Streissler, M., Wien 1988, S. 249-251.

[247] Cassels, L., Der Erzherzog und sein Mörder, S. 255-257; ebenso Massie, R., Schalen des Zorns, S. 733.

[248] Erdmann, K. D., Hat Deutschland auch den Ersten Weltkrieg entfesselt?, S. 20, 29.

[249] Neitzel, S., Kriegsausbruch, S. 164.

[250] Massie, R., Schalen des Zorns, S. 733.

Die Konflikte auf dem Balkan als Gefahr für Österreich-Ungarn

Trotz des Attentats in Sarajevo sah keine Großmacht zum damaligen Zeitpunkt einen großen Krieg heraufziehen. Die internationalen Reaktionen waren fast ausnahmslos auf Seiten der Donaumonarchie. Man war sich sogar darin einig, dass Wien berechtigt sei harte Vergeltung für das Attentat zu üben[251]. So schrieb der englische Außenminister Grey rückblickend:

> *„No crime [...] has ever aroused deeper or more general horror throughout Europe; none has ever been less justified. Sympathy for Austria was universal. Both the governments and the public opinion of Europe were ready to support her in any measures, however severe, which she might think it necessary to take for the punishment of the murderer and his accomplices."*[252]

Für die Führung der Donaumonarchie stellte das Attentat kein einzelnes Fragment ohne größeren Zusammenhang dar. Schon seit Jahren kam es auf dem Balkan immer wieder zu nationalistischen Vorfällen und Grenzkonflikten, weshalb das Attentat von Sarajevo nur als Höhepunkt jahrelanger Konflikte betrachtet wurde. Der am 5. Juli 1914 von Graf Szögyény überbrachte Brief von Kaiser Franz Joseph I. an Wilhelm II. offenbart, welche Sorgen der anhaltende antiösterreichische Nationalismus auf dem Balkan der Führung in Wien bereitete. Darin hieß es wörtlich:

> *„Das gegen meinen armen Neffen verübte Attentat ist die direkte Folge der von den russischen und serbischen Panslawisten betriebenen Agitation, deren einziges Ziel die Schwächung des Dreibundes und die Zertrümmerung meines Reiches ist. Nach allen bisherigen Erhebungen hat es sich in Sarajewo nicht um die Bluttat eines einzelnen, sondern um ein wohlorganisiertes Komplott gehandelt, dessen Fäden nach Belgrad reichen, und wenn es auch vermutlich unmöglich sein wird, die Komplizität der serbischen Regierung nachzuweisen, so kann man wohl nicht im Zweifel darüber sein, daß ihre auf die Vereinigung aller Südslawen unter serbischer Flagge gerichtete Politik solche Verbrechen fördert, und daß die Andauer dieses Zustandes eine dauernde Gefahr für*

---

[251] Ebd., S. 734.

[252] Zit. bei Schmitt, B.E., England and Germany 1740-1914, New York 1918, S.397.

mein Haus und für meine Länder bildet [...] Das Bestreben meiner Regierung muß in Hinkunft auf die Isolierung und Verkleinerung Serbiens gerichtet sein"[253]

Die Angst und die Mutmaßungen waren nicht unbegründet. Österreich-Ungarn war zu Beginn des 20. Jahrhunderts ein Vielvölkerstaat. Weniger als die Hälfte der knapp 47 Mio. großen Bevölkerung war deutscher oder ungarischer Abstammung. So lebten 1910 nur rund 12,0 Mio. Deutsche und 10,1 Mio. Ungarn in der Doppelmonarchie, während Tschechen (6,6 Mio.), Ruthenen (4,0 Mio.), Kroaten (3,2 Mio.), Rumänen (2,9 Mio.), Slowaken (2,0 Mio.), Slowenen (1,3 Mio.) und Italiener (0,7 Mio.) den Großteil der Bevölkerung ausmachten[254]. Würden diese hauptsächlich slawischen Minderheiten neue Staaten gründen, so war klar, dass dies zu einer ernsthaften Gefahr der gesamten Habsburgermonarchie werden könnte. Die Situation wurde durch die Tatsache begünstigt, dass die slawische Minderheit am Hof kaum vertreten war. Antiösterreichische, nationalistische Umtriebe konnten daher durch das im Süden angrenzende Serbien immer wieder problemlos angefacht und unterstützt werden. In Belgrad erhoffte man sich mit Hilfe des russischen Partners einen großserbischen Nationalstaat auf Kosten der Donaumonarchie verwirklichen zu können[255].

Die stetigen nationalistischen Ausschreitungen bereiteten der österreichischen Führung daher existentielle Sorgen und es verwundert kaum, dass nach dem schockierenden Attentat des 28. Juni auch Kaiser Franz Joseph I. der Überzeugung anhing, erst nach einem militärischen Vorgehen auf dem Balkan die innenpolitisch notwendigen Reformen erfolgreich angehen zu können[256]. Auch für das Deutsche Reich war das Überleben des österreichischen Verbündeten von existentieller Bedeutung, da man sonst keinen echten

---

[253] Der Kaiser von Österreich an den Kaiser, in Kautsky, K. (Hrsg.), Die deutschen Dokumente zum Kriegsausbruch, 4 Bde, Berlin 1919, Bd. 1: Vom Attentat in Sarajewo bis zum Feintreffen der serbischen Antwortnote in Berlin, nebst einigen Dokumenten aus den vorhergehenden Wochen., Nr. 13, S. 19f.

[254] Stevenson, D., 1914-1918, S. 25.

[255] Massie, R., Schalen des Zorns, S. 729.

[256] Stevenson, D., 1914-1918, S. 26-28; ebenso Valiani, L., Verhandlungen zwischen Italien und Österreich-Ungarn 1914-1915, in: Schieder, W. (Hrsg.), Erster Weltkrieg: Ursachen, Entstehung und Kriegsziele, Köln (u.a.), 1969, S. 317-346, S. 317.

Verbündeten mehr hatte[257]. Probleme der Donaumonarchie wurden daher verhängnisvollerweise automatisch auch Probleme des deutschen Kaiserreichs und so wird, wie wir sehen werden, die Frage Josephs I. an Wilhelm II., was man bereit sei zu unternehmen, um *„diesen Herd von verbrecherischer Agitation in Belgrad zu bestrafen"*[258], von entscheidender Bedeutung für den Ausbruch des Ersten Weltkrieges sein.

Die Julikrise 1914

Die Diplomatie zwischen Sarajevo und dem Blankoscheck am 5. Juli 1914

Während sich kurz nach den Ereignissen in Sarajevo Beileidsbekundungen der meisten europäischen Nationen in Wien eingingen, sah Generalstabschef Conrad von Hölzendorf mit dem Anschlag den Anlass für den von ihm lange ersehnten Präventivkrieg gegen Serbien gegeben. Selbst der bisher zurückhaltende Außenminister Berchtold sprach sich für ein rasches energisches Vorgehen gegen Belgrad aus. Dem stand Kaiser Franz Joseph gegenüber, dem klar war, dass ein Vorgehen gegen Serbien auch Russland elementar tangieren würde. Eine Militäraktion konnte daher nur in Absprache mit Berlin beschlossen werden[259]. Aus diesem Grund wurde der Legationsrat und Kabinettschef im Außenministerium – Graf Hoyos – nach Berlin entsandt. Dieser traf, ausgestattet mit einem persönlichen Schreiben Franz Josephs I. an Wilhelm II. und einer Denkschrift des Außenministeriums, am 5. Juli dort ein. Er traf sich umgehend mit dem Kaiser und erhielt bereits am selben Tag nach kurzem Zögern die Zusicherung, dass das Deutsche Reich auf Seiten Österreichs stehen würde. Da dies – die Ereignisse während der Balkankriege hatten es gezeigt – ohne Zustimmung des Reichskanzlers nicht viel zu bedeuten hatte, musste Hoyos noch auf dessen Antwort warten. Im Gegensatz zu 1912 ließ dieser diesmal kaum Zweifel an seiner Haltung. Er sicherte Hoyos zu, dass Wien *„hiebei – wie auch immer [die] Entscheidung ausfallen möge – mit Sicherheit darauf rechnen [kann], daß Deutschland als Bundesgenosse und Freund der Monarchie hinter*

---

[257] Italien schied aus den bereits in Kapitel 2.1. genannten Gründen als verlässlicher Bundesgenosse aus.

[258] Der Kaiser von Österreich an den Kaiser, in Kautsky, K. (Hrsg.), Die deutschen Dokumente zum Kriegsausbruch, Bd. 1, Nr. 13, S. 19f.

[259] Stevenson, D., 1914-1918, S. 28; ebenso Massie, R., Schalen des Zorns, S. 734.

ihr stehe"[260]. Die Zusicherung Bethmann Hollwegs, unter allen Umständen auch hinter einer militärischen Aktion Österreich-Ungarns gegen Serbien zu stehen, wird in der Forschung zu Recht als Blankoscheck Deutschlands an Österreich aufgefasst. Dort konnte man sich seit dem 6. Juli ermuntert fühlen, den Ton gegenüber Belgrad bis aufs äußerste zu verschärfen. Es war die wohl verhängnisvollste Entscheidung der deutschen Regierung während der Julikrise.

Die Zusage sollte von nun an das Denken und Handeln der Regierung in Wien nachhaltig beeinflussen, denn ohne Rückendeckung aus Berlin hätte man wohl kaum eine Militäraktion gegen Serbien unternommen[261]. Zu sehr fürchtete man die russisch-französische Allianz gegen die man ohne deutsche Hilfe nie hätte bestehen können. Die deutsche Rückendeckung ging soweit, dass man den Partner in Österreich sogar dazu ermunterte, besser durch sofortiges Eingreifen, als zu einem späteren – diplomatisch ungünstigeren – Zeitpunkt Tatsachen zu schaffen[262].

Dass es zu dieser Beistandserklärung kam, lässt sich größtenteils durch die erneut falschen Prämissen der deutschen Außenpolitik erklären. Zwar war man sich der Gefahr eines Eingreifens Russlands oder Frankreichs bewusst, doch hielt man dies für unwahrscheinlich[263], da, so Kaiser Wilhelm II., Russland *„keineswegs kriegsbereit"*[264] sei. Auch Bethmann Hollweg hatte, zumindest in diesem entscheidenden Moment, seine Politik der Mäßigung und Entspannung aufgegeben. Im Angesicht der sich offenbarenden Annäherung Russlands und Englands durch die Flottengespräche und die im großen und ganzen vergeblichen Versuche der letzten Jahre, die Triple Entente diplomatisch auseinander zu manövrieren, schien auch er Anfang Juli davon überzeugt zu sein, nur durch einen militärischen Erfolg seine Ziele erreichen zu können.

---

[260] Szögyény an Berchtold, 6.7.1914, in: Geiss, I. (Hrsg.), Juli 1914: Die europäische Krise und der Ausbruch des Ersten Weltkriegs, 2. Aufl., München 1980, S. 55.

[261] Neitzel, S., Kriegsausbruch, S. 166-169.

[262] „Ein schnelles fait accompli, und dann freundlich gegen die Entente, dann kann der Choc ausgehalten werden" – Riezler Tagebücher: Hohenfinow, 11.7.1914, in: Riezler, K., Tagebücher, Aufsätze, Dokumente, eingel. und hrsg. v. Erdmann, K., D., Göttingen 1972, S. 185.

[263] Zechlin, E., Julikrise und Kriegsausbruch, in: Erdmann, K. D., Zechlin, E. (Hrsg.), Politik und Geschichte Europa 1914: Krieg oder Frieden, Kiel 1985, S. 51-97., S. 57.

[264] Szögyény an Berchtold, 5.7.1914, in: Geiss, I., Juli 1914, S. 52.

Moltkes Argumentation, der unvermeidbare Krieg gegen Russland sei in zwei Jahren nicht mehr zu gewinnen, erhöhte zudem seine Bereitschaft sich für einen erhofft kurzen und lokalen Krieg in Serbien herzugeben[265]. Mit dem weitreichenden Schritt, Österreich fast bedingungslos zu folgen, hatte er das Heft aus der Hand gegeben und seinen Handlungsspielraum enorm verengt. Denn sollten Russland und Frankreich nicht ruhig bleiben würde es zu einem europäischen Krieg kommen dem man sich dann nicht mehr entziehen könnte. Auch Englands Verhalten war noch nicht absehbar. Doch vorerst beruhten seine Hoffnungen auf einem lokal begrenzten Krieg zwischen Österreich-Ungarn und Serbien.

Das Kalkül eines lokal begrenzten Krieg

Ein kurzer, lokaler und erfolgreicher Krieg gegen die Serben, so das Kalkül, konnte aus deutscher Sicht fast nur Vorteile mit sich bringen. Zum einen konnte man dadurch, noch vor der Aufrüstung des russischen Heeres, die Handlungsinitiative ergreifen und einem von Russland seit längeren geplanten, antiösterreichischen Balkanbund zuvorkommen. Und zum anderen würde nicht nur die Entente dadurch geschwächt, sondern auch das vom nationalistischen Zerfall bedrohte Österreich-Ungarn stabilisiert und eine Machtverschiebung auf dem Balkan zugunsten der Doppelmonarchie erreicht werden[266]. Ganz im Sinne bismarckscher Außenpolitik hätte man also die Spannungen anderer Nationen zum eigenen Vorteil nutzen können. Sollte Frankreich und Russland im Konflikt abseits stehen, hätte die österreichische und deutsche Führung also mehrere Probleme auf einmal angehen können. Im Idealfall wäre es zudem gelungen die Entente auseinander zu manövrieren, um sich durch eine dann folgende Annäherung an Russland der relativen diplomatischen Isolation zu entledigen. Die Voraussetzung für all diese Kalkulationen war freilich die Begrenzung des Krieges auf den Balkan und somit die Passivität der Entente-Mächte. Auch der Kaiser schien nicht an einem großen Krieg interessiert. Noch vor seiner traditionellen Nordlandreise Anfang Juli gab er Bethmann Hollweg die Anweisung alles zu unternehmen, um zu verhindern, dass sich die Balkankrise zu einem internationalen Krieg entwickelt[267].

---

[265] Neitzel, S., Kriegsausbruch, S. 167f., 171.

[266] Erdmann, K. D., Hat Deutschland auch den Ersten Weltkrieg entfesselt?, S. 41, 44.

[267] Zechlin, E., Julikrise und Kriegsausbruch, S. 56, 66f.

Vorerst gestaltete sich die Lage viel versprechend. Die Wogen des Attentats waren noch nicht geglättet und ein mäßigendes Eingreifen Frankreichs hätte das Zarenreich mit Sicherheit davon abhalten können gegen Österreich-Ungarn zu marschieren. Falls es dennoch jetzt zum Krieg mit Russland kommen sollte, so zeigte sich Hollweg bereit, den Krieg mit dem Zarenreich besser jetzt als zu einem Zeitpunkt zu führen, in dem das Russische Reich weitaus stärker wäre. In diesem Fall hing vieles davon ab, wie sich die Engländer verhalten würden[268].

Was das anging zeigte man sich ebenfalls zuversichtlich. Über die Vorgänge in Sarajevo empört, gestand Außenminister Grey den seiner Meinung nach aufs äußerste provozierten Österreichern eine entschiedene Reaktion zu[269]. Der deutsche Diplomat in London Karl Max von Lichnowsky telegraphierte am 9. Juli nach einem Treffen mit Grey an Bethmann Hollweg nach Berlin, dass die Engländer sich nicht auf dem Balkan militärisch auf Seiten Serbiens oder Russlands engagieren würden, solange die Maßnahmen berechtigt und keine übertriebenen Aktionen durchgeführt würden[270]. In Berlin war man über diese Zusage entzückt und man konnte sich über die Ausgangslage zufrieden zeigen. Nun hing vieles davon ab, welche Maßnahmen man in Wien ergreifen würde.

Der Plan des unannehmbaren Ultimatums an Serbien

Auf der Führungsebene der Donaumonarchie herrschte Anfang Juli reger Betrieb. Das Attentat und die deutsche Rückversicherung vom 5. und 6. Juli sowie die noch vorhandene Empörung über den Anschlag eröffneten der Doppelmonarchie die Chance den innenpolitischen Druck und die Probleme auf dem Balkan durch eine Militäraktion zu entschärfen. Vor allem der Blankoscheck aus Deutschland bestimmte das weitere Vorgehen der österreichisch-ungarischen Führung. Der am 7. Juli zusammengetretene Ministerrat war, gestärkt durch die Beistandserklärung aus Berlin, fast einstimmig darauf aus eine harte, das heißt militärische Linie gegen Serbien zu fahren. Lediglich der ungarische Ministerpräsident István Graf Tisza war zu diesem Zeitpunkt noch gegen den österreichischen Konfrontationskurs. Doch

---

[268] Neitzel, S., Kriegsausbruch, S.168f., 171; ebenso Röhl, J. C. G., Vorsätzlicher Krieg? Die Ziele der deutschen Politik im Juli 1914, in: Michalka, W. (Hrsg.), Der Erste Weltkrieg: Wirkung – Wahrnehmung – Analyse: Im Auftrag des Militärgeschichtlichen Forschungsamtes, München (u.a.) 1994, S. 193-215, S. 203.

[269] Massie, R., Schalen des Zorns, S. 756.

[270] Geiss, I., Juli 1914, S. 82.

dem Drängen aus Politik, Militär und sogar Kaiser Josephs I. gab auch er schließlich nach. Er konnte lediglich durchsetzen, dass dem beschlossenen Angriff ein – von Seiten Serbiens als sicher abzulehnendes – Ultimatum vorgeschaltet werden sollte. Auch legte man auf seinen Druck hin fest, dass nach dem Krieg kein serbisches Gebiet annektiert werden solle[271].

Der Krieg wurde daher im Ministerrat einhellig beschlossen. Dieser sei, so die Auffassung fast aller Anwesenden, einer diplomatischen Demütigung Serbiens vorzuziehen. Um die internationalen Regeln wenigstens nach außen hin einzuhalten, sollte aber ein Ultimatum an Belgrad gestellt werden, in dem *„[solch] weitgehende Forderungen an Serbien gestellt werden müssten, die eine Ablehnung voraussehen ließen"*[272], um dann kurz danach die Kriegshandlungen zu beginnen[273]. Auch der deutsche Außenminister Gottlieb von Jagow und der Reichskanzler unterstützten dieses Vorgehen. Den englischen Vorschlag, die Krise durch eine Konferenz beizulegen, rieten sie abzulehnen[274].

Die Weichen für den Weg in den Krieg mit Serbien waren also gestellt. Nun galt es lediglich noch, den Inhalt und Zeitpunkt des Ultimatums festzulegen. Während der Inhalt erst in den darauf folgenden Tagen abgestimmt und beschlossen wurde, war man sich über den Zeitpunkt der Übergabe bereits am 7. Juli einig. Da sich Teile der österreichischen Armee noch bis zum 25. Juli im Ernteurlaub befanden und der französische Staats- und Ministerpräsident zwischen 20. und 23. Juli in St. Petersburg verweilen würde und somit die Möglichkeit zur Absprache einer möglichen Reaktion mit der russischen Führung gehabt hätte, einigte man sich auf den 23. oder 24. Juli[275]. Die serbische Seite sollte dann lediglich 48 Stunden für die bedingungslose Annahme aller Forderungen des Ultimatums erhalten[276].

---

[271] Neitzel, S., Kriegsausbruch, S. 173f.

[272] Geiss, I., Juli 1914, Dok. 9, S. 56-65; ebenso Stevenson, D., 1914-1918, S. 24.

[273] Zechlin, E., Julikrise und Kriegsausbruch, S. 59.

[274] Stevenson, D., 1914-1918, S. 28f.

[275] Diese Zeitplanung scheint zum Beispiel in einem Brief des deutschen Botschafters in Wien an Jagow vom 11.7.1914 durch. Vgl. Tschirschky an Jagow, 11.7.1914, in: Geiss, I., Juli 1914, S. 86f.

[276] Neitzel, S., Kriegsausbruch, S. 180-182.

Die Phase der relativen Ruhe zwischen dem 7. und dem 23. Juli 1914

Obwohl sich in Berlin und Wien eine breite Kriegsfront gebildet hatte und der Beschluss zum Krieg gegen Serbien feststand, wahrte die Berliner und Wiener Führung nach außen hin den Schein, dass nichts Großes im Gange sei. Der Grund hierfür war eindeutig. Ein Krieg gegen Serbien konnte nur dann lokal begrenzt werden, wenn es den anderen Großmächten nicht gelang sich untereinander abzusprechen und nachhaltig Einfluss auf das Geschehen zu nehmen. Deshalb versuchte man in der Zeit, in der das Ultimatum formuliert wurde, nach außen hin den Eindruck zu hinterlassen, die Angelegenheit um Sarajevo würde sich mit einer Politik der ruhigen Hand lösen lassen.

Da zu dieser Zeit in fast allen Ländern die Urlaubssaison begonnen hatte, riet auch der österreichische Außenminister Berchtold seinem Generalstabschef Conrad von Hölzendorf: *„Es wäre gut, wenn Sie und der Kriegsminister einige Zeit auf Urlaub fahren würden, um den Schein zu wahren, daß nichts vorgehe"*[277] und so zeigte man sich im Deutschen Reich in Urlaubsstimmung. Sowohl die Militärführung, als auch die hochrangigen Politiker glänzten bis Mitte Juli größtenteils durch ihre demonstrative Abwesenheit. General Moltke war zur Kur in Karlsbad und auch Admiral Tirpitz und Kriegsminister von Falkenhayn waren im Urlaub. Bethmann Hollweg war offiziell auf seinem Gut in Hohenfinow, wo er sich angeblich mit astronomischen Beobachtungen beschäftigte, während Kaiser Wilhelm II. die Zeit auf seiner jährlichen Kreuzfahrt bei den norwegischen Fjorden verbrachte. Auch sein österreichischer Amtskollege Kaiser Joseph I. blieb trotz Kriegsplänen vorerst in seinem Sommerurlaub in Bad Ischl[278].

Die Wirkung im Ausland war wie erhofft. Weder in London, noch in Paris oder St. Petersburg war man beunruhigt. Zwar war bekannt, dass man in Wien ein Ultimatum an die Serben formulieren würde, doch noch schien die Situation für den europäischen Frieden nicht gefährlich. Nach außen hin beteuerte Wien immer wieder, keine unüberlegten Schritte einleiten zu wollen. Auch Berlin sandte Signale, dass man sich sicher sei, den Konflikt für alle Beteiligten zufriedenstellend beilegen zu können. Darüber hinaus beteuerte die

---

[277] Zit. bei Geiss, I. (Hrsg.), Julikrise und Kriegsausbruch 1914: Eine Dokumentensammlung, 2 Bde., Hannover 1963-1964, Bd. 1, S.126.
[278] Massie, R., Schalen des Zorns, S. 738.

Wilhelmstraße, nichts über den exakten Inhalt des Ultimatums zu wissen. Dies mag zwar gestimmt haben, da man den genauen Wortlaut erst kurz vor Abgabe des Ultimatums erfuhr, doch war man ständig mit Wien in Kontakt und wusste daher, dass die Note an Belgrad unannehmbar sein würde[279]. Die anderen Großmächte wurden daher durch die Wahrung des Scheins, man wisse nicht, wie Österreich-Ungarn reagieren würde, bewusst in die Irre geführt[280].

Erst als am 19. Juli in der „Norddeutschen Allgemeinen Zeitung" eine Notiz des deutschen Außenministers abgedruckt wurde, in der dieser die Lokalisierung eines möglichen österreichisch-serbischen Konflikts wünschte, wurden die Diplomaten der Entente-Mächte hellhörig und begannen, sich intensiver mit den Geschehnissen zu befassen und in Berlin und Wien vorstellig zu werden und genauer nachzufragen[281].

Staatsbesuch Poincarés in St. Petersburg zwischen dem 20. und dem 23. Juli 1914

In diese Zeit fiel auch der schon seit längerem geplante Staatsbesuch des französischen Präsidenten Raymond Poincaré, der zusammen mit Ministerpräsident und Außenminister René Viviani und dem politischen Direktor am Quai d´Orsay nach St. Petersburg gereist war. Bereits am 15. Juli waren sie noch in der trügerischen Sicherheit, dass in Wien oder Berlin keine weitreichenden Aktionen gegen Belgrad geplant würden in Paris aufgebrochen. Als sie am 20. Juli 1914 in St. Petersburg ankamen, überschatteten die ersten Anzeichen, dass man in Österreich-Ungarn eine militärische Eskalation nicht mehr ausschloss, die Stimmung. Während des drei Tage dauernden Staatsbesuchs ging es daher vor allem um das weitere gemeinsame Vorgehen, sollten die Mittelmächte den Konflikt eskalieren lassen. Zwar war die französische Delegation besorgt, im Extremfall auf einen europäischen Konflikt zuzusteuern, doch ließ sie im Zarenreich keinen Zweifel daran, dass Frankreich

---

[279] So versichert Heinrich von Tschirschky, deutscher Gesandter in Wien, Bethmann Hollweg, dass „die Note [...] so abgefaßt sein [werde], dass deren Annahme so gut wie ausgeschlossen sei.", Tschirschky an Bethmann Hollweg, 14.7.1914, in: Geiss, I., Julikrise und Kriegsausbruch 1914, Bd.1, S. 94.

[280] Massie, R., Schalen des Zorns, S. 738f.

[281] Geiss, I., Julikrise und Kriegsausbruch 1914, Bd.1, S. 113-115.

seine Bündnispflichten ausfüllen werde[282]. Man war sich einig den Bündnisvertrag im Sinne von 1899 auszulegen, in dem der ursprüngliche Defensivpakt mit dem Zusatz erweitert wurde, gemeinsam das Gleichgewicht in Europa aufrecht zu erhalten[283].

Da Frankreich, ähnlich wie das Deutsche Reich, essentiell auf seinen Bündnispartner angewiesen war, gab man den Russen weitreichende Zusagen im Falle eines Krieges. Falls Russland eine harte Linie gegenüber den Mittelmächten fahren sollte, so sei die Bündnistreue Frankreichs nicht in Frage zu stellen[284]. Bis auf wenige beschwichtigende Versuche in den späten Julitagen standen die Franzosen also fest hinter dem Zarenreich. Wegen der weitreichenden Zusagen, die in St. Petersburg getroffen wurden, vergleichen einige Historiker die Ergebnisse des Staatsbesuchs in Russland mit der Blankovollmacht des Deutschen Reichs gegenüber Österreich-Ungarn vom 5. Juli. Dies wird durch das Verhalten des französischen Botschafters in St. Petersburg – Maurice Paléologue – unterstützt. Wenngleich ohne direkte Absprache mit Poincaré, ermunterte dieser, nachdem die französische Delegation am 24. Juli abgereist war und das Ultimatum der Österreicher an Serbien gestellt wurde, die russische Führung eine harte Linie zu fahren und versicherte die französische Unterstützung[285].

Obwohl der Vergleich im Bezug auf eine Ermutigung zum Angriffskrieg, welche seitens Frankreich nie unternommen, in Berlin jedoch am 5. und 6. Juli 1914 ausgesprochen wurde, hinkt, konnten sich der Zar und die russische Führung nach der Abreise Paléologues und Vivianis am 24. Juli der unbedingten französischen (militärischen) Unterstützung sicher sein. Diese Absicherung sollte die russische Reaktion auf das Ultimatum, welches wohlgeplant eine Stunde nach Abfahrt der Franzosen aus St. Petersburg in Belgrad überreicht wurde, entscheidend beeinflussen.

---

[282] Neitzel, S., Kriegsausbruch, S. 176f., 183.

[283] Erdmann, K. D., Hat Deutschland auch den Ersten Weltkrieg entfesselt?, S. 26.

[284] Gutsche, W.; Klein, F. (u.a.), Der Erste Weltkrieg, S. 23.

[285] Erdmann, K. D., Hat Deutschland auch den Ersten Weltkrieg entfesselt?, S. 26; ebenso Neitzel, S., Kriegsausbruch, S. 183f.

Die Phase der Eskalation – Das österreichische Ultimatum an Serbien am 23. Juli 1914

Das österreichische Ultimatum an Serbien wurde am 23. Juli um 18 Uhr der serbischen Führung in Belgrad überreicht. Der Zeitpunkt der Übergabe war nicht zufällig gewählt. Der französische Staatsbesuch war in Wien und Berlin wohlbekannt. Um eine Absprache der Bündnispartner Frankreich und Russland zu verhindern, wurde das Ultimatum erst eine Stunde nach Abreise des französischen Staatspräsidenten aus St. Petersburg nach Belgrad übermittelt. Die Frist war mit 48 Stunden so kurz gewählt, dass ein Eingreifen der anderen Großmächte innerhalb der Frist praktisch unmöglich war[286].

Mit dem Ultimatum reagierte die österreichische Führung offiziell auf das Attentat von Sarajevo vom 28. Juni 1914. In dem Schreiben wurde behauptet, dass der Anschlag in Belgrad geplant und sowohl mit Waffen, als auch logistisch von dort unterstützt wurde. Eine Behauptung, die, wie wir allerdings erst im Nachhinein wissen, nicht unbegründet war. Die serbische Führung wurde unter anderem dazu aufgefordert alle separatistischen Aktivitäten zu verurteilen und, der Habsburgermonarchie feindlich gesinnte Organisationen und Vereinigungen, zu verbieten. Weiterhin wurde verlangt, dass sie mit der österreichisch-ungarischen Regierung bei der Unterdrückung „zersetzerischer Elemente" zusammenarbeiten solle und dass die strafrechtliche Verfolgung der Attentäter durch österreichische Beamte überwacht werden dürfe[287].

Bis zum 23. Juli war es der deutschen und österreichischen Diplomatie gelungen den Schein zu wahren, dass die Krise friedlich und ohne Aggression seitens der Mittelmächte beigelegt werden könne. Das änderte sich am 24. Juli, als den Botschaften in Petersburg, Paris, London, Rom und Konstantinopel das finale Ultimatum an Serbien vorgelegt wurde, welches bereits am Abend zuvor bei der serbischen Regierung eingegangen war. Seitdem waren bereits mehr als 15 Stunden der Frist verstrichen. Es blieb daher nur wenig Zeit für ernsthafte Friedensbemühungen seitens der Entente-Mächte[288].

---

[286] Massie, R., Schalen des Zorns, S. 740.

[287] Stevenson, D., 1914-1918, S. 22-24.

[288] Gutsche, W.; Klein, F. (u.a.), Der Erste Weltkrieg, S. 21y

Die internationale Krisendiplomatie seit dem 23. Juli 1914

Mit der scharfen Ausformulierung und der Übergabe des Ultimatums in Belgrad am 23. Juli und in den wichtigsten europäischen Botschaften am 24. Juli war die Bombe geplatzt. Mehr als zwei Wochen hatte man darauf hingearbeitet die Großmächte zu überraschen und vor vollendete Tatsachen („fait accompli") zu stellen. Scheinbar mit Erfolg: Die Forderungen an Belgrad schreckten die Großmächte auf, denn sie gingen weit über eine berechtigte Genugtuung hinaus[289]. Über das Ultimatum äußerte sich der russische Außenminister spontan: *„C´est la guerre européenne!"*[290], um dem österreichischen Botschafter noch am selben Tag vorzuwerfen: *„Sie setzen Europa in Brand"*[291]. Mit den Ereignissen des 23./24. Juli hatte die heiße Phase der Julikrise begonnen.

Die sichtlich überraschten und empörten Diplomaten in den Hauptstädten der Entente-Mächte hatten nicht viel Zeit, um einen Krieg zu verhindern. Sowohl Grey, als auch Sasonow forderten unabhängig voneinander eine Verlängerung der Frist des Ultimatums. Doch in Wien dachte man nicht daran den Konflikt durch eine Vermittlung seitens der Großmächte zu entschärfen. Zu weit war der Plan eines lokalen Krieges gegen Serbien bereits fortgeschritten. Aus diesem Grunde wurde der Vorschlag abgelehnt und St. Petersburg unterrichtet, dass die

„Note an die Mächte keineswegs den Zweck verfolgt [...] dieselben einzuladen, ihre gegenständliche Auffassung bekannt zu geben, sondern nur den Charakter einer Information [habe], welche wir als eine Pflicht internationaler Höflichkeit angesehen hätten." Im übrigen betrachte man *„die Aktion als eine nur uns und Serbien berührende Angelegenheit"*[292].

Da man in Wien also nicht auf Entspannungskurs war, konzentrierte sich die Hoffnung, insbesondere die des englischen Außenministers Grey, auf die Antwort Belgrads und den Einfluss Berlins auf die Österreicher. Deshalb riet Grey der Belgrader Führung, eine *„befriedigende Antwort auf so viele Punkte*

---

[289] Neitzel, S., Kriegsausbruch, S. 181.

[290] Zit. bei Turner, L. C. F., Origins of the First World War (extract), in: Emsley, C. (Hrsg.), Conflict and Stability in Europe, London 1979, S. 164-173, S. 164.

[291] Geiss, I., Julikrise und Kriegsausbruch 1914, Bd.1, S. 332.

[292] Macchio an Berchtold, 25.7.1914, in: Geiss, I., Julikrise und Kriegsausbruch 1914, Bd.1, S. 189.

als innerhalb gestellter Frist möglich zu erteilen"[293]. Zu diesem Zeitpunkt hoffte er noch, dass wenn Belgrad weitreichende Zugeständnisse mache und die deutschen Beteuerungen zum Erhalt des Friedens ernst seien, man mittels einer Botschafterkonferenz den Weg zur Entschärfung der Krise gehen könnte. Er empfahl den Deutschen daher *„dringend [...] den englischen Vorschlag anzunehmen"*, da er hierin *„die einzige Möglichkeit [erblicke], einen Weltkrieg zu vermeiden"*[294].

Doch auch bei diesem Vorschlag wurde er enttäuscht. Berlin lehnte einen derartigen Vorstoß ab. Nachdem man sich seit mehr als zwei Wochen darauf konzentriert hatte internationale Einmischungen so gut wie möglich auszuschalten, war es nun unmöglich in letzter Minute zurück zu rudern. Man übermittelte den Vermittlungsvorschlag zwar nach Wien, versah ihn aber mit der Note, dass man sich damit nicht identifiziere und sie nur auf englisches Bitten hin weiterleite. Man war noch immer entschlossen den einmal gefassten Plan, mittels eines lokalen Konflikts prestigeträchtig auf dem Balkan aufzuräumen, in die Tat umzusetzen[295]. Für Grey kam in diesem Zusammenhang erschwerend hinzu, dass er den Status eines ehrlichen Maklers zwischen den Fronten spätestens durch seine beharrliche Leugnung der russisch-englischen Flottenverhandlungen verloren hatte[296].

Greys Hoffnung Belgrad betreffend, erfüllte sich hingegen. In der Antwort auf das österreichische Ultimatum stimmte die serbische Führung fast allen Punkten zu, lehnte jedoch die Mitwirkung österreichischer Behörden bei der gerichtlichen Untersuchung mit Hinweis auf die eigene Souveränität ab. Grey und seine Amtskollegen waren sich einig, dass dies mehr war als innerhalb der 48-Stunden Frist überhaupt möglich. Selbst der am 27. Juli aus dem Urlaub zurückkehrende Kaiser Wilhelm II. zeigte sich positiv überrascht[297] und schrieb an Jagow: *„Das ist mehr, als man erwarten konnte! Ein großer moralischer Erfolg für Wien; aber damit fällt jeder Kriegsgrund weg"*[298]. In Berlin versuchte

---

[293] Grey an Crackanthorpe, 24.7.1914, in: Ebd., S. 381.

[294] Lichnowsky an Jagow, 25.7.1914, in: Ebd., S. 196f.

[295] Massie, R., Schalen des Zorns, S. 757-759

[296] Neitzel, S., Kriegsausbruch, S. 178f.

[297] Massie, R., Schalen des Zorns, S. 744.

[298] Geiss, I., Julikrise und Kriegsausbruch 1914, Bd.2, S. 185y

man daher, den Kurs noch einmal zu ändern und die Österreicher davon zu überzeugen Belgrad zwar anzugreifen, allerdings nur, um es als Faustpfand für die Erfüllung der restlichen Forderungen einzubehalten. Doch an einem „moralischen Sieg" war man in Wien nicht mehr interessiert. Dies wusste wohl auch die Belgrader Führung, als sie mit Abgabe des Antwortschreibens am 25. Juli und in Erwartung einer österreichischen Aggression die Teilmobilmachung der Armee beschloss.

Wien steuerte nun unbeirrt in den Krieg mit Serbien. Obwohl Belgrad den Österreichern beachtlich entgegen gekommen war, beschloss die Führung der Donaumonarchie, aufgrund der Nichtannahme *aller* Punkte durch Serbien, die diplomatischen Beziehungen abzubrechen und ihrerseits gegen Serbien die Teilmobilmachung anzuordnen[299]. Der Krieg auf dem Balkan war nun, wie geplant, nicht mehr vermeidbar. Der Bericht eines Polizeibeamten, der die deutsche Führung über den Stand der Ermittlungen auf dem Laufen halten sollte, nach dessen Inhalt zum damaligen Zeitpunkt nichts auf eine Beteiligung der serbischen Führung an den Vorbereitungen des Attentats hinweise, wurde daher vom österreichischen Außenminister Berchtold großzügig übergangen. Es spielte schlichtweg keine Rolle mehr, ob der Krieg juristisch gerechtfertigt war oder nicht. Die Dinge waren im Laufen und auf Seiten der österreichischen Regierung beabsichtigte auch niemand mehr, sie ernsthaft zu stoppen[300].

Während Grey vergeblich versuchte die in Gang gekommenen Ereignisse zu verhindern, verhielt sich auch Russland, zwar nicht kriegslüstern, doch letztlich wenig kompromissbereit. Das 1914 zum Teil bereits wieder erstarkte Zarenreich zeigte sich, gestärkt durch die französische Beistandserklärung, entschlossen Serbien beizustehen. Weitreichende Kompromisse wurden auch im Hinblick auf die schmachvolle diplomatische Niederlage während der bosnischen Annexionskrise 1909 weitestgehend ausgeschlossen. Zwar war man an einer Eskalation der Lage nicht interessiert, doch demonstrierte man, dass man gewillt war zur Not auch bis zum äußersten zu gehen[301].

---

[299] Neitzel, S., Kriegsausbruch, S. 182f.

[300] Massie, R., Schalen des Zorns, S. 743.

[301] Neitzel, S., Kriegsausbruch, S. 177.

Die Franzosen hingegen waren, ähnlich wie das Deutsche Reich, durch ihre Beistandsbekundung in ihrem Handeln stark eingeschränkt. Zwar verhielten sie sich insgesamt eher passiv, doch stand nie zur Debatte, dass man den Russen im Falle eines Krieges beistehen würde. Viel eher sorgte man sich mit zunehmender Kriegsgefahr um die Haltung Englands, dessen Neutralität noch bis kurz vor Kriegsbeginn, festzustehen schien[302].

Kriegserklärung Österreich-Ungarns an Serbien am 28. Juli 1914

Nachdem Österreich-Ungarn aufgrund der serbischen Vorbehalte ausnahmslos alle Punkte des Ultimatums zu erfüllen die diplomatischen Beziehungen abgebrochen hatte, erklärte es Serbien am 28. Juli den Krieg. Genau einen Monat nach dem Attentat von Sarajevo wurde Europa nun also vor ein „Fait Accompli" gestellt.

Die Kriegserklärung brachte Russland in Zugzwang. Bis dahin konnte Zar Nikolaus II. seine größtenteils versöhnliche Politik rechtfertigen und der militärischen Führung, die eine Generalmobilmachung befürwortete, widerstehen. Doch nun gestaltete sich die Lage weitaus schwieriger. Noch in der Nacht zum 29. Juli versuchte er durch einen persönlichen Telegrammwechsel mit Kaiser Wilhelm II., diesen davon zu überzeugen die Österreicher davon abzuhalten „*zu weit zu gehen*"[303]. Doch dessen Einflussmöglichkeiten waren zu diesem Zeitpunkt bereits stark eingeschränkt, obgleich er in der Antwort[304] auf das Telegramm seine Bemühungen dahingehend versicherte[305].

---

[302] Stevenson, D., 1914-1918, S. 46f.

[303] Nikolaus II. an Wilhelm II., 29.7.1914: „Ein unwürdiger Krieg ist an ein schwaches Land erklärt worden. Die Entrüstung in Russland, die ich völlig teile, ist ungeheuer. Ich sehe voraus, dass ich sehr bald [...] gezwungen sein werde, äusserste Massnahmen zu ergreifen, die zum Kriege führen werden. Um ein solches Unheil wie einen europäischen Krieg zu verhüten, bitte ich Dich im Namen unserer alten Freundschaft, alles Dir Mögliche zu tun, um Deinen Bundesgenossen davon zurückzuhalten, zu weit zu gehen", in: Geiss, I., Juli 1914, S. 258.

[304] Wilhelm II. an Nikolaus II., 29.7.1914: „Im Hinblick auf die herzliche und innige Freundschaft, die uns beide seit langem mit festem Bande miteinander verbindet, biete ich daher meinen ganzen Einfluss auf, um Österreich zu veranlassen, durch sofortiges Handeln zu einer befriedigenden Verständigung mit Dir zu kommen", in: Geiss, Juli 1914, S. 258f.

[305] Massie, R., Schalen des Zorns, S. 744f.

Die russische Krisenpolitik und das Überschreiten des „Point of no return"

Nachdem sich die Lage in Europa trotz weitreichender Zugeständnisse Belgrads an Österreich zugespitzt hatte, berief der Zar am 25. Juli sein Kabinett ein. Schnell wurde man sich einig, dass ein Krieg zum damaligen Zeitpunkt besser vermieden werden sollte. Um den Status als Großmacht aber zu wahren, könne man Serbien allerdings nicht fallen lassen und müsste ihnen zur Not auch mit militärischen Mitteln beistehen[306]. Um dies dennoch zu vermeiden riet Außenminister Sasonow den Serben zu absoluter Mäßigung in der Antwort auf die österreichischen Forderungen. Er empfahl sogar, selbst wenn die Österreicher militärisch aktiv werden sollten, vorerst keinen Widerstand zu leisten. Stattdessen sollten sie Appelle an die Großmächte richten. Diese würden dann, so versicherte Sasonow, nicht ungehört verschallen.

Zum einen hoffte man im Zarenreich also, dass die Krise doch noch friedlich beizulegen war, zum anderen blieben die russischen Friedensbemühungen aber darauf beschränkt, dass sich Serben und Österreicher doch noch irgendwie einig würden. Zu stark war der Wille in St. Petersburg, nicht mehr wie 1909 vor den deutschen Drohungen zurück zu schrecken, um ernsthafte Zugeständnisse und Friedensvorschläge zu favorisieren[307]. Wie tief die Wunden vergangener Krisen waren, zeigte auch der Umstand, dass Russland den Krieg einzugehen bereit war, obwohl es tatsächlich, wie in Berlin angenommen, im Juli 1914 noch nicht in vollem Maße kriegsbereit war. Bis Dato hoffte man in St. Petersburg, den erwarteten bewaffneten Konflikt mit dem Zweibund noch bis 1916/17 herauszuschieben zu können. Bis dann wäre das russische Rüstungsprogramm des Heeres und der Marine abgeschlossen gewesen. Dennoch ging man das Risiko eines Krieges mit dem übermächtig erscheinenden Deutschen Reich ein. Eine Niederlage, das musste man nach den innenpolitischen Unruhen während des Krieges mit Japan 1905 einkalkulieren, würde die Gefahr einer Revolution akut werden lassen[308].

Dennoch begab man sich im Juli 1914 auf Konfrontationskurs. Dies lag zum einen an den bereits aufgezeigten noch nicht verheilten Wunden seit 1909, zum anderen aber auch an den sich spätestens 1913 erneut verschlechterten deutsch-

---

[306] Linke, H. G., Rußlands Weg in den Ersten Weltkrieg, S. 64.
[307] Gutsche, W.; Klein, F. (u.a.), Der Erste Weltkrieg, S. 26.
[308] Bestuschew, I. W., Die russische Außenpolitik von Februar bis Juni 1914, S. 150f.

russischen Beziehungen. Nach der „Liman-von- Sanders-Krise" war die Stimmung in den Medien und der Duma zunehmend deutschfeindlicher geworden[309]. In der Öffentlichkeit tobte ein Zeitungskrieg und machte sowohl im Deutschen Reich, als auch in Russland Patrioten und Nationalisten mobil und empfänglich für feindliche Handlungen gegenüber dem anderen Land. So wurde in Russland die Forderung laut, auch den Handelsvertrag von 1904 mit dem Kaiserreich zu kündigen, während sich im Deutschen Reich immer mehr Stimmen für einen Präventivkrieg gegen das Zarenreich häuften[310].

So war der innenpolitische Druck im Zarenreich in den Jahren vor 1914 gestiegen. Da im Zuge der Unruhen von 1905 und der darauf folgenden Reformen die Autokratie und die Macht der Großgrundbesitzer unangetastet geblieben waren, herrschte unter der mehrheitlich bäuerlichen und entmündigten Gesellschaft Unzufriedenheit. Umso mehr war der Zar daher darauf angewiesen eine intensive, erfolgreiche Außenpolitik zu betreiben. Es verwundert daher kaum, dass sich diese im Juli 1914 an der immer stärker gewordenen antideutschen Grundstimmung der Presse und Öffentlichkeit, sowie einiger Großgrundbesitzer orientierte und auch der Zar sich dieser Wirkung letztlich nicht entziehen konnte[311]. Seit dem 25. Juli trug er daher nicht unmaßgeblich dazu bei, dass sich die Situation zusätzlich verschärfte. An jenem Tag stimmte er, wohl unter starkem Einfluss seiner Militärs, den ersten Vorbereitungen zur Mobilmachung zu[312]. Alle jungen Männer, in der Regel im Alter von 20 Jahren, wurden einberufen und mit Rüstung, Waffen und gegebenen Falls mit Pferden ausgestattet. Durch diese Vormobilmachung wurde die Größe des Heeres mehr als verdreifacht. Dies musste die Mittelmächte, die bis zum 23. Juli kaum militärische Schritte unternommen hatten, alarmieren[313].

Nachdem Österreich seit dem 28. Juli mit Serbien im Kriegszustand war und in Russland die Vorbereitungen zum Krieg voranschritten, versuchte Bethmann Hollweg die Russen von ihrem Kriegskurs abzubringen. In einem Telegramm

---

[309] Ebd., S. 135f.

[310] Ebd., S. 131-133.

[311] Berghahn, V., Sarajewo, 28. Juni 1914, S. 93; ebenso Bestuschew, I. W., Die russische Außenpolitik von Februar bis Juni 1914, S. 134-136, 139f.

[312] Zechlin, E., Julikrise und Kriegsausbruch, S. 2.

[313] Stevenson, D., 1914-1918, S. 43.

drohte er am 29. Juli dass, wenn die Kriegsvorbereitungen nicht unverzüglich gestoppt würden, ein Krieg mit dem Deutschen Reich unvermeidbar sei. Die Wirkung war nicht wie erhofft. Anstatt vor dem europäischen Krieg zurückzuschrecken, drängten sowohl der Außenminister, als auch hochrangige Militärs den Zar, die Generalmobilmachung zu befehligen, da der Krieg mit dem Deutschen Reich nun offensichtlich nicht mehr zu vermeiden sei. Der vorerst noch zögernde Herrscher erteilte am 30. Juli schließlich den Befehl zur Mobilisierung, im vollen Bewusstsein welche Folgen er haben würde[314]. Nun war man endgültig auf Konfrontationskurs zu den Mittelmächten. Zwar wurde der Befehl zur Mobilmachung aufgrund eines noch verheißungsvollen Telegrammwechsels zwischen Zar Nikolaus II. und Wilhelm II. zunächst am 30. Juli in die Proklamation der Teilmobilmachung geändert, doch konnte der Gang der Dinge nicht mehr verändert werden. Am 31. Juli wurde die Generalmobilmachung im Zarenreich endgültig verkündet und die Weichen in den Krieg gestellt[315].

Spätestens jetzt war der „point of no return" erreicht[316]. Mit der Mobilmachung in Russland wurde eine Kettenreaktion in Gang gesetzt, die nicht mehr aufzuhalten war. Aufgrund der neuen und teuren Technik mussten Kriege schnell begonnen und beendet werden. Sobald die Mobilisierung und damit der Mechanismus der feinst geplanten Militärpläne in Kraft traten, hatten die Politiker de facto nichts mehr auszurichten[317]. Mit der Mobilmachung Russlands am Mittag des 31. Juli und der fast schon automatisch darauf folgenden Mobilmachungen in Westeuropa war die Katastrophe daher nicht mehr aufzuhalten[318] und das Kalkül der Mittelmächte, mit einem erfolgreichen, kurzen Krieg auf dem Balkan die Doppelmonarchie zu stärken und den russischen Einfluss auf dem Balkan zurückzudrängen, gescheitert[319].

---

[314] Linke, H. G., Rußlands Weg in den Ersten Weltkrieg, S. 65.

[315] Neitzel, S., Kriegsausbruch, S. 184-186.

[316] Erdmann, K. D., Hat Deutschland auch den Ersten Weltkrieg entfesselt?, S. 20f.

[317] Schulin, E., Die Urkatastrophe des zwanzigsten Jahrhunderts, S. 7f.

[318] Geiss, I., Die Kriegsschuldfrage – Das Ende eines Tabus, in: Laqueur, W.; Mosse, G.L. (Hrsg.), Kriegsausbruch 1914., München 1967, S. 101-127, S. 122.

[319] Massie, R., Schalen des Zorns, S. 746.

Das endgültige Hinzutreten Englands gegen die Mittelmächte

Die Rechnung der Deutschen in den entscheidenden Julitagen, als der Blankoscheck an Österreich ausgesprochen wurde, beruhte neben den falschen Prämissen, dass Russland und Frankreich still halten würden ebenfalls auf der Annahme, dass den Engländern nichts an einer militärischen Verwicklung aufgrund eines auf dem Balkan ausgebrochenen Konflikts liegen würde. Auch hier schienen die Entwicklungen im Juli den Deutschen zunächst Recht zu geben. Noch am 28. Juli zeigte sich der englische Premierminister Asquith zwar pessimistisch und erwartete, dass *„nur noch ein Wunder den Krieg abwenden könne"*, dass es aber *„noch immer kein britischer Krieg"* sei[320].

Dies lag nicht zuletzt daran, dass es in London kaum Kriegsbefürworter gab. Zudem hatte Außenminister Grey noch immer die Vorstellung, dass England unabhängig von den mit hoher Wahrscheinlichkeit in den Krieg marschierenden Entente-Partnern Frankreich und Russland agieren könne[321]. Doch die Frage, wie man sich im Fall eines Krieges verhalten würde, wurde immer akuter, je mehr sich die Anzeichen für diesen Fall verdichteten. Spätestens seit dem Versuch Bethmann Hollwegs Grey zu einem Neutralitätsversprechen zu bewegen, indem er die territoriale Integrität Frankreichs und Belgiens nach dem Krieg garantieren wollte, war den Briten klar, dass der Krieg direkt vor ihrer Haustür stattfinden würde. Doch noch hielt der Außenminister sich bedeckt. Obwohl der Entente-Partner Frankreich Grey zu einer öffentlichen Beistandserklärung bewegen wollte, um vielleicht doch noch in letzter Minute einen deutschen Aufmarsch zu verhindern, lehnte er eine solch weitreichende Zusage noch ab. Er wusste, dass das Parlament und das Kabinett ihm bei den bisherigen Vermittlungsschritten fast vorbehaltlos gefolgt waren, dass eine solche Verpflichtung aber zu weit gehen würde. Für viele stellte sich die Lage in Europa als ein Konflikt um die serbischen Attentäter im kontinentaleuropäischen Bündnissystem dar. Eine englische Einmischung schien hier nicht zwingend logisch und notwendig. Seine Sorge war daher, dass die erklärten Kriegsgegner im Kabinett, darunter unter anderem Lloyd George, zurücktreten würden und die Regierung auseinander brechen könnte, was angesichts der Lage in Europa fatal

---

[320] Zit. bei Ebd., S. 759.
[321] Erdmann, K. D., Hat Deutschland auch den Ersten Weltkrieg entfesselt?, S. 28f.

gewesen wäre[322]. Er konnte Frankreich zu diesem Zeitpunkt daher kein Versprechen geben, das er unter Umständen später nicht einhalten konnte. Daher hielt er es für richtig lieber „durch Verweigerung einer Verpflichtung jetzt zu enttäuschen, als durch ein gebrochenes Versprechen später zu verraten" (Massie)[323].

Seine persönliche Überzeugung war indes schon seit längerem gefestigt. Während seiner gesamten Amtszeit waren die Beziehungen zwischen England und Frankreich immer enger geworden. Er war überzeugt, dass man die zunehmende Macht Deutschlands auf dem Kontinent unter allen Umständen einschränken müsse, vor allem wenn diese sich gegen Frankreich wende. Das Deutsche Reich würde sich früher oder später, so seine Meinung, auf Kosten Frankreichs und Russlands die Vorherrschaft auf dem Kontinent sichern, was auch für die Briten nicht ohne Folge bleiben würde. Deshalb sei es Englands erste Aufgabe an Frankreichs Seite zu stehen und das Kaiserreich in seine Schranken zu verweisen, solange dies noch realistisch möglich war. Um das Gleichgewicht der Mächte zu erhalten durfte also unter keinen Umständen die Stellung der Franzosen auf dem Kontinent angetastet werden. Wenngleich es keine rechtliche Verpflichtung gab in den drohenden Krieg einzutreten, so gab es dennoch mindestens eine moralische[324]. Die Verbindungen der beiden Länder waren bereits zu eng, um sie zu ignorieren[325]. Doch nicht nur deshalb konnte England eigentlich von Beginn der Krise an nicht neutral bleiben. Allein aus strategischen Gründen konnte man einem Krieg der Großmächte in Europa nicht fern bleiben. Englands Interessen waren durch die jahrelange Annäherung an Frankreich, aber auch an Russland, eng mit deren Interessen verbunden. Der

---

[322] Massie, R., Schalen des Zorns, S. 762.

[323] Ebd., S. 765.

[324] In diesem Zusammenhang äußerte sich der Unterstaatssekretär Crowe gegenüber Grey: „Es gibt keine vertragliche Verpflichtung. Aber die Entente ist in einer Weise geschlossen, gestärkt, auf die Probe gestellt und gefeiert worden, die den Glauben rechtfertigt, daß ein moralischer Bund geschmiedet wurde. Die gesamte Poilitik der Entente kann keinen Sinn haben, wenn sie nicht bedeutet, daß England in einem gerechten Streit seinem Freund beistehen würde [...] Frankreich hat den Streit nicht gesucht. Es ist ihm aufgezwungen worden". Diese Einstellung teilte Grey. Vgl. Geiss, I., Julikrise und Kriegsausbruch 1914, Bd.2, S. 515.

[325] Massie, R., Schalen des Zorns, S. 764, 775.

englische Botschafter in St. Petersburg Buchanan drückte diese Abhängigkeit, die auch Grey bewusst war[326], wie folgt aus:

„a) Entweder siegen Deutschland und Österreich, sie erdrücken Frankreich und demütigen Rußland. Die französische Flotte verschwunden, Deutschland im Besitz des Kanals [...] wie wird dann die Lage eines freundlosen Englands sein? b) Oder Frankreich und Rußland siegen. Wie werden sie sich dann gegen England verhalten? Und wie wird's mit Indien und dem Mittelmeer stehen? In diesem Kampf, der nicht um den Besitz Serbiens geht, sondern bei dem es sich um das Ziel Deutschlands, seine politische Vorherrschaft in Europa zu errichten, und um den Wunsch der Mächte handelt, ihre individuelle Freiheit zu erhalten – in diesem Kampf sind unsere Interessen mit denen Frankreichs und Rußlands verknüpft."[327]

Auch der englische Politiker, Rechtsanwalt und Philosoph Richard Haldane beschrieb später nach dem Krieg in welcher Verbindlichkeit die Engländer gegenüber den Franzosen standen. Er war überzeugt, *„daß das Land nicht in der Lage sein würde, sich aus dem Krieg herauszuhalten [...] [und] daß wir es Frankreich schuldig wären und daß unser nationales Interesse mit der Erhaltung Frankreichs als Großmacht verbunden sei."* Er urteile nach seiner Kenntnis des deutschen Generalstabes, *„daß [...] ein Krieg nicht bloß zur Niederringung Frankreichs und Rußlands sein würde, sondern ein Krieg um die Weltherrschaft."* Er sei daher sicher, *„daß wir später an die Reihe kommen und in die größte Gefahr geraten würden, wenn wir uns heraushielten."* [328]

Aus den aufgeführten Überlegungen heraus ergibt sich, warum Grey am 29. Juli erstmals offen erklärte, dass sich England in einem Konflikt zwischen den Mittelmächten und Frankreich und Russland nicht heraus halten könne. Nachdem die ersten Artilleriegeschosse Belgrad getroffen hatten und in Russland die Vorbereitungen zum Krieg anliefen, musste Grey im Angesicht des drohenden Krieges seine Zurückhaltung aufgeben. Er teilte daher dem deutschen

---

[326] Gutsche, W.; Klein, F. (u.a.), Der Erste Weltkrieg, S. 24.

[327] Gooch, G. P.; Temperley, H. (Hrsg.), Die Britischen Amtlichen Dokumente über den Ursprung des Weltkrieges 1898-1918: Im Auftrage des Britischen Auswärtigen Amtes, 11 Bde., Dt. Ausg. hrsg. v. Lutz, H., Berlin 1926, Bd. 11, Nr. 101, S.135f.

[328] Dieses und die vorherigen beiden Zitate in: Haldane, R.B., An Autobiography, New York 1929., S. 274.

Botschafter in London Lichnowsky am 29. Juli mit England würde *„solange der Konflikt sich auf Österreich und Rußland beschränkte, abseits stehen. Würden [...] aber [Deutschland] und Frankreich hineingezogen, so sei die Lage sofort eine andere und die britische Regierung würde unter Umständen sich zu schnellen Entschlüssen gedrängt sehen"*[329].

Da man in Berlin aber, dem Schlieffen-Plan entsprechend, auch den Krieg gegen Frankreich plante, musste man nun endgültig davon ausgehen, dass die Engländer den Franzosen zur Hilfe kommen würden. Erst jetzt erkannte Bethmann Hollweg, dass der anfangs noch als unwahrscheinlich erklärte große Krieg unmittelbar bevorstand. Sein Kalkül, den Konflikt zu lokalisieren war endgültig zunichte gemacht worden. Alle drei Entente-Mächte hatten gezeigt, dass sie nicht gewillt waren, den Mittelmächten auf dem Balkan tatenlos zu zusehen. Der deutsche Reichskanzler versuchte daher fast schon panisch, die Situation doch noch zu retten[330].

Vergebliche Versuche Bethmann Hollwegs, den Krieg abzuwenden

Am 29. Juli stand Bethmann Hollweg vor den Scherben seiner Risikopolitik. Die russische Mobilmachung zeigte, dass das Zarenreich nicht gewillt war, in Serbien tatenlos zu bleiben. Auch eine mäßigende Wirkung seitens Frankreichs war nicht erkennbar und nun stellte sich auch der britische Außenminister entschieden auf die Seite des französisch-russischen Bündnisses. Im Falle einer Verwicklung des Kaiserreichs in einen Krieg würde man sich also, Serbien mitgezählt, mindestens vier Feinden gegenüber sehen, was die Wahrscheinlichkeit eines Sieges signifikant senkte. Im Angesicht des drohenden europäischen Krieges kamen ihm nun doch Skrupel, die Blankovollmacht betreffend, welche er Anfang Juli noch so großzügig gegenüber Wien ausgesprochen hatte. Um einen europäischen Großbrand zu verhindern, verlangte er von Wien, dass man Belgrad nur als Faustpfand für weitere Verhandlungen nehmen und den britischen Vorschlag, den Konflikt international zu verhandeln doch noch annehmen solle[331]. Da Wien auf seine Aufforderung nicht reagierte, schrieb der sichtlich aufgeregte Hollweg an den deutschen Botschafter in Wien, dass *„wenn Wien [...] jedes Einlenken [...] ablehnt, ist es kaum mehr möglich, Rußland die*

---

[329] Lichnowsky an Jagow, 29.7.1914, in: Geiss, I., Juli 1914, S. 289.
[330] Geiss, I., Die Kriegsschuldfrage, S. 120.
[331] Neitzel, S., Kriegsausbruch, S. 186-188.

Schuld an der ausbrechenden europäischen Konflagration zuzuschieben [...] so dokumentiert Wien, daß es unbedingt einen Krieg will, in den wir hineingezogen sind [...] Wir können deshalb nur dringend empfehlen, daß Österreich den Greyschen Vorschlag annimmt"[332].

Hier zeigte sich die deutsche Handlungsunfähigkeit in der Krise. Berlin war in diesem Moment an das Verhalten Wiens gebunden. Jetzt offenbarte sich, dass man durch die eingeschlagene Risikopolitik und die abgegebene Zusicherung, unter allen Umständen auf der Seite Wiens zu stehen, die eigenen Handlungsoptionen massiv eingeschränkt hatte. Da auch der deutsche Kaiser seit seiner Rückkehr am 27. Juli seine Kriegslust verloren zu haben schien[333], war man in Wien von der diplomatischen Kehrtwende der deutschen Reichsleitung enttäuscht. Wochenland hatte man den Bündnispartner an der Donau dazu ermuntert, in Serbien militärisch vorzugehen. Nun war es aus Sicht der österreichisch-ungarischen Führung zu spät, umzukehren. Gestärkt durch die eigenwillige Zusicherung des deutschen Generalstabschefs von Moltke, dass das Deutsche Reich mobilmachen werde, lehnte das österreichische Kabinett die deutsche Aufforderung, mit den anderen Großmächten in Verhandlungen einzutreten ab[334].

Kriegsausbruch – Der „Zustand drohender Kriegsgefahr" und die Mobilisierung im Deutschen Reich

Weil auch ein letzter Versuch Bethmann Hollwegs durch die Zusicherung der territorialen Integrität des kontinentalen Belgiens und Frankreichs die englische Neutralität zu erlangen scheiterte[335], rechnete sowohl der Generalstab, als auch der Kanzler am 30. Juli mit dem großen Krieg. Als nun die letzten Hoffnungen auf einen kurzen, lokalen Krieg zunichte gemacht wurden, setzte sich vor allem bei den Militärs zusehends der Gedanke des Präventivkrieges durch. Wenn der Krieg schon unumgänglich war, dann sollte er besser aus eigener Initiative

---

[332] Bethmann Hollweg an Tschirschky, 30.7.1914, in: Geiss, I., Juli 1914, S. 308f..

[333] Beeindruckt von Belgrads Entgegenkommen im Bezug auf das österreichische Ultimatum, versuchte Wilhelm II. den drohenden europäischen Krieg doch noch zu vermeiden. Seine Hoffnungen beruhten hauptsächlich darauf, durch seine persönliche Beziehung zu Zar Nikolaus II., in letzter Minute doch noch eine gemeinsame Lösung zu finden. Vgl. Geiss, I., Die Kriegsschuldfrage, S. 118f.

[334] Massie, R., Schalen des Zorns, S. 748; ebenso Neitzel, S., Kriegsausbruch, S. 187f.

[335] Massie, R., Schalen des Zorns, S. 748.

heraus beginnen. Gemäß den Bestimmungen des Schlieffen-Plans, der einen Zeitvorsprung gegenüber den anderen Mächten vorsah, verlangten sowohl der Kriegsminister, als auch der Generalstabschef vom Kaiser, unverzüglich die Generalmobilmachung zu beschließen[336]. Aus innenpolitischen und diplomatischen Gründen verlangte Reichskanzler Bethmann Hollweg allerdings die Rolle des Aggressors Russland zuzuschieben. Denn könnte man den Krieg als einen Verteidigungskrieg darstellen, so wären die Chancen, sowohl den Dreibundpartner Italien, als auch die eigene Bevölkerung, insbesondere die Arbeiterbewegung, auf die eigene Linie zu bekommen, weitaus höher, als bei einem offensichtlichen Angriffskrieg. Zudem gäbe es noch eine letzte, wenn auch minimale Chance, dass sich England an einem augenscheinlich russischen Offensivkrieg nicht beteiligen würde[337].

Als am 30./31. Juli in Russland die Generalmobilmachung verkündet wurde, war wenigstens diese Rechnung Bethmann Hollwegs aufgegangen. Russland hatte zuerst mobilisiert. Offiziell forderte man Russland zwar noch auf, die Maßnahmen zurückzunehmen, doch war allen Beteiligten klar, dass dies praktisch unmöglich war. Seit dem 31. Juli drängte daher neben dem Kriegsminister auch der Reichskanzler den Kaiser den Zustand der „Kriegsgefahr" auszurufen und ein letztes, 12-Stündiges Ultimatum an Russland zu stellen, seine Kriegsvorbereitungen unverzüglich zu stoppen. Noch am selben Tag kam Kaiser Wilhelm II. diesem Drängen nach und nachdem das Ultimatum unbeantwortet blieb, wurde für den 1. August die Generalmobilmachung des Deutschen Reichs beschlossen[338].

Alle Gedanken des Reichskanzlers waren nun darauf ausgerichtet, den Krieg als einen Verteidigungskrieg darzustellen. Vor allem die Arbeiterbewegung hatte in den letzten Julitagen klargemacht, dass sie einen Offensivkrieg nicht unterstützen würde und die Massen mobilisieren konnte. Gemäß den Bestimmungen der II. Sozialistischen Internationalen wandte sich der Parteivorstand der SPD am 25. Juli scharf gegen die Kriegsprovokation der Wiener Doppelmonarchie. Er forderte die Arbeiterklasse auf, sich in

---

[336] Erdmann, K. D., Hat Deutschland auch den Ersten Weltkrieg entfesselt?, S. 41; ebenso Neitzel, S., Kriegsausbruch, S. 187.

[337] Massie, R., Schalen des Zorns, S. 746.

[338] Ebd., S. 749.

Massenkundgebungen gegen den Krieg auszusprechen. Diesem Aufruf folgten bis zum 30. Juli in einer Welle von Antikriegsdemonstrationen über eine halbe Million Bürger und nicht selten kam es zu Zusammenstößen zwischen Polizei und Demonstranten[339]. Geschickt verstand es die kaiserliche Regierung aber sozialistische Opportunisten des rechten Parteiflügels für ihre Sache zu gewinnen und den Krieg auch als eine notwendige Verteidigung der Arbeiter gegen einen zaristischen Überfall darzustellen. So konnte es Bethmann Hollweg bis zum 28. Juli gelingen Einfluss auf den Vorstand der Sozialdemokraten zu nehmen. Er verlangte für die Genehmigung von friedlichen Demonstrationen die Zusammenarbeit im Sinne von Zusagen, dass keine Aufrufe zu Massen- oder Generalstreiks oder gar zur Waffengewalt gemacht werden sollten. Über die plötzliche Verhandlungsbereitschaft der Reichsleitung überrascht, gingen die Sozialdemokraten auf die Forderungen ein. Die Unterstützung der Sozialdemokraten, so äußerte sich Bethmann Hollweg zwei Tage später zufrieden, konnte also als gesichert gelten.

In Frankreich und den anderen Großmächten zeichnete sich Ende Juli und kurz nach Kriegsausbruch ein ähnliches Bild ab. Unfähig ein internationales Vorgehen gegen den Krieg abzustimmen, schwenkten die Arbeiterbewegungen und Gewerkschaften von ihrem harten Antikriegskurs und den angedrohten Generalstreiks ab. Die Regierungen, die für diesen Fall bereits weitgehende Maßnahmen geplant hatten ließen aufgrund der anzunehmenden Wohlgesonnenheit der Arbeiterparteien, von diesen ab[340].

In Deutschland hatten die Sozialdemokraten ebenso gezeigt, dass sie einen Krieg nicht verhindern mochten. Doch war noch unklar, ob sie sich auch offen für ihn aussprachen. Stein des Anstoßes waren die Kriegskredite, die der Reichstag, in welchem die Sozialdemokraten ihr Veto hätten einbringen können, bewilligen musste. Die Propaganda und Rhetorik der Reichsleitung zielte deshalb in den ersten Kriegstagen darauf ab den Krieg als aufgezwungenen Verteidigungskrieg gegen eine zaristische russische Aggression hinzustellen. Eine Ansicht, denen sowohl die Sozialdemokraten des rechten Flügels, als auch viele gemäßigte Parteimitglieder folgten. Nur die Parteilinke, darunter Karl Liebknecht und einige andere Anhänger der Beschlüssen der II. Internationalen,

---

[339] Gutsche, W.; Klein, F. (u.a.), Der Erste Weltkrieg, S. 30-32.
[340] Ebd., S. 34-37.

stimmten gegen die Bewilligung der Kriegskredite. Von den 92 anwesenden sozialistischen Abgeordneten wandten sich insgesamt allerdings nur 14 gegen die Bewilligung[341].

Kriegserklärung des Deutsches Reichs an Russland

Auch politisch und militärisch waren die Dinge nicht mehr aufzuhalten. Moltke, Falkenhayn und Hollweg beschlossen am 31. Juli die Mobilmachung de facto zu beginnen. Nachdem noch am selben Tag die Nachricht der russischen Generalmobilmachung eintraf, konnte man die eigene Mobilisierung am 1. August als Reaktion auf eine russische Aggression darstellen. Ebenfalls am 1. August erfolgte dann um 19 Uhr die offizielle Kriegserklärung an Russland. Zwischenzeitlich gab es noch einmal kurz Aufregung, da Kaiser Wilhelm II. eine Nachricht aus England erhielt, dass die französische Neutralität doch garantiert werden könne, falls die Deutschen von einem Angriff im Westen absehen würden. Die bereits nach Westen marschierenden Truppen wurden daraufhin gestoppt, bis sich die Nachricht wenige Stunden später als eine Falschmeldung herausstellte. Die Dinge konnten nun, gemäß dem Schlieffen-Plan, ihren Gang nehmen und so rückten bereits am 2. August die ersten deutschen Truppen in Luxemburg ein[342].

Dass der Schlieffen-Plan und die damit verbundene Notwendigkeit einen Zeitvorsprung durch schnelle Kriegserklärungen und Truppenbewegungen zu Beginn des Krieges herauszuarbeiten verhängnisvoll war zeigt auch die Tatsache, dass sich Österreich-Ungarn und Russland noch am 31. Juli/1. August in Verhandlungen über eine Anerkennung der Militäraktion gegen Belgrad befanden. Die überstürzte deutsche Kriegserklärung an Russland machte auch diesen letzten Hoffnungsschimmer zunichte. Erst am 6. August erklärte Österreich-Ungarn dem Zarenreich den Krieg[343].

Kriegserklärung des Deutschen Reichs an Frankreich

Da mit dem Kriegseintritt der Franzosen gerechnet wurde, dieser aber noch nicht als komplett gesichert galt, stellte die deutsche Führung am 31. Juli ein letztes Ultimatum an Paris. Die Regierung in Berlin wollte darin wissen, ob Frankreich

---

[341] Ebd., S. 40-43.
[342] Neitzel, S., Kriegsausbruch, S. 189f.
[343] Massie, R., Schalen des Zorns, S. 752f.

in einem deutsch-russischen Krieg neutral bleiben werde. Falls ja, so sollten die strategisch wichtigen Festungen Toul und Verdun den Deutschen als Sicherheit übergeben werden[344].

Als die Franzosen die Frist verstreichen ließen und in einem Antwortschreiben darauf hinwiesen, dass Frankreich tun werde, *„was seine Interessen geböten"*[345] war klar, wie deren Haltung aussehen würde und so erfolgte auch hier zeitnah, am 3. August, die Kriegserklärung des Deutschen Reichs an Frankreich[346]. Bethmann Hollweg schrieb später:

> *„Als das französische Kabinett auf unsere Anfrage, die bekannte Antwort gegeben hatte, daß Frankreich tun werde, was seine Interessen ihm geböten, blieb uns keine Wahl, als den Kriegszustand mit Frankreich zu erklären"*[347].

Als Staatspräsident Poincaré am 29. Juli aus St. Petersburg zurückgekehrt war, konnte er den Gang der Krise kaum mehr ändern. Auch die Stimmung in Frankreich gab Anlass zur Sorge. Friedensdemonstrationen, Protestmärsche und die linke Mehrheit im Parlament drohten die von ihm abgegebenen Zusagen an St. Petersburg zu untergraben. Sein Ziel war es deshalb, man vergleiche die Ähnlichkeit mit dem Nachbarland, das eigene Land als Opfer einer Aggression darzustellen. Während der ganzen Krise blieb er daher eher passiv. Seine Truppen wurden nur bis auf 10 km Abstand zur Grenze stationiert um Zwischenfälle, die als Aggression ausgelegt werden konnten, zu vermeiden. Erst als im Deutschen Reich die Generalmobilmachung beschlossen wurde, wurde diese in Frankreich ebenfalls am 1. August durchgeführt. Nach der letzten offenen Aggression des Deutschen Reichs, der Kriegserklärung am 3. August, konnte Poincaré daher den Großteil der Bevölkerung in einem, von ihm proklamierten, Verteidigungskrieg hinter sich wissen[348].

---

[344] Ebd., S. 750.

[345] Botschafter Schoen an Jagow, 1.8.1914, in: Geiss, I., Juli 1914, S. 353.

[346] Stevenson, D., 1914-1918, S. 46.

[347] Hollweg, Th. v. B., Betrachtungen zum Weltkriege, 2 Bde., Berlin 1919, Bd. 1, S. 164.

[348] Neitzel, S., Kriegsausbruch, S. 190f.; ebenso Stevenson, D., 1914-1918, S. 46f.

Die Verletzung der belgischen Neutralität und der Eintritt Englands in den Krieg

Das deutsche Kalkül von einem erfolgreichen Krieg hing nicht unbedeutend von der Haltung Englands während eines Krieges ab. Während der letzten Julitage wurde immer offensichtlicher, dass man mit dem Kriegseintritt Frankreichs und Russlands rechnen musste. Im Angesicht des sich abzeichnenden europäischen Krieges und den schwindenden Siegeschancen, versuchte man in Berlin daher wenigstens England herauszuhalten. Seit dem 29. Juli bemühte sich Bethmann Hollweg daher um eine britische Neutralitätszusage. Hierfür stellte er die Integrität des kontinentalen Frankreichs und Hollands nach dem Krieg in Aussicht. Belgien betreffend telegraphierte er an Grey, wisse er nicht, welche Gegenmaßnahmen gegen Frankreich erforderlich sein würden[349]. Nach dem Krieg könne er aber auch dessen Integrität und Souveränität garantieren.

Die Wirkung im Foreign Office war verheerend. Anstatt sich auf den Handel einzulassen, zeigte man sich empört, weil Hollweg offen zugab, das neutrale Belgien verletzen zu wollen. Grey wusste, dass er der Antikriegsstimmung, die sein Land beherrschte, mit Hilfe des geplanten deutschen Umgangs mit Belgien entgegnen konnte. Hier musste er den Hebel ansetzen, um seine Überzeugung, den Franzosen beizustehen, umsetzen zu können. In einem Telegramm nach Paris und Berlin fragte er, wie die Länder zu der durch die europäischen Großmächte seit 1839 garantierten Unabhängigkeit stehen würden. Während Frankreich diese sofort garantieren konnte, erhielt er aus Berlin nur die ausweichende Antwort, dass man das Handeln den Gelegenheiten anpassen müsse[350].

Die Stimmung im Parlament und in der Öffentlichkeit begann daraufhin zu kippen. Einen unprovozierten Angriff auf das neutrale Belgien war man nicht bereit zu dulden. Die Situation verschärfte sich, als das Deutsche Reich am 2. August ein Ultimatum nach Brüssel übersandte, in dem es die belgische Regierung aufforderte, den deutschen Truppen das Durchmarschrecht zu

---

[349] Tatsächlich wusste er, dass ein Krieg gegen Frankreich nur über einen Vormarsch durch Belgien gelingen konnte. Gemäß dem Schlieffen-Plan mussten die massiven Verteidigungsstellungen an der deutsch-französischen Grenze umgangen werden. Eine Verletzung der belgischen Neutralität war daher zwingend eingeplant. Er folgte daher der Argumentation der Militärs, dass eine Verletzung der belgischen Unabhängigkeit zwar nicht rechtens, militärisch allerdings notwendig sei. Vgl. Massie, R., Schalen des Zorns, S. 767, 769f..

[350] Neitzel, S., Kriegsausbruch, S. 191f.

gewähren. Die Regierung in Brüssel lehnte ab und sandte noch in derselben Nacht ein Hilfeersuchen nach London. Mit den Tatsachen konfrontiert konnten die meisten Minister und das Parlament überzeugt werden, dass man einem Angriffskrieg der Deutschen gegenüberstand und diesem nicht tatenlos zusehen dürfe. Am 3. August erging daher ein Ultimatum an das Deutsche Reich, unverzüglich die Truppen aus Belgien zurückzuziehen. Nachdem die 24-Stunden Frist ohne Antwort verstrich, trat am 4. August automatisch der Kriegszustand zwischen England und dem Deutschen Reich ein.

Der große europäische Krieg hatte begonnen.[351]

Der Austritt Italiens aus dem Dreibund

Während der Julikrise nahm Italien eine gewisse Sonderrolle ein. Seit 1882 dem Dreibund zugehörig, schied es in den Jahren vor 1914 wegen der sich verschärfenden Interessensgegensätzen mit den Österreichern auf dem Balkan als verlässlicher Bündnispartner immer mehr aus.[352]

Bereits am 14. und 18. Juli machte der italienische Außenminister Machese di San Diuliano klar, dass falls es zu einem Krieg der Österreicher auf dem Balkan kommen sollte, dieser solange nicht hingenommen würde, bis Italien entsprechende Kompensationen erhielte. Die Absichten waren klar: Eine einseitige Machtverschiebung auf dem Balkan zugunsten der Doppelmonarchie konnte nicht akzeptiert werden. Aus diesem Grunde wurde sehr schnell deutlich, dass sich die Italiener nicht an einer Aktion der Mittelmächte beteiligen wollten. Nach Bekanntwerden des Ultimatums an die Serben am 24. Juli erklärten die Diplomaten aus Rom, dass jegliche militärische Aktion gegen Serbien die Verletzung des Bündnisvertrags sei und Italien keine Verpflichtung habe, an einem Angriffskrieg teilzunehmen. Man werde einen solchen nicht unterstützen, sondern im Gegenteil, für diejenige Seite Partei ergreifen, welche eine Ausweitung des österreichischen Einflusses auf dem Balkan entgegentreten würde[353].

---

[351] Erdmann, K. D., Hat Deutschland auch den Ersten Weltkrieg entfesselt?, S. 29; ebenso Geiss, I., Die Kriegsschuldfrage, S. 124 und Massie, R., Schalen des Zorns, S. 769-775.

[352] Gutsche, W.; Klein, F. (u.a.), Der Erste Weltkrieg, S. 17; ebenso Valiani, L., Verhandlungen zwischen Italien und Österreich-Ungarn, S. 319.

[353] Valiani, L., Verhandlungen zwischen Italien und Österreich-Ungarn, S. 318-320.

Als Ende Juli/Anfang August 1914 der Krieg zwischen den Großmächten ausbrach, hielt sich Italien zunächst heraus. Man betrachtete den Krieg nicht als einen Verteidigungs-, sondern als einen Angriffskrieg, der durch das österreichische Vorgehen gegen Serbien begonnen hatte[354]. In einer kurzen Mitteilung hieß es daher, dass *„Italien weder dem Buchstaben noch nach dem Geist des Dreibundvertrages verpflichtet ist, an einem Krieg teilzunehmen, der nicht den Charakter eines Verteidigungskrieges hat."*[355]

In den folgenden Wochen und Monaten versuchten sich die Italiener ihre Neutralität durch teilweise sehr weitreichende Kompensationszusagen abkaufen zu lassen. Nachdem aber die beiden deutschen Großmächte diesen nicht ernsthaft nachkamen, orientierte sich der ehemalige Bündnispartner zunehmend an den Entente-Mächten und trat am 23. Mai 1915 auf deren Seite in den Krieg ein.[356]

4. August 1914

Als deutsche Truppen seit am 2. August gemäß dem Schlieffen-Plan in Belgien einmarschierten und dessen Neutralität verletzten, trat England am 4. August in den Krieg der Entente-Mächte gegen den Zweibund ein[357]. Überall in Europa waren die Regierungen nun bemüht, sich als die jeweilig angegriffenen darzustellen. Dies hatte verschiedene Motivationen. Konnte man sich als Opfer einer feindlichen Invasion präsentieren, so war es möglich, problemlos große Bevölkerungsmassen zu mobilisieren und den pazifistischen Widerstand zu brechen. Admiral von Müller bemerkte daher Anfang August: *„Stimmung glänzend"*, die Regierung hätte es geschafft, *„uns als die Angegriffenen"* [358] erscheinen zu lassen. Während man sich in England und Frankreich als Opfer eines aggressiven Pangermanismus, der nach der Weltmacht strebte betrachtete, versuchte die deutsche Reichsleitung sich als Angegriffener einer ausländischen Verschwörung darzustellen. Diese „Einkreisung" sei in den Jahren zuvor von

---

[354] Massie, R., Schalen des Zorns, S. 752.

[355] Geiss, I., Julikrise und Kriegsausbruch 1914, Bd.2, S. 551.

[356] Valiani, L., Verhandlungen zwischen Italien und Österreich-Ungarn, S. 322-324.

[357] Stevenson, D., 1914-1918, S. 48-51, 53.

[358] Röhl, J. C. G., Admiral von Müller and the Approach of War, 1911-1914, in: Historical Journal 12, 1969, S. 670.

Russland und Frankreich ausgegangen, da man den Deutschen ihre Erfolge neide. Nun rolle die russische Dampfwalze gegen das friedliche Deutsche Reich und man befinde sich in einem Existenzkampf, der sehr bald zum Kampf von Germanen gegen Slawen, von deutscher Kultur gegen Barbarei und von deutschen Werten gegen kapitalistisch-materialistische Werte stilisiert wurde[359].

Die rasch formulierten Gegensätze, führten vor allem in den ersten Kriegswochen zu erstaunlichen Szenen auf den Straßen der Großstädte. Vor allem im Deutschen Reich schienen durch den Kriegsausbruch, glaubt man den Augenzeugenberichten und zeitgenössischen Geschichtsschreibern, die sozialen Spannungen und Klassengegensätze im August aufgehoben worden zu sein. Sehr bald entwickelte sich hier der Mythos vom „Augusterlebnis" und dem „Geist von 1914". Doch zeigen neuere Studien, dass die sogenannte Kriegsbegeisterung differenzierter betrachtet werden muss. Vor allem die Frage wo, wann und wer sich an den öffentlichen Kriegseuphorien beteiligte ist in diesem Zusammenhang zu stellen. Im folgenden Kapitel soll daher die Stimmung des deutschen Volkes nach der Kriegserklärung im Laufe des Augusts 1914 näher betrachtet werden.

Die Kriegsbetrachtung in der Bevölkerung

Während der Jahre vor 1914 schwand überall in Europa der politische, teilweise aber auch der gesellschaftliche Widerstand gegen den Krieg. Im Zeichen der immer schneller aufeinander folgenden internationalen Krisen und deren zunehmender Intensität, bekam die militaristische Vorstellung, Krieg sei nur die Fortführung der Politik mit anderen Mitteln, zunehmende Akzeptanz. Opposition kam hauptsächlich von den pazifistisch eingestellten Arbeiterbewegungen. Doch die internationale Zusammenarbeit, welche man noch in der Sozialistischen Internationale von 1899 vereinbart hatte, funktionierte so gut wie gar nicht[360].

Auch ideologisch wurde die Kriegslegitimation seit den späten 1880er Jahren vorangetrieben. Nicht nur in der Mittel- und Oberschicht, sondern auch zunehmend unter Arbeitern, Bauern und Kleinbürgern breiteten sich die sozialdarwinistische Vorstellung vom Kampf ums Dasein des deutschen Volkes

---

[359] Schulin, E., Die Urkatastrophe des zwanzigsten Jahrhunderts, S. 9f.
[360] Stevenson, D., 1914-1918, S. 54-56, 59.

aus[361]. Einflussreiche Organisationen wie der Alldeutsche Verband, der Flotten- oder der Wehrverein trugen über Jahre hinweg die sozialdarwinistischen und imperialistischen Ideen über die Medien ins Volk. Daraus resultierte fast zwangsläufig eine Überschätzung des eigenen und eine Geringschätzung anderer Völker, welche im Zusammenhang mit der jahrelang ernüchternden deutschen Außenpolitik das Verlangen nach einer kriegerischen Durchsetzung angeblich berechtigter deutscher Interessen erhöhte[362]. Dies führte nicht zuletzt zu einem gewissen Gesinnungsmilitarismus, der durch die damals noch junge Geschichte des Deutschen Reichs scheinbar bestätigt wurde. Da die Einigung des Reichs 1871 vor allem mit militärische Mitteln[363] erreicht wurde, herrschte zunächst vor allem unter den Militärs, sehr bald aber auch in den Köpfen der Mittel- und Oberschicht sowie der jungen Generation die Einstellung vor, dass der Krieg ein fester Bestandteil des menschlichen Daseins sei und als Erweiterung diplomatischer Mittel betrachtet werden müsse. Gemäß sozialdarwinistischer Lehre war die internationale Politik nichts weiteres, als der Kampf des eigenen Volkes ums Überleben. Stillstand war mit Rückschritt gleichzusetzen. Aus dieser Logik wurde die Legitimation einer expansionistische Politik und in letzter Konsequenz auch für Präventivkriege gezogen. Vor allem das noch junge deutsche Volk müsse daher stetig kampfbereit sein, um seinen Anspruch, im Konzert der Großmächte mitzuspielen, zur Not auch militärisch zu beweisen zu können. Dieser vorwärts gerichtete Militarismus fand sich vor allem in der damals zahlreichen jüngeren Generation wieder, die den Krieg nicht zuletzt auch als eine Art Feuerprobe und Möglichkeit, sich zu beweisen, betrachtete[364].

---

[361] Rohrkrämer, Th., August 1914: Kriegsmentalität und ihre Voraussetzungen, in: Michalka, W. (Hrsg.), Der Erste Weltkrieg: Wirkung – Wahrnehmung – Analyse: Im Auftrag des Militärgeschichtlichen Forschungsamtes, München (u.a.) 1994, S. 759-777, S. 760.

[362] Rürup, R., Die Ideologisierung des Krieges: Die „Ideen von 1914", in: Böhme, H.; Kallenberg, F. (Hrsg.), Deutschland und der Erste Weltkrieg: Ringvorlesung an der Technischen Hochschule Darmstadt im Wintersemester 1984/85, Darmstadt 1987, S. 121-143, S. 127f.

[363] Nach einem kurzen und erfolgreichen Krieg des Deutschen Reichs gegen Frankreich 1870/71 gründete Reichskanzler Otto von Bismarck am 18.1.1871 in Versailles das Deutsche Reich.

[364] Rohrkrämer, Th., August 1914: Kriegsmentalität und ihre Voraussetzungen, S. 761-764, 769, 773f..

Die kriegsbefürwortende Stimmung wurde zudem durch steigende gesellschaftliche Spannungen unterstützt. Der Zeitraum zwischen dem Ende des 19. Jahrhunderts und 1914 ist auch eine Zeit großer innenpolitischen Veränderungen. Fast ganz Europa unterlag im Zeitalter der Hochindustrialisierung einem bedeutenden sozialen, kulturellen und politischen Wandel. Umfangreiche technische und wissenschaftliche Neuerungen, das Entstehen neuer sozialer Klassen, der vermeintliche Siegeszug der industriell-urbanen Massengesellschaft und die rasante Verstädterung und Binnenwanderung führten um die Jahrhundertwende zu einem Prozess der Suche nach Sinnstiftung und zu einer umfangreichen Kulturkritik[365]. Vor allem in den Augen deutscher Intellektueller und der Oberschicht war die Gesellschaft durch die falschen, bürgerlichen Ideale vergiftet worden und bedürfe daher einer Erneuerung. Nachdem der Krieg ausgebrochen war, hofften vor allem diese Teile der Gesellschaft, dass durch diesen die Möglichkeit gekommen war, dieses Ziel zu erreichen und die scharfen gesellschaftlichen Spannungen der letzten Jahre beenden zu können. Der Krieg wurde daher nicht nur als Zerstörer, sondern auch Erneuerer[366] und Restaurierer der Gesellschaft[367] wahrgenommen. So wich der Kulturpessimismus im August, zumindest kurzfristig dem Kriegsoptimismus, der nicht zuletzt maßgeblich zur angeblich allgemeinen Kriegsbegeisterung beitrug[368].

---

[365] Mai, G., „Verteidigungskrieg" und „Volksgemeinschaft". Staatliche Selbstbehauptung, nationale Solidarität und soziale Befreiung in Deutschland in der Zeit des Ersten Weltkrieges (1900-1925), in: Michalka, W. (Hrsg.), Der Erste Weltkrieg: Wirkung – Wahrnehmung – Analyse: Im Auftrag des Militärgeschichtlichen Forschungsamtes, München (u.a.) 1994, S. 583-602, S. 584.

[366] So schrieb selbst der liberale Journalist Hellmut von Gerlach in der von ihm wöchentlich herausgegebenen „Welt am Montag": „Der große Zerstörer Krieg ist auch ein großer Erneuerer. Er stürzt um und er baut auf", Gerlach H. v., Das Jahr des Umsturzes, in: Die Welt am Montag, Nr. 52, 28.12.1914, S. 1f.

[367] So hofften beispielsweise die Konservativen, dass der Krieg als Mittel der Integration der Arbeiterschaft, durch deren Heranführung an den Staat, dienlich sein könne. Die Arbeiterparteien hingegen erhoffen sich durch ihre Pflichterfüllung im Krieg und durch den sogenannten „Burgfrieden", am Ende mit sozialen Reformen entlohnt zu werden. Vgl. Rohrkrämer, Th., August 1914: Kriegsmentalität und ihre Voraussetzungen, S. 761.

[368] Rürup, R., Die Ideologisierung des Krieges, S. 128; ebenso Verhey, J., Der „Geist von 1914" und die Erfindung der Volksgemeinschaft, Hamburg 2000, S. 212.

Die Stimmung der Bevölkerung nach Bekanntgabe des Kriegszustandes

Nachdem am 28. Juni 1914 der österreichische Thronfolger Franz Ferdinand in Sarajevo einem öffentlichen Anschlag zum Opfer fiel, war die Empörung während der darauf folgenden Tage groß. Die Presse setzte sich mehrere Tage mit dem Ereignis auseinander, doch bereits nach einer Woche war fast nichts mehr davon zu lesen. Bis zum Bekanntwerden des österreichischen Ultimatums beherrschte vor allem der sommerliche Alltag und sonstige Geschehnisse die regionale und überregionale Presse[369]. Erst als dieses bekannt wurde, rückten die diplomatischen Aktivitäten der Großmächte wieder ins Interesse der Zeitungen und damit auch der Öffentlichkeit[370]. Zu diesem Zeitpunkt lässt sich allerdings mitnichten eine kriegstreiberische Stimmung feststellen. Vielmehr überwog, selbst bei den Sozialdemokraten, die Hoffnung und das Vertrauen in die deutsche Führung, dass ein Krieg mit friedlichen Mitteln abgewendet werden würde[371]. Erst als sich die Lage zuspitzte, beherrschte die Thematik der Kriegsgefahr die Öffentlichkeit, wenngleich die mehrheitliche Stimmungslage, auch als Österreich Serbien den Krieg erklärte, nicht kriegsverherrlichend war. Selbst konservative Blätter hofften auf einen lokal begrenzten Krieg und sahen im österreichischen Vorgehen eine unverantwortliche Kriegsprovokation[372].

Insgesamt lässt sich sagen, dass die Stimmung landesweit sehr ernst und angespannt war. Neugierig versammelten sich viele Menschen an den Orten, an denen die neuesten Extrablätter und Telegramme veröffentlicht wurden. Um die Spannung zu ertragen oder zu überbrücken wurden nicht selten patriotische

---

[369] Geinitz, Ch.; Hinz, U., Das Augusterlebnis in Südbaden: Ambivalente Reaktionen der deutschen Öffentlichkeit auf den Kriegsbeginn 1914, in: Hirschfeld, G.; Krumeich, G. (u.a.) (Hrsg.), Kriegserfahrungen: Studien zur Sozial- und Mentalitätsgeschichte des Ersten Weltkriegs, 1. Aufl., Essen 1997, S. 20-36, S. 24.

[370] Im Gegensatz zu persönlichen Erinnerungen oder den offiziellen Stellungnahmen der Zeitgenossen, die meist erst viele Jahre später, teilweise aber auch propagandistisch verwendet oder zensiert wurden, bieten sich vor allem Zeitungen als Quelle zur Erforschung der öffentlichen Meinung an. In allen großen Städten sind täglich mehrere Zeitungen erschienen. Die Bandbreite war sehr breit und jede bedeutende politische Richtung oder Partei hatte offizielle oder halboffizielle Zeitungen. Die damals landesweit über 3600 Zeitungen sind somit ein relativ gutes Instrument, die öffentliche Meinung und deren unmittelbare Interessen nachzuvollziehen. Vgl. Verhey, J., Der „Geist von 1914" und die Erfindung der Volksgemeinschaft, S. 31-34.

[371] Geinitz, Ch.; Hinz, U., Das Augusterlebnis in Südbaden, S. 24f.

[372] Verhey, J., Der „Geist von 1914" und die Erfindung der Volksgemeinschaft, S. 39-41.

Lieder angestimmt. Von einer Kriegsbegeisterung vor dem 1. August konnte man dennoch nicht sprechen, sondern eher von vorherrschenden starken Stimmungsschwankungen, die sowohl Hoffnungen als auch Befürchtungen zum Ausdruck brachten[373].

Die im Nachhinein oft glorifizierte, angeblich allgemeine Kriegsbegeisterung ist deshalb frühestens ab dem 31. Juli/1. August mit der Verkündung des Kriegszustandes und der deutschen Kriegserklärung an Russland zu suchen. Die große Anspannung und Ungewissheit der letzten Tage, das undefinierbare Gemisch an Gefühlen, das in den Tagen vor dem 31. Juli vorherrschte, erfuhr mit einem Schlag eine gewisse Wendung. Das Ausrufen des Kriegszustandes wirkte tatsächlich fast überall, zunächst einmal, erlösend. Ein Faktum, das man in allen beteiligten Staaten vorfinden konnte[374]. Die sich überschlagenden und nicht selten widersprüchlichen Meldungen, Gerüchte und Andeutungen der letzten Tage, waren mit der Ausrufung des „Zustands drohender Kriegsgefahr" am 31. Juli und der Mobilmachung zwei Tage später durch nicht mehr anzuzweifelnde Tatsachen abgelöst worden[375].

In der deutschen Hauptstadt zeigte sich an den großen Versammlungsorten tatsächlich ein kriegseuphorisches Bild. So verkündete Kaiser Wilhelm II. unter tosendem Beifall der Menge, dass er in dem bevorstehenden Kampfe *„keine Parteien mehr"* kenne, sondern *„nur noch Deutsche"*[376]

Vor allem in den sehr großen Städten war eine gewisse Erleichterung beziehungsweise Kriegsbegeisterung nach der Anspannung der letzten Tage festzustellen. Auf dem Land, vor allem aber in den grenznahen Gebieten, zeigte sich hingegen eine ernste und durchaus gedrückte Stimmung[377].

In Anbetracht der im Nachhinein immer wieder erwähnten angeblichen allgemeinen Kriegseuphorie ist es daher unerlässlich, in diesem Zusammenhang eine genauere Analyse, wer an den Kundgebungen teilnahm, vorzunehmen.

---

[373] Geinitz, Ch.; Hinz, U., Das Augusterlebnis in Südbaden, S. 25f.; ebenso Verhey, J., Der „Geist von 1914" und die Erfindung der Volksgemeinschaft, S. 39-41, 106f., 117, 137.

[374] Rürup, R., Die Ideologisierung des Krieges, S. 126.

[375] Geinitz, Ch.; Hinz, U., Das Augusterlebnis in Südbaden, S. 26f.

[376] Zit. bei Treue, W., Die deutschen Parteien: Vom 19. Jahrhundert bis zur Gegenwart, Frankfurt a.M. (u.a.) 1975, S. 102.

[377] Verhey, J., Der „Geist von 1914" und die Erfindung der Volksgemeinschaft, S. 123f.

Betrachtet man die jubelnden Massen nämlich genauer, so fällt auf, dass die meisten Teilnehmer neben Soldaten, vor allem Jugendliche und Angehörige der Mittel- und Oberschicht waren. Auf den meisten Abbildungen sieht man neben jungen, vor allem gut und sehr gut gekleidete Menschen. Typische Arbeiter, die einen Großteil der Bevölkerung ausmachten, fehlten fast gänzlich[378]. Auch die angeblich umjubelten Soldatenabschiede, die in einem Meer von Blumen in den Krieg gezogen sein sollen, fanden zu Kriegsbeginn nur selten statt. Nicht selten fand man hier trauernde Frauen, Kinder und Ehemänner vor. Erst als Mitte August die ersten Siegesnachrichten von der Front einen kurzen, siegreichen Krieg vermuten ließen, gestalteten sich diese, zumindest eine kurze Zeit lang, euphorischer[379]. Auch der Appell der politischen Führung und konservativer Kräfte im Reich an die Vaterlandesverteidigung und die Volksgemeinschaft, sowie die Überzeugung, in einen kurzen, siegreichen Verteidigungskrieg zu ziehen, überzeugte während der ersten Kriegswochen wohl den ein oder anderen Zweifler[380].

Doch die Kriegsbegeisterung beschränkte sich letztlich hauptsächlich auf die Großstädte. In Berlin kam es am 1. August zur wohl größten, spontanen Menschenansammlung. Nach der Bekanntgabe der Mobilmachung zeigten sich hier wohl mehrere Hunderttausend begeistert. In anderen Großstädten spielten sich ähnliche Szenen ab, wenngleich die Zahl der Teilnehmer nicht annähernd dasselbe Ausmaß annahm[381]. Diese offenen Euphorieausbrüche täuschen allerdings darüber hinweg, dass vor allem unter den urbanen Arbeitern nur wenig Freude aufkam. Die Stimmung abseits der großen Versammlungsorte, vor allem in den Arbeitervierteln, war mindestens nachdenklich, wenn nicht sogar sorgenvoll und gedrückt. Die Rheinische Zeitung schrieb hierzu treffend: *„Eine enge Stimmung liegt in den späten Abendstunden über unsren Arbeitervierteln. Kein Lärm und keine Lieder. Weinende Frauen und ernste gefaßte Männer"*[382].

---

[378] Stevenson, D., 1914-1918, S. 57; ebenso Verhey, J., Der „Geist von 1914" und die Erfindung der Volksgemeinschaft, S. 122f, 137.

[379] Verhey, J., Der „Geist von 1914" und die Erfindung der Volksgemeinschaft, S. 175.

[380] Berghahn, V., Wettrüsten und Kriegsgefahr, S. 87.

[381] Stevenson, D., 1914-1918, S. 56f.; ebenso Verhey, J., Der „Geist von 1914" und die Erfindung der Volksgemeinschaft, S. 117-119.

[382] Der große Abschied, in: Rheinische Zeitung, Nr. 179, 5.8.1914, S.2-3.

Niemand wusste, was der Krieg mit sich bringen würde. Musste der Mann in den Krieg ziehen, so erwarteten ihn in der Regel ein schlechter Sold und eine schlechte Versorgung der Familie durch den Staat. Wer nicht in den Krieg zog, wurde mit einer exorbitant steigenden Arbeitslosenquote, die sich von 2,7% im Juli auf 22,7% im August fast verzehnfachte, oder krassen Lohnkürzungen bestraft. Kurz gesagt: Die Arbeiter waren im August, wenngleich es Ausnahmen gegeben haben mag, weder kriegsbegeistert, noch kriegsbereit[383].

In den ländlichen Gebieten, vor allem aber in grenznahen Territorien sah die Stimmung nicht besser aus. Zwar gab es hier in den ersten Kriegstagen kaum öffentliche negative Kriegsdeutungen und eine zunächst einhellig demonstrierte Kriegsbereitschaft[384], doch war die Stimmung hier, übrigens ähnlich wie in Frankreich, überwiegend gedrückt und besorgt[385]. Dies lag nicht zuletzt daran, dass die bäuerliche Bevölkerung stärker als andere Schichten vom Krieg betroffen war. Durch die Einberufung der jungen Männer fehlten wichtige Arbeitskräfte während der Erntezeit. Auch wurde vom Staat viel Material wie beispielsweise Wagen und Pferde für den Krieg beansprucht. Daher ist es nicht verwunderlich, dass es von der Landbevölkerung kaum Berichte über Kriegsbegeisterung gibt. Auch in den Grenzgebieten finden sich kaum derartigen Überlieferungen.

Die begeisterten Massen fand man im August 1914 daher hauptsächlich in den besseren Wohnvierteln der großen Städte, während man in den Wohngebieten der unteren Mittelschicht und der Arbeiterschaft Angst, Ungewissheit, zum Teil sogar auch Panik vorfinden konnte. Auch geographisch gab es diesbezüglich Unterschiede. Kriegseuphorische Menschenmassen fanden sich hauptsächlich in der Mitte und dem Westen des Deutschen Reichs, wohingegen allein im August ca. 870.000 Menschen aus ihrer Heimat im Osten flüchteten. Erst als die russische Invasionsgefahr nach der Schlacht von Tannenberg Ende August 1914

---

[383] Berghahn, V., Wettrüsten und Kriegsgefahr, S. 79; ebenso Stevenson, D., 1914-1918, S. 56f. und Verhey, J., Der „Geist von 1914" und die Erfindung der Volksgemeinschaft, S. 106-119, 125-127, 160f., 163.

[384] Geinitz, Ch.; Hinz, U., Das Augusterlebnis in Südbaden, S. 26f., 34.

[385] Geinitz, Ch.; Hinz, U., Das Augusterlebnis in Südbaden, S. 34; ebenso Stevenson, D., 1914-1918, S. 57f.

gebannt war, normalisierte sich die Lage dort allmählich. Auch an der französischen Grenze in Elsass-Lothringen und dem grenznahen Saargebiet lässt sich keine Kriegsbegeisterung nachweisen[386].

Um eine angeblich vorhandene, allgemeine Kriegsbegeisterung zu untermauern, wird oft auf die hohe Einberufungsquote und Zahl von Kriegsfreiwilligen verwiesen. In der Tat lag jene Einberufungsquote junger Männer über den Erwartungen der jeweiligen Heeresleitungen. Im Deutschen Reich rechnete man zu Kriegsbeginn mit 10% Verweigerern, in Frankreich mit 13%. Tatsächlich lag die Rate allerdings im unteren einstelligen Bereich. Dies ist aber nicht zuletzt auf das ausgeprägte Nationalbewusstsein, den erfahrenen Umgang mit der Wehrpflicht, die fortgeschrittene Alphabetisierung und den nicht zu unterschätzenden Beitrag der nationalistischen Presseorgane zurückzuführen[387]. Im Gegensatz zur älteren Generation, die dem Krieg eher kritisch gegenüber stand, suchten viele junge Männer in der nationalistisch aufgeheizten Stimmung des Sommers 1914, die Möglichkeit, sich wie die 1870/71er Generation zu beweisen. Auch mag Abenteuerlust, Neugierde, finanzielle Not oder Idealismus bei manch jungem Mann zu seiner scheinbaren Kriegsbegeisterung und Bereitschaft beigetragen haben[388]. Die weit verbreitete Annahme, dass sich mehr als eine Million Freiwillige im Deutschen Reich zum Kriegsdienst gemeldet hätten ist nach neuestem Erkenntnisstand allerdings übertrieben und muss auf ca. 185.000. Mann reduziert werden[389].

Nicht übertrieben hingegen ist die weit verbreitete Bereitschaft, sein Vaterland im zivilen Bereich zu verteidigen. Neben angeblich stattgefundenen Entscheidungsschlachten, verbreiteten die von Sensationsgier getriebenen Zeitungen kurz nach Kriegsbeginn zahlreiche Meldungen mutmaßlicher Aktivitäten ausländischer Spione, die Gebäude sabotieren oder das Trinkwasser der Großstädte vergiften würden. Auch von angeblichen Gräueltaten der Alliierten konnte man fast täglich lesen. Dies hatte teilweise paradoxe

---

[386] Verhey, J., Der „Geist von 1914" und die Erfindung der Volksgemeinschaft, S. 155-157, 159f.

[387] Stevenson, D., 1914-1918, S. 58f.

[388] Gasser, A., Preussischer Militärgeist und Kriegsentfesselung 1914: Drei Studien zum Ausbruch des Ersten Weltkrieges, Basel (u.a.) 1985, S. 108; ebenso Rohrkrämer, Th., August 1914: Kriegsmentalität und ihre Voraussetzungen, S. 760f.

[389] Verhey, J., Der „Geist von 1914" und die Erfindung der Volksgemeinschaft, S. 168.

Auswirkungen zur Folge. Überall gründeten sich Bürgerwehren zum Schutz von militärischen Anlagen und Infrastrukturen. Die Folge war, dass eine regelrecht hysterische Jagt nach vermeintlichen Spionen einsetze. Selbst Fremdwörter waren nicht mehr sicher und so wurde mancher Wirt dazu aufgefordert, seinen „Chateaubriand" entweder umzubenennen oder von der Speisekarte zu entfernen. Die Hysterie ging soweit, dass in vielen Städten die Polizei die Bürger zur Vernunft rufen musste. In Anbetracht der Tatsache, dass beispielsweise in Frankfurt am Main eine Bürgerwehr stundenlang auf Wolken schoss, welche sie für französische Flugzeuge hielt, scheint dies notwendig gewesen zu sein[390].

Betrachtet man die Kriegsbegeisterung des August 1914 im Gesamten, so muss man diese nach neuestem Stand der Dinge sehr differenziert betrachten.

In der Öffentlichkeit war die Kriegsbegeisterung groß, beschränkte sich allerdings auf wenige Orte und war tatsächlich teilweise sehr spontan. Doch bereits hier muss man „generations-, berufs-, geschlechtsspezifische und regionale Unterschiede"(Verhey) machen. Die Euphorie beschränkte sich hauptsächlich auf die Großstädte und dort wiederum größtenteils auf die bessere Mittel- und Oberschicht, sowie die gebildete Jugend. In den Kleinstädten, auf dem Land, den grenznahen Gebieten und den Arbeitervierteln kam keine Kriegsbegeisterung auf. Wenngleich Mitte August auch in manchem Arbeiterviertel die schwarz-weiß-rote Flagge zu sehen war und sich das Proletariat an den aufkommenden Siegesfeiern beteiligte, ist dies nicht als Beleg einer tiefgreifenden Begeisterung zu werten. Die Mehrheit der Deutschen war letzten Endes nicht, wie lange geglaubt, einem blinden Militarismus und der Kriegsliebe verfallen[391]. Der Kriegsbeginn markierte daher ebenso wenig den Beginn einer allgemeinen Kriegsbegeisterung. Er offenbarte vielmehr die ambivalenten Gefühle der Bevölkerung. Diese war auf der einen Seite verunsichert und nervös, zeigte aber auf der anderen Seite den unbedingten Willen, das Vaterland zu verteidigen, sodass Christian Geinitz nicht zu unrecht von einer „furchtsamen Begeisterung" spricht[392].

---

[390] Geinitz, Ch.; Hinz, U., Das Augusterlebnis in Südbaden, S. 29; ebenso Verhey, J., Der „Geist von 1914" und die Erfindung der Volksgemeinschaft, S. 134-136, 146-155.
[391] Verhey, J., Der „Geist von 1914" und die Erfindung der Volksgemeinschaft, S. 186f., 190.
[392] Geinitz, Ch.; Hinz, U., Das Augusterlebnis in Südbaden, S. 30f., 34.

Das „Augusterlebnis"

Im Zusammenhang mit der Kriegsbegeisterung setzte bereits seit der Mobilmachung, vor allem aber in den Wochen nach Kriegsausbruch bei Teilen der Bevölkerung eine Mystifizierung der Geschehnisse ein. Mit dem Kriegsausbruch und der von einigen Zeitgenossen wahrgenommenen allgemeinen Euphorie schien etwas erreichbar geworden zu sein, wovon viele Zeitgenossen in den Jahren zuvor nur vage zu träumen wagten: Die Überwindung der immensen sozialen Spannungen und die Gründung einer so genannten „Volksgemeinschaft". Die im August 1914 wahrgenommene und propagierte übergreifende Kriegsbegeisterung, das Einlenken der Sozialdemokratie auf den kaiserlichen Kurs, die scheinbare Überwindung alter innerer Gegensätze und das von vielen wahrgenommene Gefühl der geschlossenen Einheit des deutschen Volkes kurz nach Kriegsausbruch wurde sehr bald im viel zitierten Begriff des „Augusterlebnis" zusammengeführt und bedarf daher einer näheren Untersuchung.

Zeitgleich mit der Zuspitzung der internationalen Krise Ende Juli 1914 stiegen in allen Bevölkerungsteilen die Anspannung und die Ungewissheit an. An den Orten, wo die neuesten Nachrichten publiziert wurden kam es zu spontanen Menschenansammlungen, teilweise auch zu Demonstrationen. Wenngleich nicht alle Bevölkerungsschichten in gleicher Anzahl vertreten waren, so gab es keine Klasse, die völlig fehlte. In diesem Gemisch der neugierigen Massen sprachen und sangen Fremde miteinander. „Man hatte das Gefühl, ein gemeinsames Schicksal zu teilen, eine `Gemeinschaft` zu bilden" (Verhey)[393]. Dieses Phänomen verstärkte sich durch den Kriegsausbruch und die Überzeugung, sich gemeinsam gegen die, angeblich seit Jahren das Deutsche Reich einkreisenden, Mächte zur Wehr setzen zu müssen. Auch außerhalb intellektueller und geographischen Zentren setzte kurz nach Kriegsbeginn der Kult einer neuen Kriegsgemeinschaft gegen das als neidisch und aggressiv wahrgenommene Ausland ein. Die Nervosität und Kriegsfurcht, die noch Ende Juli zu bemerken war, verschwand kurzzeitig aus dem öffentlichen Raum und wich einer demonstrierten Kriegsbereitschaft[394]. Der Krieg schien die Nation in ihrer

---

[393] Verhey, J., Der „Geist von 1914" und die Erfindung der Volksgemeinschaft, S. 132.
[394] Geinitz, Ch.; Hinz, U., Das Augusterlebnis in Südbaden, S. 27, 34.

schwierigsten Stunde zu einigen. Der durchaus pazifistische österreichische Schriftsteller Stefan Zweig brachte das, was viele im August dachten und beeindruckte in seinen Erinnerungen auf den Punkt, indem er schrieb:

> *„Und trotz allem Haß und Abscheu gegen den Krieg möchte ich die Erinnerung an diese ersten Tage [...] nicht missen. Wie nie fühlten Tausende und Hunderttausende Menschen, was sie besser im Frieden hätten fühlen sollen: daß sie zusammengehörten"*[395].

Vor allem die Zustimmung der Sozialdemokraten zu den Kriegskrediten und somit zum Krieg selbst wirkte im August 1914 als Überwindung alter Gegensätze und trug nicht unmaßgeblich zum Zustandekommen einer, zumindest in den ersten Kriegswochen so wahrgenommenen, geschlossenen, kriegsbereiten „Volksgemeinschaft" bei. Unter Verzicht auf Klassenkampf und innenpolitische Forderungen schloss sich die Arbeiterbewegung dieser, freilich nur gefühlten, „Volksgemeinschaft" an[396]. Auch die Kirchen und die Geistlichen reihten sich in die propagierte Geschlossenheit ein. Sie sahen den Krieg als eine göttliche Mission und hofften ebenfalls, die alten gesellschaftlichen Spannungen und die Verdrossenheit der letzten Jahre endgültig überwinden zu können. Für sie galt, dass sowohl die Vernichtung der Feinde, als auch die Opferung für das von Gott beschützte und bevorzugte deutsche Vaterland die Pflicht eines jeden Christen sei[397]. Auch Kulturpessimisten und Intellektuelle sahen im Kriegsausbruch und dem ihm folgenden Gefühl der „Volksgemeinschaft" ihre Hoffnungen geweckt. Durch den alles umwälzenden Krieg konnte man in Anbetracht der Erfahrungen des August 1914 die Hoffnung haben, die damals so gegensätzliche deutsche Gesellschaft doch noch einen zu können. Das Gefühl, dass durch die Reichsgründung 1871 zwar eine Nation geschaffen wurde, die eigentliche Einigung der Bevölkerung aber noch ausstand, war weit verbreitet. Durch das „Augusterlebnis" schien dieses von breiten Bevölkerungsteilen erhoffte Ziel nun erreichbar[398]. Ein Deutsches Reich ohne Spannungen, Gegensätze und ideologische Grabenkämpfe schien möglich zu sein. Der Krieg

---

[395] Zweig, S., Die Welt von Gestern: Erinnerungen eines Europäers, Frankfurt 1955, S. 206f.

[396] Rürup, R., Die Ideologisierung des Krieges, S. 131f.; ebenso Schulin, E., Die Urkatastrophe des zwanzigsten Jahrhunderts, S. 11.

[397] Gutsche, W.; Klein, F. (u.a.), Der Erste Weltkrieg, S. 71.

[398] Rohrkrämer, Th., August 1914: Kriegsmentalität und ihre Voraussetzungen, S. 774.

und das mit ihm verbundene „Augusterlebnis" wurden daher zunächst als der Ausweg aus einer bereits als ausweglos empfundenen Situation empfunden. Es zeigte, dass sich die gesellschaftlichen und politischen Konflikte doch überwinden ließen und führten zu einer Euphorie vor allem unter den Intellektuellen, welche mit dem „Geist von 1914" bzw. den „Ideen von 1914"[399] auch nach den ernüchternden und erschreckenden Entwicklungen der folgenden Jahre immer wieder versuchten diese Stimmung und die Ereignisse des August 1914 zu beschwören[400].

Die Stimmung der Öffentlichkeit, vor allem an den großen Versammlungsorten während der ersten Kriegswochen lässt sich daher in einer Mischung aus, durch den Ausbruch des großen europäischen Krieges bestätigten Endzeitstimmung und der Hoffnung auf eine bessere Welt nach dem Krieg beschreiben. Die verschiedensten Teile der Gesellschaft hofften durch bzw. nach dem Krieg mittels des scheinbaren Zustandekommens der „Volksgemeinschaft" und mithilfe der eigenen Pflichterfüllung letztlich ihre Interessen, Vorstellungen und Wünsche durchsetzen zu können[401]. Alle, durchaus noch vorhandenen, Gesellschaftsklassen hatten in dieser Zeit das Gefühl, ihre Ziele, sei es die Durchsetzung des Obrigkeitsstaates, eine Demokratisierung oder gar die sozialistische Umwälzung der Gesellschaft, nun gemeinsam umsetzen zu können. Die Hoffnung auf ein neues, besseres Deutsches Reich, welches nach dem reinigenden Krieg entstehen könnte war daher bei einigen Zeitgenossen sehr groß[402].

Zwar gelangte das „Augusterlebnis" und dessen nationalistische Auslegung über die rechte Propaganda[403] in fast alle Landesteile, doch kann man, ähnlich wie bei der angeblichen Kriegsbegeisterung nicht von einem gemeinsamen, überall sich

---

[399] Nähere Erläuterungen hierzu, siehe im folgenden Kapitel „Der „Geist" und die „Ideen von 1914".

[400] Rürup, R., Die Ideologisierung des Krieges, S. 130f.

[401] Mai, G., „Verteidigungskrieg" und „Volksgemeinschaft", S. 586.

[402] Schulin, E., Die Urkatastrophe des zwanzigsten Jahrhunderts, S. 12.

[403] Dienlich waren hier vor allem die Tageszeitungen, der Alldeutschen Verband, der Kyffhäuser Bund, die Deutsche Kolonialgesellschaft, der Deutschen Wehr-Verein, der Deutschen Flottenverein, der Deutschen Ostmarkverein, rechte Gesangs- und Turnvereine, Kirchen und weitere Kriegsverbände. Vgl. Gutsche, W.; Klein, F. (u.a.), Der Erste Weltkrieg, S. 73.

gleich äußernden „Augusterlebnis" sprechen. Auch wenn mittels Kundgebungen, Aufrufen, Erklärungen und Predigten ein großer Teil der Bevölkerung angesprochen und, zumindest zu Kriegsbeginn unter dem Eindruck der angeblichen Einigkeit des Volkes, in ihren Bann gezogen wurde[404], muss man auch hier differenzieren. Vor allem in den Kleinstädten, auf dem Land, den Arbeitervierteln der Großstädte und den grenznahen Ortschaften gab es keine Kriegsbegeisterung. Außerhalb der großen Menschenansammlungen blieb die Überwindung der Klassengegensätze daher eher die Ausnahme und man kann, ähnlich wie bei der angeblichen allgemeinen Kriegseuphorie, auch nicht von einem einheitlichen „Augusterlebnis" sprechen[405].

Der „Geist" und die „Ideen von 1914"

Dennoch wurde dieses sehr bald, vor allem vom Bildungsbürgertum, interpretiert und instrumentalisiert. Im Laufe des Krieges und teilweise auch darüber hinaus wurde es mystifiziert und zum „Geist von 1914" umgedeutet. Dadurch sollte an die Kriegsbereitschaft und an die Ausnahmesituation des August 1914 erinnert werden. Der „Geist von 1914", der seine Kraft vor allem aus dem „Augusterlebnis" schöpfte, diente im Verlauf des Kriegs als Ausgangspunkt, von dem aus man das Durchhaltevermögen der Bevölkerung und die Hingabe für das Vaterland immer wieder aufs Neue zu beschwören versuchte. So verteidigten im Oktober 1914, als die angebliche nationale Einheitsfront bereits starke Risse aufwies 93, teilweise sehr prominente bürgerliche Intellektuelle sowohl den Krieg als Verteidigungskrieg, als auch den Bruch der belgischen Neutralität. Sie zeichneten zudem das Bild eines innerlich geeinigten Deutschlands und beschworen den deutschen Militarismus als Beschützer der Kultur[406].

Der „Geist von 1914" und die dann formulierten „Ideen von 1914" wurden vor allem ideologisch instrumentalisiert. In der Ausnahmesituation des Krieges zeigten sich die verschiedenen Hoffnungen, Ängste und Interessen innerhalb des deutschen Volkes viel stärker als in friedlichen Zeiten[407]. Vor allem das sich in

---

[404] Ebd.
[405] Verhey, J., Der „Geist von 1914" und die Erfindung der Volksgemeinschaft, S. 132, 191.
[406] Gutsche, W.; Klein, F. (u.a.), Der Erste Weltkrieg, S. 72.
[407] Rürup, R., Die Ideologisierung des Krieges, S. 140.

einer Sinnkrise befindende Bildungsbürgertum[408], welches noch immer für sich beanspruchte, die öffentliche Meinung widerzuspiegeln[409], formulierte bereits kurz nach Kriegsbeginn die „Ideen von 1914", welche in gewisser Weise eine Gegenthese zu den westlichen Idealen darstellten. Es handelte sich hierbei um eine breit gefächerte Gedankenwelt, welche sich vor allem in der Kriegsverherrlichung und Rechtfertigung einigte. Vom „Geist von 1914" beherrscht, verklärten eine große Zahl von Wissenschaftlern aus fast allen Fachrichtungen, so zum Beispiel Historiker, Theologen und Naturwissenschaftler, sowie Schriftsteller, andere Publizisten und selbst einige, die noch vor dem Krieg aufklärerisch-humanistischen Gedanken anhingen, den ausgebrochenen Krieg als eine unausweichliche Notwendigkeit. Denn dieser wurde nicht nur als eine rein militärische Auseinandersetzung begriffen, sondern stellte für viele Intellektuelle auch ein Krieg der deutschen Kultur gegen die französische, englische oder russische „Unkultur" dar. Getrieben von der Illusion des „Burgfriedens" und der „Volksgemeinschaft" formulierten sie ihr Gefühl der Überlegenheit gegenüber den bürgerlich-parlamentarischen Demokratien des Westens[410]. Kameradschaft, Opferwilligkeit, Tapferkeit propagierte man als höhere Werte, als diejenigen der westlichen Friedensgesellschaften, denen, so der Vorwurf, vor allem Egoismus, Materialismus und Individualismus wichtig seien[411]. Gezielt wurden angeblich deutsche Werte wie Verantwortung, Zusammengehörigkeit, Autorität, Pflicht und Gerechtigkeit den Idealen der Französischen Revolution Freiheit[412], Brüderlichkeit und Gleichheit entgegen gestellt und die Geringschätzung fremder Völker und Kulturen zelebriert[413]. Das Jahr 1914 wurde als eine neue Epoche gedeutet, in der die bürgerliche Idee und die Gesellschaft der

---

[408] Rohrkrämer, Th., August 1914: Kriegsmentalität und ihre Voraussetzungen, S. 767f.

[409] Verhey, J., Der „Geist von 1914" und die Erfindung der Volksgemeinschaft, S. 216.

[410] Gutsche, W.; Klein, F. (u.a.), Der Erste Weltkrieg, S. 68f., 71f.

[411] Verhey, J., Der „Geist von 1914" und die Erfindung der Volksgemeinschaft, S. 212.

[412] Vor allem der Begriff der ´Freiheit´ wurde in die „deutsche Freiheit" umgedeutet. Demnach bedeutet Freiheit nicht die Freiheit des Individuums und dessen freie Entfaltung, sondern die Entfaltung der Persönlichkeit im Rahmen und als Teil eines höher zu bewertenden Ganzen. Freiheit sei daher die Freiheit einer freiwilligen Verpflichtung für die Gemeinschaft. Vgl. Rürup, R., Die Ideologisierung des Krieges, S. 137; ebenso Verhey, J., Der „Geist von 1914" und die Erfindung der Volksgemeinschaft, S. 212.

[413] Rürup, R., Die Ideologisierung des Krieges, S. 136, 138.

Französischen Revolution beendet würden. Der Krieg sei daher auch ein kultureller Kampf des Deutschen Reiches gegen England und Frankreich, wobei das „Augusterlebnis" und die Vorstellung der „Volksgemeinschaft" darauf hindeuten würden, dass das Deutsche Reich diesen Kampf gewinnen werde. Diese Ideale, so ihre Vorstellung, galt es nun zu verbreiten[414].

Vor allem in den Medien versuchten die Verfasser und Anhänger der „Ideen von 1914", diese auch im Ausland zu verbreiten. Propagiert wurden die „Ideen von 1914" mit ihrer Entgegenstellung der deutschen Staatsidee und der nationalen Volksgemeinschaft gegenüber westlichen Freiheitsidealen vorwiegend über die Presse. Sie provozierten dadurch einen regelrechten „Krieg der Geister", an dem sich die Intellektuellen hauptsächlich der westlichen Länder lebhaft beteiligten, wenngleich vor allem im Deutschen Reich auch nach dem Krieg immer wieder versucht wurde, sich auf diese Gedankenwelt des Juli 1914 zu besinnen.

Das Verhalten der Sozialdemokraten

Ohne die Zustimmung der Sozialdemokraten zu den Kriegskrediten und deren Bereitschaft im Zuge des „Burgfriedens" klein bei zu geben, wäre das „Augusterlebnis" wohl nie zustande gekommen. Erst durch die scheinbare Überwindung der Klassengegensätze durch das Einlenken der Arbeiterbewegung konnte das Gefühl einer in sich geschlossenen, einheitlichen „Volksgemeinschaft" im August 1914 entstehen. Der Eingliederung der SPD gingen aber vor allem pragmatische Gründe voraus.

Wenngleich die Reichsleitung in ihren Annahmen und Prognosen in der Außenpolitik nicht selten daneben lag, so schätzte sie die innenpolitische Situation zu Kriegsbeginn richtig ein. Dem Kaiser und der Heeresleitung war klar, dass in einem modernen Krieg die Einstellung und das Verhalten der großen Volksmassen entscheidend sein würden.[415] Nur mit der Zustimmung der Gewerkschaften und der Arbeiterschaft bestand daher überhaupt eine Chance den Krieg militärisch gewinnen zu können. Innenpolitische Unruhen, das hatte

---

[414] Ebd., S. 129f.
[415] Gutsche, W.; Klein, F. (u.a.), Der Erste Weltkrieg, S. 65.

man nicht zuletzt in Russland 1905 gesehen, würden durch einen nicht akzeptierten Krieg sowohl wahrscheinlich, als auch verheerend in ihrer Auswirkung sein[416].

Die Ausgangslage der Regierung schien zunächst äußerst prekär. Noch im Juli riefen die Sozialisten zu groß angelegten Antikriegsdemonstrationen auf und verurteilten entschieden den offenen Konfrontationskurs der deutschen und österreichischen Regierung. Der Führungsriege war klar, dass sie einen langen, kostspieligen Krieg nicht gegen die Sozialisten im Parlament und die Arbeiterschaft auf der Straße hätten gewinnen können[417].

Um die Stimmung umzukehren und die sozialistischen Parteien auf ihre Seite zu ziehen versuchte man daher den Krieg in einen unvermeidbaren Verteidigungskrieg umzudeuten. Ein Vorgehen, das nicht nur in Deutschland Anwendung fand, da überall die sozialistischen Parteien ihre Zustimmung zum Krieg davon abhängig machten, ob es sich um einen Defensivkrieg handeln würde. Ein Auftreten des Deutschen Reiches an der Seite Österreich-Ungarns in einem Angriffskrieg hätte die SPD mit Sicherheit nicht unterstützt. Durch die vorschnelle russische Mobilmachung gelang es der deutschen Führung allerdings, den Kriegsausbruch auf eine autokratisch-zaristische Aggression zu reduzieren. Nach heftigen innerparteilichen Auseinandersetzungen stimmten die Sozialdemokraten, die sich nun in der Mehrheit als Teil des vom Kaiser geforderten „Burgfrieden" begriffen, am 4. August den nötigen Kriegskrediten und somit dem Krieg im Allgemeinen zu[418]. Der deutschen Führung gelang es geschickt, Stimmung gegen das zaristische Russland zu machen und trotz Kriegserklärung an Frankreich und Verletzung der belgischen Neutralität, den Großteil der Sozialdemokraten von einem unausweichlichen Defensivkrieg zu überzeugen. Ein ähnliches Verhalten zeigten die französischen Sozialisten, die

---

[416] Mai, G., „Verteidigungskrieg" und „Volksgemeinschaft", S. 588.

[417] Schulin, E., Die Urkatastrophe des zwanzigsten Jahrhunderts, S. 11.

[418] In einer Erklärung betont die sozialdemokratische Reichstagsfraktion, dass sie in diesem Krieg das Vorgehen der Führung unterstützen werde: „Jetzt stehen wir vor der ehernen Tatsache des Kriegs, uns drohen die Schrecknisse feindlicher Invasionen [...] Da machen wir wahr, was wir immer betont haben: Wir lassen in der Stunde der Gefahr das eigene Vaterland nicht im Stich" – Zit. Bei Rürup, R., Der „Geist von 1914" in Deutschland, in: Hüppauf, B. (Hrsg.), Ansichten vom Krieg, Königstein 1984, S. 9.

sich, im Bewusstsein eines von der Führung proklamierten Verteidigungskrieges gegen das Deutsche Reich, der ausgerufenen „union sacrée" anschlossen[419]. Doch nicht nur aus Gründen der nationalen Verteidigung stimmten große Teile der deutschen Sozialdemokraten den Kriegsanleihen zu. Durch ihre Unterordnung erhofften sie sich, später durch innenpolitische Reformen entlohnt zu werden. Lediglich die Parteilinke unter der Führung von Karl Liebknecht wandte sich von Beginn an gegen die, ihrer Meinung nach leeren Versprechen der Reichsleitung und die Hoffnung der Parteiführung, nach dem Krieg für die Zurückhaltung entlohnt zu werden. Liebknecht sah im „Burgfrieden" die fortgesetzte Politik der Unterdrückung und Bevormundung der Arbeiterschaft, worin er sich durch die Entwicklung der folgenden Monate bestätigt sah. Die Versprechen der Reichsführung, von den Sozialdemokraten geforderte innenpolitische Reformen anzugehen, blieben in der Regel unpräzise und unverbindlich. Der „Burgfrieden" diente der Führung hauptsächlich dazu, die Arbeiter auf ihre Seite zu bekommen und mithilfe von Gesetzen die Bevölkerung und die Presse besser zu kontrollieren. Bis Ende 1914 war in fast allen Armeebezirken der Belagerungszustand verhängt und die Rechte auf persönliche Freiheit, Pressefreiheit, Unverletzlichkeit der Wohnung und das Vereins- und Versammlungsrecht eingeschränkt worden. In den 28 eingerichteten Kriegsgerichten wurden bis Jahresende 1914 über 8500 Verfahren wegen Verstößen gegen Kriegsgesetze, vor allem aber gegen das Gesetz des Belagerungszustandes aktenkundig[420].

---

[419] Rohrkrämer, Th., August 1914: Kriegsmentalität und ihre Voraussetzungen, S. 759; ebenso Stevenson, D., 1914-1918, S. 56 und Verhey, J., Der „Geist von 1914" und die Erfindung der Volksgemeinschaft, S. 41.

[420] Gutsche, W.; Klein, F. (u.a.), Der Erste Weltkrieg, S. 66-68.

5. Zusammenfassung

Betrachtet man die hauptsächlichen Ursachen und Entwicklungen, die zum großen Weltkrieg 1914-1918 geführt haben, so komme ich zu dem Schluss, dass dessen Ausbruch mit Sicherheit kein völlig unerwarteter Schicksalsschlag der Weltgeschichte war. Er war zum einen das Ergebnis langfristiger Ursachen, so zum Beispiel des Hochimperialismus, des Wettrüstens, der sich grundsätzlich verändernden diplomatischen Bündnissysteme und der mit immer schnellerer Frequenz aufeinander folgenden internationalen Krisen. Zum anderen war vor allem dessen Ausbruch die Folge teilweise völlig verfehlter Außenpolitik der Mittelmächte, wenngleich der Krieg durchaus das Produkt der gesamten Politik der europäischen Pentarchie zu Beginn des 20. Jahrhunderts war.

Hatten noch im 19. Jahrhundert die Großmächte nach den napoleonischen Kriegen Abkommen getroffen, sich regelmäßig zu treffen, um größere Kriege gar nicht erst entstehen zu lassen, geriet dies spätestens seit der zweiten Hälfte des 19. Jahrhunderts zusehends aus den Augen der Mächtigen. Auf europäischer oder internationaler Ebene gab es kaum Institutionen zur Friedenssicherung. Den 1899 in Den Haag gegründeten Internationalen Schiedsgerichtshof rief man nur in den seltensten Fällen an. Im Zuge der immer häufiger aufkommenden internationalen Krisen stieg sowohl der innen-, als auch der außenpolitische Druck, Erfolge gegen die sich immer stärker abzeichnenden gegnerischen Machtblöcke zu erreichen. Vor allem die außenpolitischen Zerwürfnisse trugen nicht unwesentlich dazu bei, dass sich die Beziehungen der fünf europäischen Großmächte zusehends verschlechterten. Zudem wurden die Krisen stets von militärischen Maßnahmen begleitet, so dass die führenden Staatsmänner, oft ermutigt durch ihre Heeresleitungen und in Anbetracht ihrer massiven Flotten- und Heeresaufrüstungen, immer mehr auch in militärischen Kategorien dachten. Im Bewusstsein, dass der Krieg zu dieser Zeit durchaus noch als ein legitimes Mittel der Politik galt, sank letztlich der Skrupel, diesen im Ernstfall auch zu führen.

Dies bedeutet allerdings nicht, dass es zwingend eine Einbahnstraße in den Krieg von 1914 gab. Die weitgehend positiven Erfahrungen der internationalen Krisendiplomatie, das zeigten vor allem die Londoner Botschafterkonferenzen 1912/1913, machten deutlich, dass sich die meisten Konflikte pragmatisch lösen ließen. Im Zusammenhang mit dem 1914 dennoch ausgebrochenen Krieg sind vor allem die Überzeugungen der Großmächte maßgeblich. Denn sowohl die Führungsebene des Deutsche Reichs, als auch die militärische Führung in Wien und in St. Petersburg befanden sich zu diesem Zeitpunkt bereits in einem Fatalismus, dessen Grundlage die Annahme war, dass ein Krieg der Großmächte unvermeidbar sei. Zwar war man sich der Tatsache bewusst, dass größere Konflikte in den Jahren zuvor stets durch diplomatische Kunst hatten vermieden werden können, doch zweifelte man zumindest in Berlin nicht daran, dass man um Weltmacht zu werden, mit hoher Wahrscheinlichkeit Krieg gegen die anderen Großmächte führen müsse. Durch einen, teilweise sozialdarwinistisch begründeten Krieg, so die Überzeugung, könnte man weit mehr gewinnen, als durch mühselige diplomatische Kompromisse. In Anbetracht der sich abzeichnenden russischen Heeresaufrüstung, welche spätestens für das Jahr 1917 als abgeschlossen erwartet wurde, stieg daher in Berlin bis 1914 die Bereitschaft einen bewaffneten Konflikt besser früher als später einzugehen, solange noch eine realistische Chance bestand, diesen erfolgreich zu Ende bringen zu können.

Auch bei den anderen Großstaaten sank angesichts der immer aggressiver und fordernder werdenden deutschen Außenpolitik in den Jahren vor 1914 jene Hemmschwelle. Man kann daher sagen, dass es 1914 wohl keine Großmacht in Europa gab, die den Frieden noch um jeden Preis erhalten wollte. So kam es, dass sich im Juli 1914 alle Parteien in eine Situation manövrierten, aus der sie nur unter völligem Gesichtsverlust wieder hätten herauskommen können. Einen Preis, den keine der damaligen Regierungen bereit war zu zahlen, zumal kein Land, bis auf die traditionell neutralen Staaten, im Angesicht der weit verflochtenen Bündnissysteme und Interessenssphären in außenpolitischen Fragen, noch unabhängig entscheiden konnte.

Dennoch war die Stimmung im Sommer 1914 zunächst entspannt. Das Attentat von Sarajevo hatte nur kurz für Empörung und Aufsehen in der Öffentlichkeit und bei den Regierungen außerhalb der Mittelmächte gesorgt. Man war überzeugt, und sowohl die deutsche, als auch die österreichische Regierung beteuerten dies auch immer wieder, dass die internationale Diplomatie die Krise bewältigen würde. Auch diesmal, so die Hoffnung, würden die Tauben über die Falken siegen. Doch was sich im toten Winkel der Triple Entente entwickelte war nichts Geringeres als die schwerwiegendste Krise, mit der die europäischen Staaten bis Dato konfrontiert wurden.

In der Hoffnung, einen lokalen Krieg zwischen Österreich-Ungarn und Serbien führen zu können, hatte die deutsche Reichsleitung seinem Bündnispartner bereits am 5. Juli 1914 die Garantie gegeben unter allen Umständen auch in einem europäischen Krieg militärisch beizustehen. Das am 23. Juli 1914 von Wien an Belgrad gerichtete hart formulierte Ultimatum war die Konsequenz dieser Politik und löste die Julikrise aus. Man war bereit die Chance zu nutzen und Serbien als außenpolitischen Gegner und Gefahr für die Doppelmonarchie auszuschalten. Allerdings entwickelten sich die Dinge nicht wie erhofft. Die deutsche Außenpolitik, die stets auf falschen Prämissen über die Kriegsbereitschaft der Entente-Mächte beruht hatte, sah spätestens am 29. Juli 1914, als auch England neben Frankreich und Russland seine Kriegsbereitschaft offenbarte, ihr sorgfältig aufgebautes Kartenhaus eines lokalisierten Krieges auf dem Balkan, zusammenbrechen. Erst jetzt, als bereits die ersten Artilleriegeschosse in Belgrad einschlugen wurde dem noch am 5. Juli den Blankoscheck für Wien ausstellenden Bethmann Hollweg klar, dass man dabei war, sich unweigerlich in einen großen Krieg hineinzumanövrieren. Sämtliche Versuche, diesen in letzter Minute durch diplomatisches Einlenken zu verhindern, liefen spätestens mit der russischen Mobilisierung am 30. Juli ins Leere. Der „Point of no return" war überschritten und Europa befand sich seit Anfang August im Krieg, welcher sich mit dem späteren Hinzutreten der USA zu einem vier Jahre andauernden Weltkrieg entwickeln sollte.

Wegen seiner epochalen Auswirkungen wurde daher die Rolle des Deutschen Reichs und der anderen Großmächte Europas während der Julikrise in der deutschen Geschichtswissenschaft über Jahrzehnte teilweise sehr emotional diskutiert. Während in der Zwischenkriegszeit 1919-1939 fast keine nennenswerte kritische Aufarbeitung der Rolle über die Kriegsschuldfrage geschah, setzte diese seit den 1960er umso stärker ein. Die von Fritz Fischer und seinen Schülern aufgestellte These, Deutschland habe den Weltkrieg bewusst provoziert und nach der Weltmacht gegriffen[421], war Anlass für zahlreiche Bücher und Aufsätze, die sich nun diesem Thema widmeten. Seither wurde das Thema gut aufgearbeitet, wobei die Thesen Fischers größtenteils relativiert wurden. Zwar lag der Ausgangspunkt und die Verschärfung der Krise direkt oder indirekt hauptsächlich in Berlin, dennoch wird vor allem der strikte

---

[421] Fischer, F., Griff nach der Weltmacht: Die Kriegszielpolitik des kaiserlichen Deutschland 1914/18, Düsseldorf 1961.

Konfrontationskurs Österreich-Ungarns, Frankreichs ebenfalls fast uneingeschränkte Rückendeckung für Russland, die vorschnelle Mobilisierung des Zarenreichs, und die Zurückhaltung Englands heute kritischer gesehen. Es scheint daher überzeugend zu sein, wenn man im Bezug auf die deutsche Außenpolitik im Juli 1914, die zunächst vor allem auf einen lokalen Krieg zwischen Österreich-Ungarn und Serbien fixiert war, von einem „kalkulierten Risiko"[422] spricht. Einen europäischen oder gar weltweiten Krieg hingegen wollte man nach Möglichkeit verhindern, obgleich die deutsche Heeresleitung stets davon überzeugt war, auch einen solchen gewinnen zu können. Letzten Endes versagte im Vorfeld des Krieges aber auch die deutsche Politik, indem man den Szenarien und Vorstellungen der Obersten Heeresleitung zu früh nachgab und im August 1914 der „Sprung ins Dunkle" gewagt wurde.

Auch die Ereignisse des Augusts selbst erfreuen sich bis heute kontroverser Diskussionen. Noch bis vor kurzem herrschte das Bild von landesweit jubelnden kriegsbegeisterten Massen vor, wenn es um den Ausbruch des Ersten Weltkriegs ging. Zwar gelang es den meisten Regierungen sich als Angegriffene darzustellen und so die Arbeiterbewegungen auf ihre Seite zu ziehen, doch lässt sich der im Deutschen Reich abgeschlossene „Burgfrieden" mit den Arbeitern oder die „union sacrée" in Frankreich nicht als Indiz für die gänzliche Überwindung von gesellschaftlichen Spannungen oder gar Kriegsbegeisterung heranziehen. Dies zeigen vor allem neuere Studien, denen zufolge die damalige Kriegseuphorie hauptsächlich auf die Mittel- und Oberschicht, Studenten und einige Soldaten zu reduzieren ist. Auch geographisch müssen hierbei Unterscheidungen vorgenommen werden. Während im August 1914 auf den großen Versammlungsorten in den deutschen Großstädten tatsächlich Begeisterung und ausschweifender Patriotismus zu vernehmen war, fehlen Belege dafür, dass diese Stimmung auch in den Arbeitervierteln, auf dem Land oder in grenznahen Ortschaften vorzufinden war. Hier zeichnete sich eher ein anderes Bild: Furcht, Ungewissheit und Ernst beschäftigten wohl weitaus mehr Menschen im August 1914, als Feiern zum Kriegsausbruch.

Ähnlich verhielt es sich mit dem so genannten „Augusterlebnis", das viele Intellektuelle im Deutschen Reich dazu veranlasste, die Stimmung in den Großstädten und die scheinbare Überwindung alter Klassengegensätze in den

---

[422] Schöllgen, G., Zeitalter des Imperialismus, S. 196f.

„Ideen von 1914" festzuhalten und im „Geist von 1914" zu mystifizieren. Ein einheitliches, landesweites „Augusterlebnis" gab es genauso wenig wie eine allgemeine Kriegsbegeisterung. Spätestens im September 1914 musste auch dieses Risse zeigen, da sich die größten Menschenmassen nun vor den Listen gefallener oder vermisster Soldaten ansammelten.

Der Erste Weltkrieg als „Urkatastrophe 20. Jahrhunderts"

Betrachtet man den Ersten Weltkrieg und seine Auswirkungen im Nachhinein, so wird schnell klar, dass vor allem sein Verlauf und seine direkten und indirekten Folgen epochal waren. Nicht der Ausbruch selbst war das unvorhergesehene, sondern sein schrecklicher Verlauf und die weltpolitischen Auswirkungen, die er mit sich brachte. Vor allem in der Öffentlichkeit und in der Vorstellung mancher Regierung herrschte noch das Bild eines kurzen, im besten Falle erfolgreichen Krieges vor. Lediglich die Militärs schienen auch einen längeren Krieg mit großen Opfern zumindest zu erwarten, wenngleich sie diesen nicht in ihre Planung einkalkulierten[423]. Der tatsächliche Kriegsverlauf und die über 10 Mio. Leben, die er kostete[424], stellten ein Novum der Geschichte und die grundlegende Veränderung der weltpolitischen Vorzeichen dar.

Handelte es sich anfangs nur um einen europäischen Krieg, so traten in dessen Verlauf die beiden späteren Supermächte, die USA und das, durch die ebenfalls vom Kriegsverlauf begünstigte Revolution von 1917, sozialistisch geführte Russland auf. Hier zeigten sich bereits die gegensätzlichen Ideologien, welche Europa und die Welt bis zum Fall der Mauer 1989 und dem Ende des Kalten Krieges in Atem halten sollten. Wenngleich im August 1914 der „Krieg der Geister" zwischen den Intellektuellen des Deutschen Reichs und der anderen Großmächte tobte, brach die Zeit der ideologischen Konflikte tatsächlich erst mit der sozialistischen Revolution 1917 in Russland und dem erstmalig weitreichenden internationalen Auftreten der USA an[425].

---

[423] Berghahn, V., Wettrüsten und Kriegsgefahr, S. 83; ebenso Dülffer, J., Der Weg in den Weltkrieg, S. 794f. und Schulin, E., Die Urkatastrophe des zwanzigsten Jahrhunderts, S. 5, 12, 17.

[424] Schöllgen, G., Zeitalter des Imperialismus, S. 94.

[425] Schulin, E., Die Urkatastrophe des zwanzigsten Jahrhunderts, S. 17.

Das Ende des Ersten Weltkrieges bedeutete daher eine grundsätzliche Veränderung der weltpolitischen Gegebenheiten. Das Zeitalter des Imperialismus war nach Kriegsende faktisch vorüber und der Anfang vom Ende der weltweiten Vormachtstellung des Alten Europas wurde eingeleitet[426]. So betrug Europas Anteil an der weltweiten Güterproduktion 1923 nur noch 34%, während er 1913 noch bei 43% lag. Außereuropäische Mächte wie die USA, Kanada oder Japan begannen wirtschaftlich rapide an Bedeutung zu gewinnen[427]. Dies lag nicht zuletzt auch daran, dass sich die europäischen Kolonialreiche seit Ende des Krieges sukzessiv begannen aufzulösen. Mit der Etablierung der neuen Weltmächte Sowjetunion und USA traten spätestens ab 1945 zwei Supermächte auf den Plan, die ihren Status in der zu diesem Zeitpunkt bereits fast schon dekolonialisierten Welt auch ohne überseeische Provinzen legitimieren konnten[428].

Geographisch und politisch veränderte sich Europa ebenfalls nachhaltig. Nach Kriegsende zerfiel der Vielvölkerstaat Österreich-Ungarn und die Tschechoslowakei entstand. Ungarn wurde verkleinert und die Reste des Habsburgerreiches wurden zwischen Italien und den Balkanländern aufgeteilt. Lediglich ein Großteil der Kernlande blieben Österreich erhalten und ähnlich wie im Deutschen Reich musste der Kaiser auf seine Krone verzichten. Innerhalb von weniger als zwei Jahren wurden damit die drei großen Kaiserreiche Europas im Zuge des Weltkrieges irreversibel beendet. An ihre Stelle traten sozialistisch oder demokratisch ausgerichtete, teilweise allerdings höchst instabile Republiken, aus dessen deutschen Teil sich nur 14 Jahre später die nationalsozialistische Diktatur herausbilden konnte[429].

Dies hatte nicht zuletzt seine Ursache in dem Schock großer Teile der Bevölkerung, den Krieg nach allen Durchhalteparolen unerwartet verloren zu haben. Die „Dolchstoßlegende"[430] wurde geboren. Zusammen mit den harten

---

[426] Schöllgen, G., Zeitalter des Imperialismus, S. 4.

[427] Schulin, E., Die Urkatastrophe des zwanzigsten Jahrhunderts, S. 23.

[428] Schöllgen, G., Zeitalter des Imperialismus, S. 98.

[429] Schulin, E., Die Urkatastrophe des zwanzigsten Jahrhunderts, S. 20.

[430] Es handelt sich hierbei um die Überzeugung vor allem konservativer und rechter Bevölkerungsgruppen und Volksvertreter, dass allein die sozialdemokratischen Politiker an der Niederlage schuld gewesen seien. Die Soldaten, so deren Überzeugung, seien im Felde unbesiegt gewesen und durch die Unterzeichnung der Kapitulation sei man ihnen wie mit

Friedensbedingungen des Versailler Vertrages stellten sie eine schwierige Hypothek für die junge demokratische Weimarer Republik dar. Nach dem Krieg suchte man gezielt nach Schuldigen, wobei hier vor allem die streikenden Arbeiter und Juden immer wieder als Hauptverantwortliche der Niederlage herhalten mussten. Zudem steigerte sich der Hass gegen die Franzosen, welche man für die harten Bedingungen Friedensvertrages verantwortlich sah. Es war also genug neuer Zwist gesät, aus dem extremistische Bewegungen wie die der Nationalsozialisten, stets aus dem Vollen schöpfen und letztlich 1933 die Macht übernehmen konnten[431]. Hierfür dienten mit Sicherheit auch die „Ideen von 1914" als ideologische Grundlagen einer antidemokratischen Einstellung, die auch nach dem Krieg noch von zahlreichen Wissenschaftlern, Publizisten und Politikern vertreten wurden und dem Zustandekommen und der Verbreitung der nationalsozialistischen Gedankenwelt förderlich wurden[432].

Auch wurde mit dem Friedensschluss von 1919 die eigentliche Problematik des extremen Nationalismus in Europa nicht aufgehoben. Im Gegenteil: Nach dem Ersten Weltkrieg standen sich die meisten Völker Europas feindlich gegenüber. Der Nationalismus siegte über die Idee des Völkerbundes. Vorurteile und Revanchegedanken beherrschten die Nachkriegszeit und in vielen Ländern etablierten sich faschistische oder sozialistische Diktaturen. Ein kultureller Austausch und der Abbau von Feindschaften fand nur kurz während der 1920er Jahre statt, bevor das Auftreten der Nationalsozialisten diesen erneut fast gänzlich zum Erliegen brachte[433].

Betrachtet man also die direkten, also vor allem geographischen und wirtschaftlichen und indirekten, hauptsächlich politischen Folgen des Ersten Weltkrieges, so kann man durchaus den von Stevenson in Anbetracht der nach 1919 folgenden Katastrophen gezogenen Schluss ziehen, wenn er schreibt:

---

einem Dolch in den Rücken gefallen. Hierbei ist allerdings erwähnenswert, dass der Krieg spätestens mit dem Kriegseintritt der USA 1917 militärisch nicht mehr zu gewinnen war. Dies erkannten auch die führenden Militärs und drängten die federführenden Politiker dazu, die bedingungslose Kapitulation zu unterzeichnen.

[431] Schulin, E., Die Urkatastrophe des zwanzigsten Jahrhunderts, S. 21.

[432] Rürup, R., Die Ideologisierung des Krieges, S. 140f.

[433] Schulin, E., Die Urkatastrophe des zwanzigsten Jahrhunderts, S. 22f.

„Alles begann mit dem Krieg von 1914-1918"[434]. Auch George F. Kennan spricht in diesem Zusammenhang sicherlich nicht zu Unrecht von der „großen Urkatastrophe des 20. Jahrhunderts"[435].

---

[434] Stevenson, D., 1914-1918, S. 12.

[435] Zit. bei Schulin, E., Die Urkatastrophe des zwanzigsten Jahrhunderts, S. 3.

Literaturverzeichnis

Sekundärliteratur:

Berghahn, V., Sarajewo, 28. Juni 1914: Der Untergang des alten Europa, München 1997.

Berghahn, V., Wettrüsten und Kriegsgefahr, in: Böhme, H.; Kallenberg, F. (Hrsg.), Deutschland und der Erste Weltkrieg: Ringvorlesung an der Technischen Hochschule Darmstadt im Wintersemester 1984/85, Darmstadt 1987, S. 75-93.

Bestuschew, I. W., Die russische Außenpolitik von Februar bis Juni 1914, in: Laqueur, W.; Mosse, G. L. (Hrsg.), Kriegsausbruch 1914., München 1967, S. 127-151.

Cassels, L., Der Erzherzog und sein Mörder: Sarajevo, 28. Juni 1914, aus d. Engl. übers. v. Streissler, M., Wien 1988.

Dülffer, J., Der Weg in den Weltkrieg, in: Hirschfeld, G.; Krumeich, G. (u.a.) (Hrsg.), Enzyklopädie Erster Weltkrieg, Paderborn (u.a.) 2009, S. 233-241.

Erdmann, K. D., Hat Deutschland auch den Ersten Weltkrieg entfesselt? Kontroversen zur Politik der Mächte im Juli 1914, in: Erdmann, K. D.; Z., E. (Hrsg.), Politik und Geschichte Europa 1914: Krieg oder Frieden, Kiel 1985, S. 19-51.

Fischer, F., Griff nach der Weltmacht: Die Kriegszielpolitik des kaiserlichen Deutschland 1914/18, Düsseldorf 1961.

Förster, S., Vom europäischen Krieg zum Weltkrieg, in: Hirschfeld, G.; Krumeich G. (u.a.) (Hrsg.), Enzyklopädie Erster Weltkrieg, Paderborn (u.a.) 2009, S. 242-248. .

Gasser, A., Preussischer Militärgeist und Kriegsentfesselung 1914: Drei Studien zum Ausbruch des Ersten Weltkrieges, Basel (u.a.) 1985.

Geinitz, Ch.; Hinz, U., Das Augusterlebnis in Südbaden: Ambivalente Reaktionen der deutschen Öffentlichkeit auf den Kriegsbeginn 1914, in: Hirschfeld, G.; Krumeich, G. (u.a.) (Hrsg.), Kriegserfahrungen: Studien zur Sozial- und Mentalitätsgeschichte des Ersten Weltkriegs, 1. Aufl., Essen 1997, S. 20-36.

Geiss, I., Die Kriegsschuldfrage – Das Ende eines Tabus, in: Laqueur, W.; Mosse, G. L. (Hrsg.), Kriegsausbruch 1914, München 1967, S. 101-127.

Gutsche, W.; Klein, F. (u.a.), Der Erste Weltkrieg: Ursachen und Verlauf. Herrschende Politik und Antikriegsbewegung in Deutschland, Köln 1985.

Hillgruber, A., Deutschlands Rolle in der Vorgeschichte der beiden Weltkriege, 3. Aufl., Göttingen 1986.

Kennan, G. F.:, Die schicksalhafte Allianz: Frankreich und Rußland am Vorabend des Ersten Weltkrieges, Köln 1990.

Kießling, F., Gegen den „großen Krieg"?: Entspannung in den internationalen Beziehungen 1911-1914, München 2002.

Linke, H. G., Rußlands Weg in den Ersten Weltkrieg und seine Kriegsziele 1914-1917, in: Michalka, W. (Hrsg.), Der Erste Weltkrieg: Wirkung – Wahrnehmung – Analyse: Im Auftrag des Militärgeschichtlichen Forschungsamtes, München (u.a.) 1994, S.54-94.

Mai, G., „Verteidigungskrieg" und „Volksgemeinschaft". Staatliche Selbstbehauptung, nationale Solidarität und soziale Befreiung in Deutschland in der Zeit des Ersten Weltkrieges (1900-1925), in: Michalka, W. (Hrsg.), Der Erste Weltkrieg: Wirkung – Wahrnehmung – Analyse: Im Auftrag des Militärgeschichtlichen Forschungsamtes, München (u.a.) 1994, S. 583-602.

Marder, A. J., From the Dreadnought to Scapa Flow: The Royal Navy in the Fisher Era (1904-1919), Bd.1: The Road to War 1904-1914, London 1961.

Massie, R. K., Die Schalen des Zorns: Großbritannien, Deutschland und das Heraufziehen des Ersten Weltkrieges, Frankfurt a.M. 1993.

Monger, G. W., The End of Isolation: British Foreign Policy 1900-1907, London (u.a.) 1963.

Neitzel, S., Kriegsausbruch: Deutschlands Weg in die Katastrophe 1900-1914, Zürich 2002.

Renouvin, P., Die Kriegsziele der französischen Regierung 1914-1918, in: Schieder, W. (Hrsg.), Erster Weltkrieg: Ursachen, Entstehung und Kriegsziele, Köln (u.a.) 1969, S. 443-473.

Rohrkrämer, Th., August 1914: Kriegsmentalität und ihre Voraussetzungen, in: Michalka, W. (Hrsg.), Der Erste Weltkrieg: Wirkung – Wahrnehmung – Analyse:

Im Auftrag des Militärgeschichtlichen Forschungsamtes, München (u.a.) 1994, S. 759-777.

Röhl, J. C. G., Admiral von Müller and the Approach of War, 1911-1914, in: Historical Journal 12, 1969.

Röhl, J. C. G., Vorsätzlicher Krieg? Die Ziele der deutschen Politik im Juli 1914, in: Michalka, W. (Hrsg.), Der Erste Weltkrieg: Wirkung – Wahrnehmung – Analyse: Im Auftrag des Militärgeschichtlichen Forschungsamtes, München (u.a.) 1994, S. 193-215.

Rürup, R., Der „Geist von 1914" in Deutschland, in: Hüppauf, B. (Hrsg.), Ansichten vom Krieg, Königstein 1984.

Rürup, R., Die Ideologisierung des Krieges: Die „Ideen von 1914", in: Böhme, H.; Kallenberg, F. (Hrsg.), Deutschland und der Erste Weltkrieg: Ringvorlesung an der Technischen Hochschule Darmstadt im Wintersemester 1984/85, Darmstadt 1987, S. 121-143.

Schulin, E., Die Urkatastrophe des zwanzigsten Jahrhunderts, in : Michalka, W. (Hrsg.), Der Erste Weltkrieg: Wirkung – Wahrnehmung – Analyse: Im Auftrag des Militärgeschichtlichen Forschungsamtes, München (u.a.) 1994, S. 3-28.

Schöllgen, G., Das Zeitalter des Imperialismus (= Oldenbourg Grundriss der Geschichte 15), 3. Aufl., München 1994.

Stevenson, D., 1914-1918: Der Erste Weltkrieg, Düsseldorf 2006.

Treue, W., Die deutschen Parteien: Vom 19. Jahrhundert bis zur Gegenwart, Frankfurt a.M. (u.a.) 1975.

Turner, L. C. F., Origins of the First World War (extract), in: Emsley, C. (Hrsg.), Conflict and Stability in Europe, London 1979, S. 164-173.

Valiani, L., Verhandlungen zwischen Italien und Österreich-Ungarn 1914-1915, in: Schieder, W. (Hrsg.), Erster Weltkrieg: Ursachen, Entstehung und Kriegsziele, Köln (u.a.), 1969, S. 317-346.

Verhey, J., Der „Geist von 1914" und die Erfindung der Volksgemeinschaft, Hamburg 2000.

Zechlin, E., Julikrise und Kriegsausbruch, in: Erdmann, K. D., Z., E. (Hrsg.), Politik und Geschichte Europa 1914: Krieg oder Frieden, Kiel 1985, S. 51-97.

Zweig, S., Die Welt von Gestern: Erinnerungen eines Europäers, Frankfurt 1955.

Quellensammlungen:

Geiss, I. (Hrsg.), Juli 1914: Die europäische Krise und der Ausbruch des Ersten Weltkriegs, 2. Aufl., München 1980.

Geiss, I. (Hrsg.), Julikrise und Kriegsausbruch 1914: Eine Dokumentensammlung, 2 Bde., Hannover 1963.

Gooch, G. P.; Temperley H. (Hrsg.), British Documents on the Origins of the War, 1898-1914, 11 Bde., London 1926, Bd. 3.

Gooch, G. P.; Temperley, H. (Hrsg.), Die Britischen Amtlichen Dokumente über den Ursprung des Weltkrieges 1898-1918: Im Auftrage des Britischen Auswärtigen Amtes, 11 Bde., Dt. Ausg. hrsg. v. Lutz, H., Berlin 1926, Bd. 11.

Kautsky, K. (Hrsg.), Die deutschen Dokumente zum Kriegsausbruch, 4 Bde., Berlin 1919, Bd. 1.

Lepsius, J.; Mendelsohn-Barthody A. (Hrsg.), Große Politik der Europäischen Kabinette 1871-1914. Sammlung der Diplomatischen Akten des Auswärtigen Amtes, im Auftrage des Auswärtigen Amtes, 40 Bde., Berlin 1922-1927, Bd. 25/1.

Riezler, K., Tagebücher, Aufsätze, Dokumente, eingel. und hrsg. v. Erdmann, K., D., Göttingen 1972.

Quellen und zeitgenössische Literatur:

Gerlach H. v., Das Jahr des Umsturzes, in: Die Welt am Montag, Nr. 52, 28.12.1914.

Haldane, R.B., An Autobiography, New York 1929.

Hollweg, Th. v. B., Betrachtungen zum Weltkriege, 2 Bde., Berlin 1919, Bd. 1.

Hölzendorf C. v., Franz Graf: Aus meiner Dienstzeit 1906-1918, 5 Bde., Wien 1922, Bd. 3.

o. A., Der große Abschied, in: Rheinische Zeitung, Nr. 179, 5.8.1914.

Plehn, H., Deutsche Weltpolitik und kein Krieg!, Berlin 1913.

Schmitt, B.E., England and Germany 1740-1914, New York 1918.

Jörn Fritsche: Wollte Deutschland den Ersten Weltkrieg? – Die Kontroverse zwischen Fritz Fischer und Egmont Zechlin zur Kriegsschuldfrage

Vorbemerkung

Im Friedensvertrag von Versailles diktierten die Siegermächte der Friedensdelegation des unterlegenen Deutschen Reichs Gebietsabtretungen, weitgehende Entwaffnung und Reparationsleistungen auf. Die Siegermächte leiteten diese Berechtigung insbesondere aus der vermeintlichen, aus ihrer Sicht allerdings unzweifelhaften Alleinschuld Deutschlands am Ausbruch des Krieges ab und nehmen gar den sogenannten Kriegsschuldartikel (Art. 231) in den Versailler Vertrag auf. Hingegen ist im kaiserlichen Reich – und noch lange Zeit danach – die Rede von einem „aufgezwungenen" Krieg[436]. Die auf nationalem Wahn fußende Begeisterung, mit der die Deutschen zu den Waffen eilten, passt zwar in gewisser Weise in dieses Bild von der deutschen Kriegsschuld, kann jedoch naturgemäß allenfalls ein schwaches Indiz dafür sein, dass dem kaiserlichen Deutschen Reich der Erste Weltkrieg zumindest nicht ungelegen kam, um seine Expansionspläne umzusetzen.

Hat Deutschland 1914 bewusst einen Expansionskrieg entfesselt, um erst die Vorherrschaft in Europa und darauf aufbauend die Weltmachtstellung zu erlangen? In der deutschen Geschichtsforschung steht die Kriegsschuldfrage in einem engen Zusammenhang mit der so genannten „Kriegszielpolitik"[437]. Entscheidend soll es auf die Beantwortung der Frage ankommen, ob die 1914 – 1918 formulierten Kriegsziele situationsbedingt und als Produkt des Krieges zu verstehen sind oder ob bereits in der vorausgehenden Verfolgung dieser Ziele die maßgebliche Ursache für den Krieg zu sehen ist[438]. Die vorliegende Ausarbeitung stellt der Auffassung Fischers, zwischen den Kriegszielen Deutschlands, sowie der deutschen (Groß- und Weltmacht-) Politik im ausgehenden 19. Jahrhundert sei eine Kontinuität erkennbar und die deutsche

---

[436] Vgl. die Darstellung der zeitlichen Abläufe bei Heinrich Jaenecke, Das Attentat, in: Geo Epoche Nr. 14 (o.J.), Der Erste Weltkrieg, Gruner&Jahr AG&Co.KG, Hamburg, S. 24 – 39, hier S. 34 ff.

[437] K.D. Erdmann, Der Stand der Forschung, in: Krieg und Kriegsrisiko. Zur deutschen Politik im Ersten Weltkrieg, hrsg. v. Egmont Zechlin, Düsseldorf, 1979, S. 51 f.

[438] So die Kontroverse zwischen Egmont Zechlin (Krieg und Kriegsrisiko. Zur deutschen Politik im Ersten Weltkrieg, Düsseldorf, 1979) und Fritz Fischer (Griff nach der Weltmacht. Die Kriegszielpolitik des kaiserlichen Deutschland 1914/18, Nachdruck der Sonderausgabe v. 1967, 2. Aufl., Königsstein/Ts., 1979).

Politik im Juli 1914 habe einen größeren Anteil am Ausbruch des Ersten Weltkriegs, als gemeinhin angenommen[439], die Meinung Zechlins gegenüber, dass sich Deutschland in einer erheblichen Bedrohungslage gesehen habe und seiner Politik – auch nach Kriegsausbruch – vornehmlich von sicherheitspolitischen Erwägungen und dem Versuch der Selbstbehauptung getragen gewesen sei[440].

I. Zusammenfassung der zentralen Thesen

1. Mitteleuropaidee und Septemberdenkschrift

Fischer sieht in der 1912 von Rathenau aufgebrachten und der auf Wachstum ausgerichteten Wirtschaft dankbar aufgegriffenen so genannten „Mitteleuropaidee" einen zentralen Beleg für den hegemonialen Anspruch Deutschlands[441]. Nur durch die Vorherrschaft in Mitteleuropa sei Deutschland gegenüber den Weltmächten USA, Großbritannien und Russland ebenbürtig und könne sich behaupten. Dieses Ziel habe man notfalls mit Gewalt erreichen wollen[442]; Deutschland sei also kriegswillig gewesen[443].

Hingegen meint Zechlin[444], dass die so genannte „Mitteleuropaidee" von Reichskanzler Bethmann Hollweg nicht als Kriegsziel übernommen worden, sondern lediglich immer wieder in Diskussionen über einen europäischen Wirtschaftsraum im Rahmen der Handelspolitik aufgeworfen worden sei[445]. Keinesfalls sei in der Septemberdenkschrift die Mitteleuropaidee als ein, wenn nicht das wesentliche Kriegsziel umgesetzt worden und könne daher nicht als Beleg für die von Deutschland angestrebte Weltmachtstellung und die dafür notwendige Hegemonie in Europa angesehen werden. Es habe sich nämlich in den ersten Kriegsmonaten gezeigt, dass England sich auf einen längeren

---

[439] Fischer, ebenda, S. 7.

[440] Zechlin, Krieg und Kriegsrisiko, S. 8 f.

[441] Fischer, Griff nach der Weltmacht, S. 90 f., 94, 208 ff.

[442] Fischer, ebenda.

[443] Fischer, ebenda, S. 106 f.

[444] Zechlin, Krieg und Kriegsrisiko, S. 41 ff.

[445] Zechlin, ebenda, S. 43 f.

Konflikt einstellt, uneingeschränkt zur Entente steht und jeglichen Separatfrieden ausschließt, sowie auf die Kolonien Deutschlands zugreifen wolle. Damit sei die Vorstellung von einem zeitlich und örtlich begrenzten Konflikt hinfällig geworden. Bethmann Hollweg habe nun innenpolitisch die Bereitstellung von Kampfmitteln für den ausgeweiteten Konflikt gegen England sicherstellen müssen[446] und habe zugleich versucht, mittels der Septemberdenkschrift England selbst die Sinnlosigkeit einer längeren Blockade vor Augen zu führen[447].

2. Deutscher Anteil am Ausbruch des Krieges

In der Julikrise 1914 und insbesondere in der so genannten „Blankovollmacht", mit der Kaiser Wilhelm II. dem Bundesgenossen Rückendeckung für ein Eingreifen in Serbien gab, habe sich das langjährige Ziel Deutschlands offenbart, zunächst den Gegner und Konkurrenten um Wirtschaftsinteressen außerhalb Europas, Frankreich, und anschließend Russland anzugreifen und so die Vorherrschaft auf dem Kontinent zu erlangen[448].

Nach Ansicht Zechlins[449] sei das Verhalten Deutschlands in der Julikrise hingegen nicht als Beleg für die Kriegswilligkeit und als rein technischer Ablauf zur Einleitung eines Kontinentalkriegs zu sehen. Man habe vielmehr die Situation in Erwartung eines nur lokalen Krieges ausnutzen wollen, wobei (überhaupt) ein Konflikt als unvermeidlich angesehen wurde. Ferner habe man sich mit der „Blankovollmacht" des Bundesgenossen Österreich zur Vermeidung einer vollständigen Isolation des Deutschen Reichs versichern wollen und schließlich auf eine Erschütterung der Entente durch die europäische Krise und den territorial begrenzten Konflikt gehofft.

---

[446] Zechlin, ebenda, S. 41 f.
[447] Zechlin, ebenda, S. 43.
[448] Fischer, Griff nach der Weltmacht, S. 46 ff., 82.
[449] Fischer, ebenda, S. 32 ff.

3. Kriegszielpolitik während des Krieges

Die in der Septemberschrift und im Verlauf des Krieges von der deutschen Wirtschaft und von der Reichsleitung formulierten „Kriegsziele"[450] seien nach Ansicht Fischers mit gewissen Schwankungen immer die gleichen und von Beginn an auf wirtschaftliche, politische und militärischen Eroberungen ausgerichtet gewesen[451].

Zechlin kommt hingegen zu dem Ergebnis, dass die sogenannten Kriegsziele Produkt des Krieges und nicht seine Ursache seien. Es sei um Selbstbehauptung und darum gegangen, die Voraussetzungen für einen angemessenen Frieden zu schaffen. Bethmann Hollweg habe immer gesagt, dass jede Möglichkeit zur Beendigung des Konflikts ergreifen und dies auch nicht an Gebietsabtretungen scheitern lassen würde. Der Führungsspitze sei klar gewesen, dass die Koalition der Gegner nicht zu besiegen ist. Friedensverhandlungen auf Initiative des Deutschen Reichs habe man indessen als ausgeschlossen angesehen, um die bis dato verdeckte Schwäche nicht zu offenbaren und etwas mehr als den Status quo zu erzielen[452].

II. Bewertung

1. Vorüberlegungen

Zweifelsohne hat das Deutsche Reich eine wesentliche Ursache dafür gesetzt, dass es zum Ersten Weltkrieg kam. Ohne die so genannte „Blankovollmacht" hätte Österreich keine Maßnahmen gegen Serbien ergriffen, wäre es nicht zu diesem Konflikt gekommen, hätte Russland nicht eingegriffen, hätte Deutschland sich nicht veranlasst gesehen – sehen können – unter Rückgriff auf den einzig vorhandenen Aufmarschplan, den Schlieffenplan, Frankreich über Belgien anzugreifen und so fort. Andererseits ist nicht aus den Augen zu verlieren, dass auch der Sphäre der späteren Siegermächte Geschehnisse zuzurechnen sind, die gleichermaßen kausal für den Kriegsausbruch sind. Anfang Juni 1914, zeitlich vor dem Attentat von Sarajewo und vor dem

---

[450] Fischer, ebenda, S. 92 ff.

[451] Fischer, ebenda, S. 208 ff.

[452] Zechlin, Krieg und Kriegsrisiko, S. 104 ff.

Hintergrund der Balkankrise, der russischen Aufrüstung sowie den Gerüchten um ein Marineabkommen zwischen England und Russland, wurde dem deutschen Botschafter gegenüber, seitens des britischen Außenministeriums ein angestrebtes Marineabkommen ausdrücklich und der Wahrheit zuwider dementiert. Dies zeigte Deutschland die Unaufrichtigkeit und die Einbindung Englands in die Entente[453]. Haben nicht gerade aufgrund dieser militärischen Vereinbarung und der russischen Aufrüstung – auch vor dem Hintergrund des von Russland unumwunden vertretenen Panslawismus[454] – Reaktionen des Deutschen Reichs, wenn nicht gar des Dreibundes nahegelegen? Es stellt sich doch stets die Frage von Aktion und Reaktion.

Von der Frage der reinen Ursächlichkeit ist allerdings die Frage nach der Vorwerfbarkeit, also der Schuld, zu trennen. Welches Verhalten war von Fehleinschätzungen getragen und hätte man dies erkennen können. Dabei darf auch nicht aus den Augen verloren werden, dass ein Unterlassen gleichermaßen vorwerfbar sein kann.

Letztlich werden sich die anzustellenden Überlegungen auf die Frage konzentrieren müssen, ob das Deutsche Reich die zweifellos bestehenden Spannungen bewusst geschürt und ausgenutzt hat, um ein Losschlagen rechtfertigen zu können. Dies lässt sich aus meiner Sicht nur unter einer Gesamtbetrachtung wesentlicher Indizien, insbesondere den Erwägungen zum Versuch einer Lokalisierung des Konflikts, dem Zeitpunkt der Aktivitäten und der naheliegenden Motivation („Kriegsziele") entscheidender Aktionen, beantworten. Ferner kann nicht davon die Rede sein, dass „Deutschland" Schuld am Ausbruch des Krieges trägt. Aus meiner Sicht ist vielmehr eine Differenzierung zwischen den Akteuren erforderlich, aus der sich ein unterschiedliches Maß an Verantwortung für die Katastrophe ergeben kann.

2. Historische Ausgangssituation

Unbestrittener Ausgangspunkt ist, dass die deutsche Weltpolitik und die Wirtschaftsexpansion in Rivalität zu den konkurrierenden Großmächten standen. Zwischen den meisten europäischen Mächten entspann sich zwischen 1880 und

---

[453] Zechlin, ebenda, S. 24.
[454] Roland Vocke, Europäische Politik zwischen 1871 und 1914, in: Weltgeschichte, hrsg. v. Heinrich Pleticha, Bd. 10, Studienausgabe, Gütersloh 1996, S. 202-232, hier S. 220.

1914 ein Wettlauf um die Märkte und bislang „herrenlosen" Gebiete dieser Erde, ganz im Sinne des imperialistischen Geistes[455]. Zur Wahrung dieser Interessen erschien dem Kaiser beispielsweise der Aufbau einer Flotte unumgänglich[456], was wiederum den Anspruch Englands, auf den Weltmeeren die Vorherrschaft innezuhaben, gefährden konnte. Gestützt auf eine starke Wirtschaft und eine wachsende Bevölkerung[457] strebte Deutschland eine bedeutendere Rolle in der Außen- und Weltpolitik an[458]. Militärische Erfolge konnten – formal gesehen von Preußen und seinen Verbündeten – gegen Dänemark (1864), Österreich („Bruderkrieg" 1866) und schließlich Frankreich (1870/71), letzterer mit der Folge der Reichsgründung, verbucht werden. Die Siege waren teils mit erheblichen territorialen Gewinnen verbunden. Nahm hier nicht schon im Sinne einer reinen Kausalität die Katastrophe ihren Lauf, weil Österreich durch die Niederlage seine territorialen Besitzungen in Italien und Deutschland verloren und seine außenpolitischen Interessen nunmehr auf die Balkanhalbinsel verlegt hatte und hierbei zwangsläufig mit Russland in Konflikt geriet[459].

Bismarcks Außenpolitik war darauf ausgerichtet, ein Füllhorn von Verträgen und Bündnissen[460] einzugehen, um den Krieg zu verhindern oder zumindest hinauszuschieben. Dabei spielten bereits Überlegungen eine Rolle, die sich mit der Problematik befassten, dass es auf dem Balkan zwischen Österreich und Russland zu Spannungen kam, die Russen durch das Ergebnis des von Bismarck

---

[455] Roland Vocke, Europäische Politik zwischen 1871 und 1914, ebenda, S. 223; Zechlin ebenda, S. 29.

[456] Fischer, Griff nach der Weltmacht, S. 14 f.

[457] vgl. Fischer, ebenda, S. 16 ff.

[458] Ute Frevert, Das Ende der alten Welt, in: Geo Epoche Nr. 14 (o.J.), Der Erste Weltkrieg, Gruner&Jahr AG&Co.KG, Hamburg, S. 22-23, hier S. 22.

[459] Georg Schreiber, Politische Entwicklungen in Europa 1815 – 1871, in: Weltgeschichte, hrsg. v. Heinrich Pleticha, S. 22 – 63, hier S. 61.

[460] vgl. die grafische Übersicht bei Vocke, Europäische Politik zwischen 1871 und 1914, S. 223.

initiierten Berliner Kongress 1878 schwer gekränkt waren und Frankreich ein Bündnis mit Russland gegen Deutschland anstrebte[461]. Mit der Entlassung Bismarcks gab es einen Bruch in dieser Außenpolitik[462].

Frankreich, gedemütigt durch die Niederlage und den Verlust von Elsass-Lothringen, verbündete sich mit 1892 mit Russland. Großbritannien verband sich 1904 mit Frankreich (Entente cordiale) und schließlich 1907 mit Russland[463]. Deutschland war zweifellos eingekreist[464]. Die zweite Marokkokrise stärkte die Entente und ließ die Überlegungen eines Krieges jedenfalls innerhalb der militärischen Führung erstarken[465]. Bereits 1875 gab es vor dem Hintergrund der Aufrüstung Frankreichs allerdings schon Überlegungen für einen Präventivkrieg gegen den früheren Gegner[466].

3. Wollte Deutschland den Krieg?

Im Folgenden sollen im Hinblick auf die Frage nach der eingangs umschriebenen Kriegswilligkeit Deutschlands einzelne Äußerungen und Geschehnissen herausgestellt und bewertet werden.

a) Aktenvermerk Wilhelms II.

Als wesentlichen Beleg für seine These und Bewertung stellt Fischer auf den Aktenvermerk Wilhelms II vom 9. Juni 1914 ab. Es soll „Klarheit im Verhältnis zu England (ge-)schaffen" werden[467]. Dies deute, so Fischers Ansatz, auf eine Niederwerfung Frankreichs und Heraushalten Englands aus dem Konflikt hin; Deutschland habe bewusst die Konfrontation mit Frankreich und Russland gesucht. Fernliegend war das nicht. Denn nach dem – von Moltke 1913 umgearbeiteten – bereits vorhandenen sogenannten Schlieffenplan, der einen

---

[461] Vocke, ebenda, S. 204 ff.

[462] Fischer, Griff nach der Weltmacht, S. 14 ff.; Vocke ebenda, S. 208; Deutscher Bundestag (Hrsg.), Fragen an die Deutsche Geschichte, 12. Aufl., Bonn 1986, Referat für Öffentlichkeitsarbeit, S. 217 ff.

[463] Frevert, Das Ende der alten Welt, S. 23.

[464] Fischer, Griff nach der Weltmacht, S. 23 ff.

[465] Fischer, ebenda, S. 27 f.

[466] Vocke, Europäische Politik zwischen 1871 und 1914, S. 203.

[467] Fischer, Griff nach der Weltmacht, S. 45.

Zweifrontenkrieg gegen Frankreich und Russland vorsah, sollte die Truppenbewegung über das neutrale Belgien erfolgen und zunächst die Niederwerfung Frankreichs in rund 6 Wochen erfolgen[468].

Der Sachzusammenhang des eingangs angeführten Vermerks war aber die Gefahr eines dritten Balkankonflikts und der Möglichkeit der Aufteilung der Türkei unter Frankreich, Russland. Es ging in der Sache um die Wahrung der Interessen Deutschlands und eben Englands in der Türkeifrage[469].

Ferner kam es im November/Dezember 1912 („Adriakrise") trotz eines drohenden Einmarsches der Österreicher, denen gegenüber das Deutsche Reich sich auch seinerzeit zur Bündnistreue bekannt hatte, nicht zum Krieg, was angesichts der noch nicht weit fortgeschrittenen Aufrüstung insbesondere Russlands[470] nahegelegen hätte. Es wurde eine diplomatische Lösung des Konflikts angestrebt[471].

b) Die „Blankovollmacht"

In der Phase der allgemeinen Spannungen, der – zunächst verschwiegenen – weiteren Annäherung Großbritanniens an Russland und der Aufrüstung Russlands, erteilte Kaiser Wilhelm II. dem Bundesgenossen die so genannte „Blankovollmacht", mit der die deutsche Regierung der österreichisch-ungarischen die bündnismäßige Rückendeckung für eine militärische Aktion gegen Serbien gab. Fischer sah es als zentralen Beleg an, dass Deutschland nur mit einer Auseinandersetzung mit Russland und Frankreich (Niederwerfung binnen 6 Wochen) gerechnet habe.

Indessen erkannte Reichskanzler Bethmann Hollweg das Weltkriegs**risiko** – also die Gefahr – und rechnete auch ernsthaft mit einer britischen Kriegsbeteiligung gegen Deutschland. Bethmann Hollweg sah die mögliche Beteiligung Deutschlands an dem erneuten Balkankonflikt als ein „Sprung ins Dunkle" und „schwerste Pflicht" an[472]. Das Deutsche Reich plante eine diplomatische Lösung auf Grundlage vollendeter Tatsachen in Serbien (fait

---

[468] Fischer, ebenda, S. 81.

[469] Zechlin, Krieg und Kriegsrisiko, S. 34 f.

[470] vgl. auch Fischer, Griff nach der Weltmacht, S. 46.

[471] Zechlin, Krieg und Kriegsrisiko, S. 120 ff.

[472] Zechlin, ebenda, S. 26 f.

accompli). Bethmann Hollweg wusste von Plänen Englands und Russlands, in Pommern zu landen. Am 29. Juli versuchte Bethmann Hollweg eine Lösung dahin gehend, dass England Wien eine vorübergehende und teilweise Besetzung serbischen Gebiets zugestehen und dafür Österreich die Erklärung abgeben sollte, dass territoriale Erwerbungen fernlägen[473].

Die vom Kaiser erteilte „Blankovollmacht" erging unüberlegt und kaum zielgerichtet im Hinblick auf ein Losschlagen für Deutschland[474].

c) Gesamtbewertung

Schon aufgrund der geografischen Lage im Zentrum Europas, bestand neben dem Sicherheitsbedürfnis stets die Angst, Spielball der Koalitionen anderer Mächte zu werden (so lautete schon die Reichstagsrede Bismarcks: „... dass Millionen Bajonette ihre polare Richtung doch im Ganzen in der Hauptsache nach dem Zentrum Europas haben, dass wir im Zentrum stehen und schon infolge unserer geografischen Lage außerdem infolge der ganzen europäischen Geschichte den Koalitionen anderer Mächte vorzugsweise ausgesetzt sind"). England erschien stets unüberwindbar, was gegen eine angestrebte Weltmachtstellung spricht. Zwar gab es während des Krieges keine (nachdrücklichen) Friedensbemühungen seitens der deutschen Reichsführung. Naheliegend ist es angesichts der früh erkannten prekären militärischen Lage, dass man versucht hat, den Eindruck uneingeschränkter Entschlossenheit zu vermitteln. In der Außenpolitik trat man seinerzeit zumeist mit erheblichem Säbelrasseln auf. Vermeintliche Schwäche drohte vom Gegner ausgenutzt zu werden. Zechlin stützt sich zudem auf Anmerkungen, Tagebücher und andere nicht offizielle persönliche Quellen aus jener Zeit, die es gemeinhin ermöglichen, die (wahre) Intention der Akteure zu ermitteln.

Auf dem Balkan drohte eine von Frankreich unterstützte, bis an die Grenzen Österreichs reichende Hegemonie Russlands und das Netz militärischer Bündnisse zog sich zusammen. Auch Russland und Frankreich haben in der Juli-Krise das Risiko eines großen Krieges bewusst in Kauf genommen. Noch vor

---

[473] Fischer, Griff nach der Weltmacht, S. 69 ff., freilich mit anderer Interpretation; Zechlin, Krieg und Kriegsrisiko, S. 181 ff.

[474] Heinrich Jaenecke, Das Attentat, in: Geo Epoche Nr. 14 (o.J.), Der Erste Weltkrieg, Gruner&Jahr AG&Co.KG, Hamburg, S. 24 – 39, hier S. 30 f., Fischer, Griff nach der Weltmacht, S. 49 f., vgl. auch dort S. 69 f.

der Übergabe des Ultimatums an Serbien und damit auch lange vor der Kriegserklärung beschloss Russland die Teilmobilmachung und die Kriegsvorbereitung.

Die Idee einer deutschen Weltmachtstellung war in den Veröffentlichungen der Vorkriegszeit von untergeordneter Bedeutung. Es gab keine Belege in den Dokumenten der Julikrise. Die Intentionen der Verantwortlichen, vorneweg Bethmann Hollweg waren eher defensiv, insbesondere geprägt von der Angst vor der Weltmacht Russland, mit unerschöpflichen Rohstoffquellen und enormer Bevölkerungszahl, dem kommenden Industriegiganten.

Imperialismus, Nationalismus und wirtschaftliche Interessen habe die Politik aller Nationen bestimmt. Alle Akteure haben die Gefahr eines allgemeinen Zusammenstoßes gesehen oder sehen müssen. Deutschland wirkte zu spät auf Wien mäßigend ein, Sasonow rang dem Zaren zu früh die Mobilmachung ab[475].

Kriegswillig im Sinne einer Absicht war sicherlich die Reichswehrführung, die einen taktisch günstigen Augenblick für ein Losschlagen sah, und nur einen einzigen Aufmarschplan, nämlich für einen Zweifrontenkrieg, in der Schublade hatte. Die Wirtschaft war kriegswillig im Sinne einer Absicht, weil man sich verstärkten Zugang zu den Märkten der Welt versprach. Die Reichsleitung war nach meinem Dafürhalten allenfalls bereit, einen Krieg einzugehen, vage darauf hoffend, dass es nicht zu einer Konfrontation mit England kommt, sah sich aber angesichts der Bedrohung durch Russland und Frankreich außerstande, im Juli 1914 noch einmal auf die diplomatische Karte zu setzen. Alle Staaten haben sich gemeinsam in die Spannungslage von 1914 hineinmanövriert. Die Reichsleitung hat indessen die Lunte am Pulverfass angezündet, in der Hoffnung, es komme nicht zur Explosion sondern nur zu einer Verpuffung.

Der unbedingte Wille zur Konfrontation mit Frankreich[476] lässt sich ebenfalls unter dem Blickwinkel einer taktischen Notwendigkeit und der Erkenntnis, es gebe kein Zurück mehr einordnen und stellt keinen Beleg für die zielgerichtete Förderung des Konflikts dar. Denn den Übergriff unter Verstoß gegen das Völkerrecht hätte man schon früher starten können.

---

[475] Jaenecke, ebenda, S. 33.

[476] Jaenecke a.a.O., S. 34 f.

III. Eigene Bewertung

Ich halte die These Zechlins für naheliegend, wie sich aus den Ausführungen im Rahmen der Gesamtbewertung bereits andeutet. Zechlin zieht für seine Auffassung zeitgerechte Quellen heran, aus denen sich die Vorstellungen der Akteure im jeweiligen historischen Kontext herauslesen lassen und beschränkt sich nicht auf eine nachträgliche Bewertung der Ereignisse. Kriegsbereit und -willig waren sicher die militärischen Befehlshaber, die schon aus Gründen der Professionalität einen für das Zuschlagen günstigen Zeitpunkt wählen mussten. Ich halte es jedoch für ausgeschlossen, dass dies dem Ziel galt, die Weltmacht zu erlangen. Das Handeln der Reichsleitung war vielmehr von der Idee bestimmt, eine vermeintlich günstige Gelegenheit für ein Losschlagen zu ergreifen, um die von der Entente ausgehende Bedrohung endgültig zu beenden. Damit war Deutschland insofern kriegswillig, als man der Auffassung war, ein Zögern wäre fatal. Da man sich auf Grund des Schlieffenplans und der militärischen Erfolge in der Vergangenheit sowie der noch nicht fortgeschrittenen Aufrüstung der Hauptgegner (noch) in der besseren Position wähnte, legte die Reichsleitung ihr Augenmerk nicht auf die rechtzeitige Vermittlung im Balkankonflikt. Hinzu kamen noch Ideen von nationaler Ehre und Schande und eine dilettantische Außenpolitik. Für einen Griff nach der Weltmacht war der Weg in den Weltkrieg aus meiner Sicht von viel zu deutlichen Unsicherheiten und Zweifeln geprägt.

Literaturverzeichnis

Deutscher Bundestag: Fragen an die Deutsche Geschichte, 12. Aufl., Bonn 1986, (Hrsg.) Referat für Öffentlichkeitsarbeit

Fischer, Fritz: Griff nach der Weltmacht. Die Kriegszielpolitik des kaiserlichen Deutschland 1914/18, Nachdruck der Sonderausgabe v. 1967, 2. Aufl., Athenäum Verlag, Königsstein/Ts., 1979

Frevert, Ute: Das Ende der alten Welt, in: Geo Epoche Nr. 14, Der Erste Weltkrieg, Gruner&Jahr AG&Co.KG, Hamburg, S. 22

Jaenecke, Heinrich: Das Attentat, in: Geo Epoche Nr. 14, Der Erste Weltkrieg, Gruner&Jahr AG&Co.KG, Hamburg, S. 24

Schreiber, Georg: Politische Entwicklungen in Europa 1815 – 1871, in: Heinrich Pleticha (Hrsg.), Weltgeschichte, Bd. 10, Studienausgabe, Bertelsmann Lexikon Verlag GmbH, Gütersloh 1996, S. 22

Vocke, Roland: Europäische Politik zwischen 1871 und 1914, in: Heinrich Pleticha (Hrsg.), Weltgeschichte, a.a.O., S. 202

Zechlin, Egmont: Krieg und Kriegsrisiko. Zur deutschen Politik im Ersten Weltkrieg. Droste Verlag Düsseldorf, 1979

Einzelbände

Manfred Schopp

Wie es zum Ersten Weltkrieg kam: Ein Streifzug durch die Zeitgeschichte in sieben Kapiteln / ISBN-13: 978-3656525622

M.A. Jochen Lehnhardt

Gründe der serbischen Regierung für die Ablehnung des österreichischen Ultimatums am 25. Juli 1914: Ausbruch des Ersten Weltkriegs / ISBN-13: 978-3640320745

Matti Ostrowski

Julikrise und Kriegsausbruch 1914 / ISBN-13: 978-3640716890

Jörn Fritsche

Wollte Deutschland den Ersten Weltkrieg? – Die Kontroverse zwischen Fritz Fischer und Egmont Zechlin zur Kriegsschuldfrage / ISBN: 978-3-640-85617-6